셀러브리티

미디어, 셀럽 문화, 셀러브리티화에 대해

이 도서의 국립중앙도서관 출판예정도서목록(CIP)은 서지정보유통지원시스템 홈페이지
(http://seoji.nl.go.kr)와 국가자료공동목록시스템(http://www.nl.go.kr/kolisnet)에서
이용하실 수 있습니다. CIP제어번호: CIP2018042252(양장), CIP2018042253(학생판)

CELEBRITY
셀러브리티

미디어, 셀럽 문화, 셀러브리티화에 대해

크리스 로젝 지음 | 문미리·이상록 옮김

한울
아카데미

옮긴이의 글

셀러브리티와 미디어 그리고 사회학의 만남.

이 책은 광고, PR 및 광고학, 미디어학, 커뮤니케이션학, 사회학, 심리학, 인류학을 전공하는 학생 및 연구자 분들이 사고의 지형을 확장하고 입체적인 시각으로 연예인, 유명인, 셀러브리티 효과를 사회과학적으로 분석해볼 수 있는 여행으로 우리를 안내해준다. 이 책이 잠시나마 미디어, 셀러브리티, 그리고 우리 인간 커뮤니케이션에 대한 독자의 지적 호기심을 불러일으킬 수 있기를 기대한다.

셀러브리티화는 세계적인 추세이다. 연예인, 스포츠 스타 등 유명인을 뜻하는 셀러브리티가 공항에서 입은 옷과 가방은 대중이 주목하는 언론 보도의 주요 의제이며, 팬들은 그들이 다녀간 레스토랑에서 같은 음식을 먹고 싶어 하고, 유명인이 다닌다는 병원에서 진료를 받고자 한다. 일반인들은 일면식도 없는 셀러브리티와 미디어를 통해 소통함으로써 셀러브리티와 매우 가깝게 여기는 유사 사회적 관계에 놓여 있게 된다. 이는 아마도 영국 런던의 해리 포터 영화 촬영장이나 워너브러더스 스튜디오 투어를 즐기는 팬의 마음을 넘어서서 셀러브리티와 현실에서 조우하고 싶은 욕망에서 비롯된 것일지 모른다. 그러므로 실제 현실에서 연예인의 외모, 그들의 행동과 추구하는 생각을 좇고, 그들이 홍보하는 자선 기부에도 참여함으로써 셀러브리티와 잠시나마 간접적으로 함께하고 공감하려는 경향을 보인다.

유명인 광고 마케팅은 글로벌 시장에서 여전히 상품 홍보의 성공 전략 요인 중 하나이며, 정치, 경제 및 사회 문화의 지형을 바꾸고 있는 밀레니얼 세대들에게도 정부 정책, 상품 브랜드, 캠페인에서 활용되는 셀러브리티의 이미지는 이미 엄청난 영향력을 미치고 있다. 이처럼 셀러브리티 효과는 사회 전반적인 분야에서 이미 그 영향력이 입증되고 확대되었음에도, 셀러브리티의 사회적 지위와 특징에 관한 연구는 거의 전무했다. 그러한 상황을 반영하듯 당시 이 책이 영국에서 처음 출판되었을 당시 학계에서 크게 주목받지 못했다. 셀러브리티 문화를 학문적·이론적으로 접근한다는 것 자체가 쉬운 작업이 아니었을 것이며, 영국에서조차도 새로운 시도였을지 모르겠다. 하지만 지난 몇 년 동안 영국 일류의 출판사들이 셀러브리티 연구 학술지를 출간하기 시작했고, 이 책의 저자인 로젝 교수에게는 영국 캠브리지대학교뿐만 아니라 세계 주요 대학 및 학회에 셀러브리티에 관한 강연 초청이 쇄도하고 있는 것을 직시하고 있다. 그만큼 학문적 연구 분야로서도 셀러브리티의 정체성은 잠재적 가치가 높다고 볼 수 있다.

본문에 앞서 책의 내용을 조금 살펴보자면 이 책에서는 셀러브리티를 공론장에서 명성과 악명을 가진 개인으로 정의하고, 셀러브리티를 세 종류로 구분한다. 첫 번째는 바로 영국의 윌리엄 왕자와 같은 왕실 가족들처럼 태어날 때부터 셀러브리티의 지위를 갖게 되는 귀속적 셀러브리티이고, 두 번째는 데이비드 베컴과 같이 자신의 능력을 바탕으로 한 뛰어난 성과로 셀러브리티의 지위를 얻게 된 성취한 셀러브리티 유형이다. 세 번째 유형은, TV 리얼리티 프로그램에서처럼 일반인이 미디어에 노출되어 집중적으로 주목을 받음으로써 유명해진 경우, 즉 부여된 셀러브리티의 지위를 갖게 된 경우로, 저자는 그들을 셀러토이드라고 일컫는다. 저자는 대중이 따르는 셀러브리티를 종교와도 비교하고 있는데, 그것은 셀러브리티에게 느끼는 대중의 카타르시스적 감정과 그들을 대하는 일반인들의 행동 양식이 마치 신을 향한 종교적 믿음처럼 중독적인 면모를 보여주기 때문이라고 설명한다. 또한 이 책은 대중이 셀러브리티에게 느끼는 일방적인 감정뿐만 아니라 셀러브리티가 대중에게 느끼는 감정까지 양방향에서 분석하고 있다는 점이 특별하다. 왜 셀러브리티는 대중에게 보이는 자신의 모습이 실제 자아의 모습이 아니라는 사실에 괴로워하며, 지나친 팬심에 힘들어하면서도 대중의 관심과 주목에 굶주려 하는가? 저자는 대중과 유명 연예인의 관계, 인기와 명성이 가져다주는 셀럽 파워에 대해 통찰력 있는 심층 분석을 내놓는다. 또한, 이를 뒷받침하는 수많은 할리우드 배우, 재즈 뮤지션, 모델 등 각 시대에서 전성기를 누리던 많은 셀러브리티와 그들의 은밀하면서도 흥미로운 사생활을 예시로 들어 독자들의 이해를 돕고 있다.

세계 주요 국가들에서 이 책은 이미 번역·출간되었고, 세계적인 연구 흐름에 따라 다양한 분야에서 응용·적용되고 있다. 이처럼 개인과 사회에 미치는 유명 연예인의 영향력을 고려할 때, 한국에서도 이 책이 소개되어 미디어 커뮤니케이션을 공부하는 학생뿐만 아니라 인문사회과학을 전공하는 연구자와 학자 분들이 체계적인 이론적 접근을 통해 미디어 셀러브리티화 현상을 탐구하는 국내 연구에 작은 기여를 해보고 싶었다. 이런 나의 바람에 공감해주신, 이 책의 공역자이자 신문기자 출신인 이상록 박사님께 진심으로 감사의 마음을 전한다. 박사 과정을 공부하실 때에도 그러셨지만, 이상록 박사님은 바쁜 방송 프로그램 제작 스케줄 가운데에서도 단어 하나하나에 원저자의 의도와 의미를 잘 전달하기 위해 노력하셨다. 모든 일에 성실하시고 학문의 여정에서 객관적 탐구와 연구에 변함없이 진지하신 박사님의 도움으로 번역이 완성되어 독자의 손에 전달될 수 있었다. 다시 한번 깊이 감사드린다.

이 책에서는 아직 한국에 소개되지 않은 사회학 이론과 용어, 영국의 교육 제도 관련 단어에는 영문을 같이 표기해 독자의 이해를 돕고자 했다.

마지막으로 내가 냉철하고 비판적으로 사회 이론을 대할 수 있도록 지도해주시고 영감을 주시는 크리스 로젝 교수께 진심으로 감사의 마음을 전하고 싶다.

2019년 1월

문미리

차례

―

지성은 허영을 정복할 수 없다. '허영'이란 말이 '공허'에 가깝다는 것도 우연이 아니다.

레셰크 콜라코프스키(Leszek Kolakowski, 철학자이자 사회학자)

―

내 메이크업은 염증과 피부병을 일으키는 폴카도트와 피부발진의 조합이다. 나는 아직도 화장하는 것을 좋아해서 이렇게 하지만 그렇다고 여자 같은 남자가 되고 싶지는 않다. …… 난 정말 평범하게 보이고 싶지 않다.

리 바워리(Leigh Bowery, 호주 공연 아티스트이자 화가 루시언 프로이드Lucian Freud의 유명한 모델)

―

하는 것은 사는 것이다.
마르크스(Marx)

―

사는 것은 하는 것이다.
사르트르(Sartre)

―

두 비 두 비 두
시나트라(Sinatra)

―

학생 낙서

제 1 장

셀러브리티와 셀러토이드

셀러브리티에는 신God적 속성이 있는 것으로 보이지만 '셀러브리티celebrity'라는 말의 현대적 의미는 실제로 신의 몰락과 민주주의 정부, 세속 사회secular society의 도래에서 기인한다. 이는 필연적일 수밖에 없다. 공중 사회, 즉 민주주의의 표면적 평등함보다 개인의 특성을 개발하는 사회가 형성됨에 따라 일상생활에서 남들에게 비치는 공적인 얼굴이 사람들에게 점점 더 중요해지고 있다. 셀러브리티란 말의 라틴어 어원은 '명성'과 '군중이 모여 있는'이라는 뜻을 함축하고 있는 셀러브렘celebrem이다. 영어 단어 celebrity와 그 단어의 기원인 라틴어 celere는 둘 다 '신속한'이라는 뜻을 가지고 있다. 따라서 celebrity라는 단어의 라틴어적 뿌리는 단수로서의 한 개인과 명성이 잠깐 존재하다가 순식간에 사라지는 사회구조 속에서의 관계를 보여준다. '사회적으로 잘 알려져 있는'이라는 뜻의 프랑스어 celebre에도 비슷한 의미가 있다. 심지어 그 단어는 종교와 궁정 사회의 한계를 뛰어넘어 명성을 얻는 것을 의미한다. 한마디로, 어원으로 살펴본 셀러브리티는 공중과 연관되어 있고, 셀러브리티 시장이 질적으로 변화무쌍하고 일시적인 인간의 감정과도 같음을 말해준다. 이것은 현대 사회 이론의 주요 쟁점이다. 바로 모더니티modernity 이론은 일반적으로 일시적이고 익명의 관계로 확산되는 문화와 점점 급변하고 있는 경제 사회의 상태에 따라 규정되고 이해된다.

이 책에서 나는 셀러브리티를 공론장public sphere에서 매력적이거나 악명 높은 개인으로 간주한다. 이렇게 정의하려면 여러 가지 조건이 따른다. 첫째, 매력과 악명은 보통 정반대의 용어일 수 있다. 브라질 모델 지젤 번천Gisele Bundchen은 매력적이다. 오클라호마시티의 연방 건물 폭파범 티머시 맥베이Timothy McVeigh는 악명이 높다. 매력적인 특징은 대중의 호의적인 인식과 관련이 있다. 악명이 높다는 특징은 대중의 부정적인 인식과 결부되어 있다. 악명은 셀러브리티 문화에서 파생된 부문이고, 논쟁의 여지가 있겠지만, 점점 더 중요해지고 있다. 도덕적인 면을 고려하지 않더라도 번천과 맥베이를 연결하는 것은 문화적 영향력으로 압축된다. 이 내용을 그대로 방정식으로 만들자면, '셀러브리티 = 대중의 의식에 미치는 영향력'이 될 것이다. 이 등식은 앞으로 변화할 세태에 따라 수정되어야겠지만, 오늘날처럼 연예인 중독으로 보이는 대중적 현상에 대해 논의를 시작하는 단계에서는 도움이 될 것이다. 왜 우리는 한 번도 만나보지 못한 인물에게 그렇게 많은 가치를 부여하는가? 왜 일반인들 사이에서 명성에 대한 욕구가 만연해 있는가? 그 해답은 공적 생활이 어떻게 구성되는지와 관련이 있다. 미디어 콘텐츠가 정치적이고 이념적으로 대립적인 담론을 포함하고 있지만 미디어는 그런 공적으로 보여지는 삶을 구성하는 데에 결정적인 역할을 한다. 셀러브리티들이 미디어에서 사용하는 감정 표현과 대인관계에서의 자아 표현, 이미지 메이킹 방식은 우리가 흔히 사회에서 겪는 인간관계가 배어 있어 그들을 더욱 드라마틱하고 인간미 있게 보이도록 한다.

두 번째로, 누가 셀러브리티의 속성을 보유하는가라는 질문은 논쟁의 여지가 있다. 셀러브리티는 문화적 산물이다. 그들의 영향력은 눈에 띄지 않게 자연스러워 보일 수 있다. 사실 연예인들은 이른바 인기를 끌 만한 일련의 것들을 통해 대중과 면밀히 연결된다. 어떤 연예인도 셀러브리티가 청중에게 어떤 모습을 보여줄지를 연출하는 문화 매개자의 도움 없이 대중의 인지도를 얻지 못한다. '문화 매개자'는 에이전트, 홍보 담당자, 마케팅 인사, 기획자, 사진작가, 피트니스 트레이너, 의상 스태프, 메이크업 아티스트와 어시스트들을 가리키는 포괄적인 표현이다. 그들의 업무는 셀러브리티들이 팬들의 관심을 끌 수 있도록 만드는 것이다. 이것은 악명 높은 유명인들에게도 적용된다. 제임스 엘로이James Ellroy와 제이크 아노트Jake Arnott의 소설을 보면 리 하비 오스월드Lee Harvey Oswald, 샘 지안카나Sam Giancana, 레지Reggie와 로니 크레이Ronnie Kray와 같은 역사적으로 악명 높은 이들도 돋보이게 했다. 1990년대에 들어서 쿠엔틴 타란티노Quentin Tarantino와 마돈나의 전 남편 가이 리치Guy Ritchie 같은 영화감독은 〈저수지의 개들Reservoir Dogs〉, 〈펄프 픽션Pulp Fiction〉, 〈재키 브라운Jackie Brown〉, 〈록, 스탁 앤 투 스모킹 배럴즈Lock, Stock & Two Smoking Barrels〉, 〈스내치Snatch〉 등의 영화를 통해 암흑가를 미화시켰다.

셋째, 유명인들은 항상 사적인 자아와 공적인 자아로 나뉘어 있다. 사회심리학자인 조지 허버트 미드George Hebert Mead는 서구에서는 적어도 고대부터 나(the I, 실제 나 자신)와 또 다른 나(the Me, 타인이 보는 나)의 분리[1]가 인간의 조건이었다고 주장한다. 자신의 공적인 모습은 항상 연출된 것이다. 원래 인간은 자신의 모습은 내면에 가지고 있으면서 다른 사람들 앞에서는 '앞면'이나 '겉면'만을 보여주려고 한다. 이러한 '나 자신'과 '보는 나' 사이의 차이는 유명 인사

---

1) G. H. Mead, *Mind, Self and Society* (Chicago, 1934).

에게 종종 갈등을 일으킨다. 어떤 때에는 그런 갈등이 커져서 셀러브리티들은 종종 정체성의 혼란을 겪으며, 공인으로서 보이는 모습이 실제의 자아를 지배할 때 겪는 혼란에 관해 불만을 터뜨린다. 캐리 그랜트Cary Grant는 이런 괴리를 아이러니하게도 그 자신 역시 그의 팬들이 좋아하는 캐리 그랜트처럼 되고 싶다고 말하며 해결했다. 즉, 그도 원래 자신의 모습과 타인에게 드러나는 자신의 공적인 얼굴 사이의 괴리를 이미 알아챈 것이다. 하지만 다른 유명인들은 간혹 정체성에 대해 상실증이나 혼란 증세를 겪는다. 예를 들면 피터 셀러스 Peter Sellers는 한 영화가 끝나면 사실상 그 자신이 "사라져 버린다"라고 토로했다. 이것은 영화에서의 역할이 아닌 실제 자신의 자아가 없어져 버린다는 것을 의미한다. 역으로, 그의 실제 자아는 '공적인 얼굴'이 자신을 지배하지 않도록 끊임없이 고군분투하고 있을지도 모른다는 것을 뜻한다. 이것은 실제 '나'와 공적인 '나' 사이의 거리감을 만들고 나아가 병적인 상태로까지 심화시켜, 대중에게 셀러브리티 자신의 실제 자아가 무력감에 잠식되어가는 모습을 노출하게도 하고, 공포와 수치심을 불러일으키는 좀 더 극적인 시도를 하게 만들기도한다. 그룹 더 후The Who의 드러머 키스 문Keith Moon과 스타 영화배우 올리버 리드Oliver Reed가 바로 그런 만성적인 정체성 혼란에 빠진 사례다. 둘 다 알코올중독에 걸렸고, 특히 문의 경우는 마약에 점점 의지하는 병적인 증세를 보여주었다.

물론 실제 내 모습을 초월하려는 욕구는 대체로 셀러브리티가 되기 위해 힘겹게 고군분투하는 주된 이유다. 시도는 힘겹지만 유명인이 되기 위해서 필요하다. 조니 뎁Johnny Depp은 영화 〈슬리피 할로우Sleepy Hollow〉(1990)를 촬영할 때, 런던의 한 레스토랑에서 '프라이버시를 침해했다'는 이유로 사진작가들을 폭행했다. 그때 그는 "오늘 밤 나는 당신들이 원하는 내가 되고 싶지 않아"라고 말했다고 한다. 우리가 주목해야 하는, 유명인들의 바로 이러한 모순적인 바람은 종종 공적인 얼굴이 자기 자신을 지배하게 함으로써 실제 나 자신과의 괴리감에 빠지거나 심한 경우 다른 사람들이 진정한 나의 모습을 가짜로 여겨 오히려 그 공적인 얼굴로 인해 실제 '나'가 소멸됨을 느끼는 데까지 이르게 한다는 것이다.

넷째, 유명세celebrity와 악명notoriety, 명성renown은 구분해야 한다. 이 책에서 명성은 어떤 일정한 사회 네트워크 안에서 한 개인이 두각을 나타내는 것을 뜻한다. 어떤 사회 집단에서든 위트, 아름다움, 용기, 기량, 업적, 기품은 두각을 나타낸다(기품 같은 것으로 두각을 나타내는 개인은 어디에나 있기 마련이다). 명성을 얻는다는 것은 명성을 얻는 사람과 명성을 부여하는 사람 상호 간에 직접적인 준사회적para-social(유사 사회적이라고도 한다 _옮긴이) 관계가 있다는 의미다. 이런 개인은 자신들이 속해 있는 특정 사회단체 내에서 국부적인 명성을 얻고 있다. 대조적으로 셀러브리티의 유명세는 유비쿼터스적이다. 셀러브리티 문화에서 한 가지 특이한 점은 두 주체 사이의 직접적인 상호 관계의 부재에도 강한 감정을 불러일으킬 수 있는 팽팽한 끈이 내재해 있다는 것이다. 명성은 사적으로 연락이 가능한 범위에서 두각을 나타내는 한 개인의 탁월함을 뜻하는 반면에, 유명이나 악명은 무대, 스크린이나 다른 대중매체를 매개로 관중과 유명인이 구별되듯이, 명예로운 지위 유무로 구별된다. 이와 같은 사회적 차이는 유명과 악명의 전제 조건이다. 이런 차이는 유명인들이 그들의 배우자, 자녀, 친척들과 관계를 유지하는 데 종종 마찰을 빚기도 한다. 이렇게 대중의 찬사를 받으며 대중의 욕구를 채워주는 유명인들은 공인으로서 인정받은 모습을 사생활에서 재현해낼 수 없을 때 괴로워한다. 엘리자베스 테일러Elizabeth Taylor, 프랭크 시나트라Frank Sinatra, 제인 맨스필드Jayne Mansfield, 어니스트 헤밍웨이

Ernest Hemingway, 리처드 버턴Richard Burton, 주디 갤런드Judy Garland는 모두 결혼했다가 여러 번 이혼했고, 안정적인 결혼 생활을 유지하려고 했지만 어려움을 겪었다.

셀러브리티, 미디어, 셀러브리티화

나는 미디어의 재현이 셀러브리티 문화를 형성하는 데 핵심적인 역할을 하고 있다고 믿기 때문에 셀러브리티의 타고난 본성이나 특징보다 속성과 거리감에 집중한다. 셀러브리티는 우리에게 흔히 신비롭고 초인적으로 보인다. 그들이 연출된 모습으로 대중 앞에 나타나기 때문이다. 이를 뒷받침하는 가장 좋은 예는 오래전 영화계에서 대중에게 최초의 스턴트우먼으로 알려진 인물이다. 1920년 3월, 바이오그래프 영화사The Biograph Film Company는 가장 촉망받던 한 명의 스타 플로런스 로런스Florence Lawrence가 요절했다고 발표했다. 그러나 사실 로런스는 살아 있었고 건강했다. 그녀는 그 보도 이후에도 세인트루이스에 모습을 드러냈고, 이 일은 그 회사에 전례 없는 유명세를 안겨주었다.

대중의 관심사인 셀러브리티의 출현은 다음과 같은 세 가지 요소가 서로 밀접하게 연결되는 과정에서 주로 나타난다. 첫째, 민주화, 둘째, 조직화된 종교의 감소, 셋째, 일상의 상품화다. 이 세 가지 요소의 의미는 각각 다음과 같이 정교화될 수 있다. 17~18세기부터 궁정 사회가 쇠퇴하고 자수성가한 사람들이 문화 자본이 되는 변화가 일어났다. 현대사회가 발달하면서 셀러브리티는 왕의 절대 권력과 신에 관한 믿음이 부패하고 변질되면서 발생한 '결핍'을 채워주었다. 미국의 독립혁명은 단순히 식민주의적 제도를 전복하는 것뿐만 아니라 왕의 절대 권력을 지지하는 이데올로기 역시 타도하고자 했다. 이제 왕권은 이에 상응할 수 있는 완벽한 다른 이데올로기로 대체되었다. 왕의 절대 권력에 완벽히 상응할 만한 일반인 이데올로기가 등장한 것이다. 이 이데올로기는 정치제도를 정당화했고, 비즈니스와 산업을 존속시켰으며, 연예인의 상품화에 막대하게 기여했다. 셀러브리티는 사람들에게 인정과 소유의 상징으로 군주제를 대체했고, 사람들 사이에서 신에 대한 믿음이 약해지면서 셀러브리티는 불멸의 존재가 되었다. 이것은 예를 들면 토머스 제퍼슨Thomas Jefferson, 조지 워싱턴Goerge Washington, 간디Gandhi, 윈스턴 처칠Winston Churchill 등이 지금까지 왜 그렇게 아우라가 넘치는지 설명해준다. 이것은 또한 약 20년 전에 타계한 존 웨인John Wayne이 왜 아직까지도 미국에서 가장 인기 있는 스타 중 하나로 꼽히는지 보여준다. 엘비스 프레슬리Elvis Presley, 매릴린 먼로Marilyn Monroe, 존 F. 케네디John F. Kennedy, 제임스 딘James Dean, 존 레넌John Lennon, 짐 모리슨Jim Morrison, 투팍 샤커Tupac Shakur, 커트 코베인Kurt Cobain은 여전히 우상 숭배의 대상으로 남아 있다. 정치적으로나 문화적으로 일반인 이데올로기는 공론장을 극적이며 개성 있고, 대중의 관심을 사로잡은 최고의 장으로 격상시켰다. 이 정도로 셀러브리티 문화는 종교로부터 자유로운 세속 사회에서 서로를 융합하는 역할을 한다.

동시에 셀러브리티 문화에 영향을 받는 욕구는 추상적이다. 자본주의가 가진 축적의 논리는 소비자들이 끊임없이 그들이 원하는 것을 맞바꾸도록 요구한다. 산업 문화에서의 갈등과 분열은 부분적으로 자본주의적인 요구가 상품과 브랜드의 개혁을 계속적으로 주도하는 데서 나온다. 시장은 어쩔 수 없이 셀러브리티들의 얼굴을 상품화할 수밖에 없었다. 셀러브리티 문화가 끊임없이 상품화 문화와 엮인다는 사실을 알지 못하면 오늘날 셀러브리티들이 우리에게 행사하는 그런 특이한 지배력의 정체가 무엇인지 알 수 없다. 그 함의는 5장에서 본격적으로 논의할 예정이다.

그러나 소비자는 단순히 상품을 구매하는 시장의 일부일 뿐 아니라 여론의 장이기도 하다. 자본주의 시스템에서 판매자는 개인이 상품을 구매하도록 해야 할 뿐만 아니라 그들이 무엇을 원하는지도 알아야 한다. 경제 성장은 상품 소비에 의존하며, 문화 융합은 사회적 매력의 공감대를 늘 새롭게 갱신하는 데 달려 있다. 셀러브리티는 상품 소비 과정을 인도적으로 만든다. 셀러브리티 문화는 인간의 감정을 상품화하고 구조화하는 핵심적인 메커니즘에 의해 생겨났다. 셀러브리티는 소비자가 소유하고 싶어 한다는 점에서 상품이다. 흥미롭게도 이 점에서는 악명 높은 유명인들도 마찬가지다. 이언 브래디Ian Brady, 미라 힌들리Myra Hindley, 로즈마리 웨스트Rosemary West, 제프리 다머Jeffrey Dahmer, 테드 번디Ted Bundy, 해럴드 시프먼Harold Shipman, 티머시 맥베이 등 이 연쇄 살인자들이 감옥에 있는 동안 팬들의 메일이 쇄도했다. 2001년 6월 11일 사형된 맥베이는 청혼을 네 번이나 받았다. 사회적으로 매도되고 추방당하기는커녕 악명 높은 인물들은 각계각층의 사람들로부터 필요한 악인으로 간주된다.

왜 주류 셀러브리티들이 명성 있는 흡인력으로 사람들이 그들을 따라가게 하고 세상 사람들의 일상을 충족시키는지 그 이유는 간단하다. 언뜻 봐서는 악명 높은 유명인의 팬들을 좀처럼 이해하기 쉽지 않다. 악명 높은 인물을 동등 의식을 추구해 극단주의를 경멸하고 평등권과 책임감을 어중간하게 확신시키는 민주주의적 맥락에서 놓고 보는 것을 제외하고는 말이다. 그런 차원에서 악명 높은 인물들에게서는 파란만장함, 순간적 명성, 그리고 어떤 이에게서는 문명사회가 억제하고 차단하려는 난폭하고 공격적인 감정과 성적 욕구를 과감히 방출하는 대담함을 엿볼 수 있다.

사회가 셀러브리티를 갈망하는 경향을 심화시켜 우리 자신으로 하여금 타인을 욕망하고 인정해주는 대상으로 만들어가고 있다면 그것은 또한 승리자보다는 패배자를 만들어가는 셈이다. 셀러브리티 경쟁은 사화 각계각층에서 유비쿼터스ubiquitous적이어서 이 경쟁의 실패는 셀러브리티를 성취하지 못한 이들에게는 중압감으로 다가온다. 심한 경우 명성을 얻지 못한 사람들은 유명세를 얻기 위해 공격적으로 행동하기도 한다. 4장에서는 악명 높은 인물들과 유명인과의 관계에 대해 알아본다. 스토커의 증가에 셀러브리티 경쟁이 어떤 역할을 하는지, 유명인을 찾아 나서는 행위와 살해나 연쇄살인 사건에 어떤 연관이 있는지를 조사한다.

나는 이 책 마지막 장에서 우리 일상에서 셀러브리티가 만연하다는 것을 함축하고 있는 셀러브리티화 과정의 개념을 소개할 것이다. 통합된 시장의 성장과 사회 곳곳에 만연한 매스컴 시스템으로 인해 문화는 점점 미디어화되어가고 있다. TV 저녁 뉴스는 신문에 나온 기사보다 더 많은 사람을 소개한다. 사람들은 매일 미디어가 제공하는 스타일, 관점, 신속한 담화와 제시되는 어젠다를 사회적·문화적으로 주고받는다. 물론 이런 것들은 우리가 처한 환경이나 사회관계에 따라 변화하고, 새롭게 바뀌고, 재구성된다. 그럼에도 미디어는 우리 일상생활에서 인간관계의 상호작용에 가장 많은 영향을 미치는 요인이라고 말할 수 있을 것이다. 더 나아가, 셀러브리티는 사회와 개인의 연결고리다. 그렇기 때문에 셀러브리티는 현대화 과정 속 하나의 현상, 매스미디어가 가져오는 현상으로 이해되어야만 한다.

사회학자 피에르 부르디외Pierre Bourdieu는 미디어 셀러브리티 파워에 대해 비판적이다. 그는 뉴스 앵커들, 토크쇼 진행자들, 스포츠 아나운서들은 도심이나 학교에서의 폭력과 같이 그들이 말하는 '사회문제'에 대해 우리가 '어떻게 생각해야 하는지'를 항상 말하고 있다고 주장한다.[2] 어떤 이는 이런 관점을 지나치게 일차원적이라며 비판할지도 모른다. 미디어 셀러브리티의 영향은 부르디외가 인정하는 것보다는 특히 공중에게 정보를 제공하고 공공의 책임을 강조하는 등 민주주의를 보완해주는 면에서 더 의미가 있다. 그렇지만 일상에서 개인의 개성을 표현하고 삶의 목표를 설정하는 것 또한 대중적이며 상당 부분 미디어를 통해 쉽게 전파된다는 그의 관점은 타당하다. '셀러브리티화한다'는 것은 평범한 정체성 형성과 사회적 상호작용의 일반적인 형태가 셀러브리티 문화를 통해 개발된 스타일, 구현된 태도와 대화의 흐름에 따라 패턴화되고 활용된다는 것을 제안한다. 셀러브리티는 동시에 사회 유형을 구체화하고 롤 모델을 제공한다.

미디어의 재현이 셀러브리티의 기본이라는 사실은 왜 이렇게 셀러브리티의 파워가 신기할 정도로 강하고, 셀러브리티의 존재가 특별히 취약한지에 대해 의문을 남긴다. 미디어 수용자 관점에서 셀러브리티는 일반인이나 직장 동료보다 더 대단하고 더 좋아 보인다. 미디어를 통해 연출된 이미지는 어쩔 수 없이 셀러브리티 본연의 모습을 궁금해하게 만든다. 이것은 셀러브리티와 수용자 양쪽 모두의 영원한 딜레마다. 셀러브리티와 팬의 실체 없는 조우는 다음과 같은 세 가지 결과를 낳는다(여기서 내가 말하는 '실체 없는'이라는 표현은 셀러브리티와 수용자 간의 상호작용을 뜻한다. 즉, 셀러브리티 자신의 원래 자아 또는 셀러브리티의 공적인 모습이 없어지거나 우세하지 못하게 되어 공인의 얼굴에 전형적으로 있었던 기대와 반응에 모순되고 부정하는 양상을 보이게 된다). 이런 상태가 가져오는 세 가지 결과는 첫 번째, 팬들과의 직접적인 만남을 통해 셀러브리티의 공인으로서의 모습을 결국 되찾고 확인시켜주는 것이다. 두 번째, 팬들과 셀러브리티

---

2) P. Bourdieu, *On Television and Journalism*(London, 1996), p.46.

의 문화적·심리적 공통점을 서로 인식하고 알게 함으로써 셀러브리티의 지위를 투명하게 하는 일이다. 이렇듯 셀러브리티의 개인적인 면을 드러내게 되면 셀러브리티도 잠시나마 우리와 같은 존재가 된다. 셀러브리티도 결국 우리와 같은 사람이라는 점을 인식한다는 것은 그들에 대한 대중의 존경심을 종종 높인다. 엘튼 존Elton John, 로버트 다우니 주니어Robert Downey Jr, 보이 조지Boy George, 주디 갤런드Judy Garland는 각각 중독과 씨름하고 있음을 고백해 대중과 더 가까운 관계로 발전할 수 있었다. 세 번째 결과는 심리학적 용어로 인지적 불협화라고 불리는데, 이는 셀러브리티의 공적인 얼굴을 계산된 것이라고 비난하면서 대중매체의 이미지와 극단적으로 충돌하는 것을 말한다.

귀속적 셀러브리티, 성취한 셀러브리티, 부여된 셀러브리티

셀러브리티는 세 가지 유형으로 나뉜다. 귀속적ascribed 유형, 성취한achieved 유형, 부여된attributed 유형이 그것이다. 귀속적 유형의 셀러브리티는 가문과 관련이 있다. 전형적으로 신분은 혈통을 따른다. 캐럴라인 케네디Caroline Kennedy나 윌리엄 왕자William Windsor의 유명세는 태생에서 기인한다. 이는 왕족 시대의 왕과 왕비가 다른 이들에게 어떻게 자연스럽게 존경과 숭배를 받을 수 있었는지 알려준다. 이들은 그들이 어떻게 행동하는지에 따라 귀속된 신분 상태를 더 높이거나 더 깎아내릴 수도 있다. 그러나 그들의 귀속된 유명세의 근간은 이미 결정되어 있다.

이와는 대조적으로, 성취한 셀러브리티는 공개적인 경쟁에서 얻어낸 성과로 태어난다. 예를 들면 브래드 피트Brad Pitt, 데이미언 허스트Damien Hirst, 마이클 조던Michael Jordan, 다시 버셀Darcy Bussell, 데이비드 베컴David Beckham, 레녹스 루이스Lennox Lewis, 피트 샘프러스Pete Sampras, 비너스 윌리엄스Venus Williams와 세레나 윌리엄스Serena Williams, 모니카 셀레스Monica Seles는 예술과 스포츠 분야에서 성공을 거둔 셀러브리티들이다. 공적으로 이들은 남다른 재능이나 기술을 소유한 인물로 인식된다.

그러나 성취한 셀러브리티는 특별한 재능이나 기술만으로 결정되는 것은 아니다. 그들의 일부는 주로 미디어와 같은 문화 매개자가 한 개인을 탁월하거나 특출 나게 집중 조명해 재현한 결과로 셀러브리티가 된 사례다. 이 경우는 부여된 셀러브리티다.

속성을 가지는 것만으로 어떻게 셀러브리티가 탄생하는가? 주원인은 대중매체의 팽창과 관련이 있다. 센세이셔널리즘은 반복되는 일상생활에 대한 대중매체의 대응이다. 대니얼 부어스틴Daniel Boorstin은 홍보 담당자와 뉴스 에디터들이 기획하는 뉴스가 될 만한 이벤트를 뜻하는 말로, '의사 사건pseudo-event' 이라는 용어를 처음 쓰기 시작했다.[3] 센세이셔널리즘은 대중의 시선을 끌어, 그들이 어떤 사건에 관심을 갖도록 하는 데 그 목적이 있다. 그러므로 영국 텔레비전 원예가 찰리 디먹Charlie Dimmock, 믹 재거Mick Jagger의 자녀들 중 한 명의 엄마인 루시아나 모라드Luciana Morad, 여덟 쌍둥이를 낳은 영국인 맨디 올우드Mandy Allwood는 높은 구독률과 시청률을 추구하는 미디어 운영진들에 의해 일반인에게 주목받는 인물로 인식된다. 이 책에서 나중에 셀러토이드celetoid라는 용어를 소개할 것이다. 셀러토이드는 미디어가 양산해내어 단기간에 집중 조명되고 순식간에 유명해진, 부여된 셀러브리티의 한 형태를 뜻한다.

미디어의 포화는 종종 우리가 사실과 허구, 현실과 망상 사이의 구분이 없어

---

3) D. Boorstin, *The Image* (London, 1961), pp.38~39.

진 의사 사건 시대에 살고 있다는 사실을 의미하는 것으로 거론되어왔다. 아마도 이런 논쟁은 과장일지도 모른다. 왜냐하면 궁극적으로 그러한 논쟁은 계획된 의사 사건에 지나지 않는 화젯거리들과 미디어 전략 효과로서의 셀러토이드에 얼마나 노출되어 있는지에 달려 있기 때문이다. 일단 부여된 셀러브리티를 하나의 사회 계층으로 분류하면, 현실과 망상 간의 구분이 없어졌다는 논쟁은 누그러진다. 그렇지만 무소부재한 미디어가 현대 문화에서 대중에게 셀러토이드를 중요한 사회적 계층으로 구분하도록 만드는 것은 사실이다.

여기서 주의해야 할 것이 있다. 물론, 성취한 유명세는 대중매체가 발생하기 이전에도 있었다. 광신자, 위조범, 범죄자, 매춘부, 발라드 가수, 철학자들은 그리스와 로마 시대 이래로 대중의 주목을 받아온 대상이다. 그들은 셀러브리티의 예시적 특징이라고 불릴 수 있는 면모를 갖추고 있다. 즉, 그들은 대중의 대화 소재였고, 그들이 존경을 받느냐 악명 높은 인물이 되느냐는 전적으로 그들에게 달려 있었다. 그러나 그들은 대중매체가 발달한 시대에 친밀함에 대한 착각으로, 셀러브리티가 되어 칭송받는다고 생각하지는 않았다.

이방인들이 2대 로체스터 백작 존 윌못John Wilmot을 처음으로 만났을 때 그들은, 자신들이 난봉꾼, 바람둥이, 찰스 2세Charles II와 그의 아첨꾼들을 저속하게 풍자하는 사람을 대면하고 있다는 사실을 알지 못했다. 이렇듯 그의 실제 면모는 대중의 시야에서 벗어나 있었다. 우리가 떠올릴 수 있는(생각할 수 있을 만한) 거의 모든 셀러브리티들이 그러하듯이, 33세의 젊은 나이에 매독으로 생을 마감한 로체스터는 사후에 명성을 얻게 되었다. 로체스터, 포카혼타스Pocahontas, 타이터스 오츠Titus Oates, 가이 포크스Guy Fawkes, 존 디John Dee, 넬 귄Nell Gwyn, 제라드 윈스탠리Gerard Winstanley와 같은 역사적인 인물들은 살아생전 대도시 유명인들의 운율을 즐겼다. 그러나 그러한 문화가 널리 보급되지 못해 친척이나 친구나 지인 관계에서 글을 읽고 쓸 줄 아는 계층을 통해서만 전해졌다. 반대로 현세대의 셀러브리티는 어디에나 편재해 있고 굶주려 있는 청중에게 줄 '생명의 비약'을 소유하고 있다. 전형적인 셀러브리티와는 다르게 현대 사회에서의 셀러브리티는 인터넷 사이트나 전기, 뉴스 인터뷰, 텔레비전 프로필, 라디오 다큐멘터리, 일대기를 그린 영화를 통해 대중이 그들에게 접근할 수 있다. 그들의 현실 자아는 대중이 끊임없이 발굴하는 인터넷 사이트다.

물론, 셀러브리티들은 종종 이를 침해라고 생각하고, 때때로 못 견뎌 하기도 한다. 이는 사람들을 모으고 동원하고자 하는 욕망과는 다르다. 엄격히 말하면, 셀러브리티들이 구성하는 공적인 얼굴은 그들의 것이 아니라 대중이 설정하는 것이며, 셀러브리티들은 단순히 그 이미지를 따를 명분만 가지고 있다. 존경받는 셀러브리티 역시 대중과의 관계는 종속적이다. 아마도 유명인 사이에서 신경증과 정신질환을 앓는 비율이 높은 것도 이런 이유 때문일지도 모른다. 셀러브리티들은 문자 그대로 명망받는 위치에 올라가 있기 때문에 실제로 그들의 가족과 자신과의 관계에서 때때로 고뇌하며 개인적인 문제를 겪는다. 셀러브리티가 공적인 얼굴을 거부하면 불안감과 수치심에 빠지게 된다.

유명인의 위치가 대중의 인정에 달려 있다는 사실은 아이러니하다. 셀러브리티는 보통 대중이 유명인의 프라이버시에 대해 전혀 인정해주지 않는다고 불평한다. 유명해져서 가장 높은 곳에 있을 때 그레타 가르보Greta Garbo는 영화계에서 은퇴했고, 그런 결정을 내린 배경에는 몇십 년 동안 그녀가 주문처럼 되풀이했던 "혼자 있고 싶어요"라는 말이 있었다. 존 레넌도 비슷한 이유를 들어 영국의 비틀스 마니아들에게 1970년에 맨해튼으로 옮긴 까닭을 설명했다. 총살을 당하긴 했지만, 그는 뉴욕에서 사람들에 의해 둘러싸이지 않고 거리를 걸을 수 있었다. 가르보와 레넌의 죽음은 미디어에 그들의 모습을 더 파헤칠 수 있도록 했다. 상당 부분 의심스럽고 불미스러웠다. 그러나 현대사회의 모든 셀러브리티와 같이, 그들의 사생활은 일정 부분 대중이 공유하고, 문화 공간에서 치는 파도를 통해 우리가 우리 자신을 이해하고 알아나가는 데 사용하는, 지속적인 데이터가 되었다. 성취한 혹은 부여된 셀러브리티의 길을 따라가 성공한 이들은 자신의 일정 부분을 포기하고, 익명의 사생활을 뒤로한다.

셀러토이드와 셀러액터

셀러토이드는 단기간에 집중 조명되어 유명세가 부여된 모든 형태의 셀러브리티를 일컫는 말로 정의할 수 있다. 나는 셀러토이드를 셀러브리티와 구분한다. 왜냐하면 일반적으로 셀러브리티는 대중을 상대로 좀 더 지속적인 이력을 쌓고 싶어 하기 때문이다. 그러나 셀러토이드와 셀러브리티가 대중에게 소비되기 위해 보여주는 많은 재현의 기술은 동일하다. 셀러토이드는 대중매체와 정통성 있는 무대 연출을 둘러싸고 조직된, 문화의 소품과 같다. 셀러토이드는 예를 들면 복권 당첨자, 히트곡 하나로 반짝 뜬 가수, 내부 고발자, 스포츠 경기장 스트리커(알몸으로 달리는 사람 _옮긴이), 영웅, 유명 인사의 내연 관계와 하루는 미디어의 주목을 받고 다음에는 잊히는 그런 다양한 유형을 말한다.

　제임스 브래들리James Bradley, 르네 가뇽Rene Gagnon, 아이라 헤이즈Ira Hayes를 생각해보라. 누가 오늘날 그들을 기억하는가? 그들은 1945년 이오지마Iwo Jima에서 36일 동안 벌어진, 2만 2000명의 일본군과 7000명의 미군이 사망한 전투에서 미국 성조기를 들어 올린 여섯 개 부대의 세 명의 생존자이다. 조 로즌솔Joe Rosenthal의 유명한 사진은 그 국가의 긍지와 자부심을 불러일으켰다. 브래들리, 가뇽과 헤이즈가 본국에 돌아갔을 때 그들은 성대한 대우를 받았다. 그 사진은 이후에 워싱턴 DC의 포토맥강 건너편 버지니아 앨링턴 묘지에 있는, 전쟁을 기념하고 애국심을 상징하는 청동상 건립에 영감을 주었다. 브래들리는 1994년에 사망했는데, 이오지마에 대해 거론한 적이 없다. 54세에 세상을 떠난 가뇽은 관리인으로 일하고 있었다. 전직 유명인으로서 부를 이루지 못하고 비극적으로 산 것이다. 그러나 아마도 가장 비극적인 것은 애리조나 인디언 보호 구역에 살던 헤이즈가 그 유명한 사진이 찍힌 지 10년 만에 알코올중독으로 사망한 사실일 것이다.

한때 명성을 얻었다가 사람들 기억에서 아주 빨리 사라져버리는 것은 셀러토이드의 본질이다. 영국 독자들은 아마 루스 로런스Ruth Lawrence를 기억할 것이다. 그는 1980년대 중반 영국 대중매체에 고정적으로 나온 청소년 신동이었다. 1980년에 루스는 여덟 살 때 O 레벨(영국에서 중등 과정을 마치면 치르는 시험)에 합격해 최연소 합격자가 되었다. 10살 때는 옥스퍼드대학교 입학시험을 가장 어린 나이로 통과했다. 그녀는 11살에 학위를 시작해 13살에 1등급 우등학위로 졸업했다. 17세에는 박사 학위를 받았다. 루스는 미국으로 이주했고, 영국 언론의 그녀에 대한 관심은 시들해졌다. 그녀는 1990년대 대부분을 세간의 눈을 피해 미시건대학교에서 어머니로, 또 교사로 시간을 보내면서, 셀러브리티로서의 지위는 점차 희미해졌다.

셀러토이드에게 대중의 관심이 집중되면 종종 스캔들이 뒤따른다. 예를 들면, 1987년 제시카 한Jessica Hahn과 텔레비전 종교 전도사 짐 바커Jim Bakker와의 관계가 폭로되었다. 그녀는 ≪플레이보이Playboy≫에 두 번이나 실렸고 900번으로 시작하는 자신의 (섹스) 전화번호를 개통했다. 길리언 플라워와 폴라 존스는 빌 클린턴Bill Clinton과의 스캔들 이후 잠시 유명해졌다. 모니카 르윈스키

Monica Lewinsky는 클린턴이 그녀와의 성관계를 자백하기 전부터 세계적인 셀러토이드로 거듭났다. 르윈스키는 미국 텔레비전에서 수익성 있는 유명 인터뷰를 했고, 자신의 책을 홍보하기 위해 세계를 여행하기도 했다. 전직 응급실 간호사이자 걸프전쟁에 참전한 것으로 알려진 다르바 컨거Darva Conger는 2000년, 텔레비전 게임쇼 〈누가 백만장자와 결혼하고 싶나요?Who Wants to Marry a Millionaire?〉에서 백만장자와 결혼하며 명성을 얻었다.

셀러토이드는 주로 공인의 위선과 부패를 상징하는 섹스 스캔들에 등장한다. 예를 들어 1960년대 초 영국의 프로퓨모 사건4)은 저명한 정치인과 쾌락주의의 이중 잣대를 시사하는, 첩자 혐의가 있는 내각 장관과 콜걸 크리스틴 킬러Christine Keeler와 맨디 라이스 데이비스Mandy Rice Davies의 성적인 관계를 통해 그들을 일시적으로나마 셀러토이드로 승격시켰다. 더 최근에는 영국의 홍보원로인 맥스 클리퍼드Max Clifford와 안토니아 드 산차Antonia de Sancha 대표가 기혼인 토리 보수당 내각 장관 데이비드 멜러David Mellor와 첼시 FC 유니폼을 입은 성관계를 했다고 주장했다. 또한 클리퍼드는 콜걸 패멀라 보드스Pamela Bordes와 신문편집장 앤드루 닐Andrew Neil과 토리당 장관들과 성관계를 했다고 주장했다.

셀러토이드들은 거의 대부분 유명세의 덧없음을 체감하지만, 예외적으로 유명세가 오래가는 경우가 있다. 예를 들어, 캘리포니아 주민들에게는 섹시한 금발에 목선이 파인 호피 드레스를 입고, 하이힐과 선글라스를 낀, 1980년대와 1990년대에 LA의 거대 광고판에 등장한 앤절린은 친숙하다. 언뜻 보면 앤절린의 이미지는 노골적으로 성차별적 고정관념과 맞닿는다. 하지만 다른 면에서

---

4) 영국의 헤럴드 맥밀런 정권의 정치인 존 프로퓨모와 19세 모델 지망생 크리스틴 킬러와의 섹스 스캔들을 가리킨다. 이후 크리스틴은 소련 측 스파이와의 연루설에 휩싸였다.

는 그녀가 취하는 포즈 자체가 아이러니하고 반사적인 반응을 일으킨다. 그녀의 존재는 성차별적 관점의 획일적인 해석에 저항한다. 그녀는 섹스 여신으로 유명하지 않고 그런 수식어가 우리에게 상투적이듯, 유명해진 것 때문에 유명하다. 그녀는 TV 인터뷰와 수천 번에 달하는 팬 미팅을 했고, 영화 〈이지 걸 Earth Girls Are Easy〉에 카메오로 출연했다. 그녀의 명성은 키치 문화의 가공품으로 가장 잘 이해할 수 있다.

내가 말하는 키치 문화란 규범적인 질서가 새롭고 센세이션을 일으키도록 기획되어 미디어로 재현된 문화를 말한다. 어떤 캐릭터를 설정하고 앞서 성공한 사례의 방법으로 대중과 상호작용하면서 키치 문화는 암묵적으로 구성된 현실의 효과를 인정하고 받아들인다. 따라서 앤절린은 자신을 임의로 유명하게 만들고, 각종 미디어의 주목을 받는 유명 인사들이 보편적으로 고안한 특징을 모방한다.

셀러토이드의 중요한 하부 카테고리에는 셀러액터 celeactor라고 불리는 부류가 있다. 셀러액터는 일시적으로 어디에나 존재하는 가상의 인물이거나 대중문화의 제도화된 특징이 된다. 셀러토이드처럼 셀러액터도 대중매체의 부속물이다. 그들은 그 시대를 아우르는 하나의 캐릭터 유형으로 대중의 구미에 맞춘다.

1980년대 영국에서 해리 엔필드 Harry Enfield의 셀러액터 캐릭터 로저머니는 마거릿 대처 Margaret Thatcher 정부 시대의 물질만능주의를 저속한 졸부인 노동자 계급의 에식스 지역 남자를 통해 총체적으로 구현했다. 2000년 초에 셀러액터 '알리 지 Ali G'는 대중매체에서 유사한 역할을 담당했다. 대외적으로 알리 지(앵글로 유대인 코미디언 사샤 배런 코언 Sacha Baron Cohen에 의해 제작되고 연기된)는 런던 근교 스테인스에서 태어난 흑인 영국 청년이며 갱스터 문화와 관련이 있다고 알려져 있지만 확실하지는 않다. 실제로 코언은 흑인이 아니라는 것이 확실하고 알리 지가 자메이카 흑인이나 영국계 자메이카인이 공유하는 가치와 그들의 언어를 안다는 것을 의심할 만한 데도 그가 구사하는 유머 일부는 그가 스타일리시한 흑인계 영국인임을 보여준다. '알리'라는 이름은 그 캐릭터가 사실 아시아게일지도 모르고, 그래서 그의 역할과 신분에 대한 혼란이 코미디에서 또 다른 이면을 품고 있을지도 모른다는 것을 말해준다. 코언은 알리 지가 아주 영리하게 때로는 위험하게 양쪽 인종에 대한 고정된 편견을 표현하고 정치적으로 올바른 척하는 데 대해 일침을 가한다. 코미디는 알리 지의 진지한 성실함뿐만 아니라 그가 인터뷰하는 강력하고, 종종 부유한 사람들을 놀라게 하는 신중함으로 알리 지의 캐릭터를 액면 그대로 받아들인다. 따라서 눈에 띄고 주목할 만한 우파, 전 보수당 장관과 교장 선생님은 알리 지의 미터법 측정에 향한 열정이 오락성 마약 사용에 대해 그가 관심을 가지게 했다는 것을 깨닫지 못하고 학교 교과 과정에서 학생들이 미터법의 장점을 묻게 한다. 마찬가지로 페미니스트 학자가 충격적이고 여성 혐오적인 가치들과 맞서게 되더라도, 그들이 그 가치관을 교수 회의에서처럼 독단적으로 무시할 수는 없다. 그것을 말하는 유명 인사는 분명 일정 수준까지 교육받은 소수 부류들의 이익을 대변하기 때문이다. 어떤 미디어는 코언을 두고 인종차별과 성차별을 영구화한다고 비판한다. 그러나 알리 지를 자세히 보면 인종차별과 성차별주의자에 의해 설명되든, 우리의 도덕적 수호자로서 봉사하기로 임명된 자들에 의해 설명되든지 그의 코미디가 위선과 협잡을 끌어내린다는 것이 드러난다.

셀러액터는 변함없이 풍자의 소산이다. 그들의 목적은 공인의 위선을 꺾고 그들의 공적인 삶에서 무너진 도덕성을 강조하는 것이다. 그들은 18~19세기 위선을 거부했던 당대의 화가들, 윌리엄 호가스William Hogarth, 토머스 롤런드슨Thomas Rowlandson 그리고 오노레 도미에Honoré Daumier 등이 소묘, 판화, 그림으로 묘사한 인물들의 직계후손이다.

만화는 현대 생활상을 풍자하는 매우 효과적인 매체다. 예를 들면 블론디 Blondie 만화책은 55개국에 35개 언어로 출간되었다. 1930년 경제공황의 시작점에서 칙 영Chic Young이 소개한 것이다. 그 만화는 블론디와 대그우드 범스테드와 자녀들, 베이비 덤플링(알렉산더)와 쿠키의 범스테드 가족의 고생을 다룬다. 이 만화의 성공은 보통 공통으로 통용되는 주제인 사랑, 결혼, 양육, 직장, 휴식, 식사와 수면에 집중한 덕분이다. 마찬가지로, 영국 동북부 지역의 노동자 계급의 삶을 묘사해 세계 곳곳에 널리 판매한 영국의 성공적인 만화 〈앤디 캡Andy Capp〉은 비록 노동자 계급의 시각으로 보았지만 비슷한 주제를 다룬다. 이러한 캐릭터들은 문화적 효과를 얻었고 그런 만큼 그들은 셀러액터급의 변형으로 볼 수 있다.

월트 디즈니 애니메이션 만화 작품은 문화적 영향력이 상당하다고 인정받는다. 미키 마우스는 인정 많고 건전한 정의파의 전형적인 예시다. 도널드 덕은 선을 행할 결심을 구체화하고 불같은 성질을 통해 그의 엄청난 야망을 드러낸다. 플루토는 참을성과 성실함을 겸비하고 있다. 슈퍼맨과 배트맨 또한 이상적인 미국적 영웅심과 정의 실현을 나타내는 캐릭터. 1980년대와 1990년대의 애니메이션 〈비비스 앤드 벗헤드Beavis & Butt-Head〉, 〈심프슨The Simpson〉과 〈사우스 파크South Park〉는 반정부 젊은이들의 새로운 스테레오타입, 다문화주의에 대한 열망, 아메리칸 드림의 희생자들을 이용해 미국의 도덕적 다수가 믿고 있는 정통 가치와 제도를 풍자했다.

사이버 문화의 발전은 만화 형식과 같은 다방면적 융통성을 보여주었고 대중문화에서 셀러액터들의 범위를 확장시켰다. 영국 컴퓨터 회사 에닉스가 제작한 스릴 넘치는 사이버 여주인공 라라 크로프트Lara Croft는 세계적으로 인기를 얻었다. 라라는 아마도 첫 컴퓨터 게임 세계의 두드러진 사이버 아이콘일 것이다. 1990년대 게임 아이콘은 1980년대 해리슨 포드Harrison Ford 주연의 영화 시리즈 스티븐 스필버그 감독의 〈인디아나 존스Indiana Jones〉에서 영감을 받았다. 라라 크로프트는 그러므로 장 보드리야르Jean Baudrillard의 유명하고 영향력 있는 논증인 "시뮬레이션은 현실을 대체한다"는 말을 확인시켜주는 셀러액터의 성공에서 비롯된 사이버 아이콘이다.5) 한편, 이를 왜곡하듯 스타 배우 안젤리나 졸리는 영화 〈툼 레이더Tomb Raider〉에서 라라의 역할을 연기한다.

셀러브리티를 만들고 나타내는 과정은 그들의 가상적인 공적 얼굴을 포함한다. 셀러액터들의 경우 실제의 자아는 없고 공적인 얼굴은 오직 허구적의 산물이다. 대중과 셀러브리티, 셀러토이드, 셀러액터 사이의 연관성은 대부분 상상의 관계가 지배적이다. 그들이 관중으로부터 신체적·문화적으로 동떨어져 있다는 것은 청중과 그들의 관계가 높은 판타지와 욕망의 성향을 지니고 있다는 것을 뜻한다. 셀러액터의 구성은 스테레오타입과 대중문화에서의 편견이 구현되도록 계획된다. 이 예시로 알프 가넷, 아치 벙커, 제임스 본드, 더그 로스, 에윙, 프레이저, 해럴드 스텝토와 알버트 스텝토, 해리 칼라한(〈더티 해리 Dirty Harry〉), 폰즈, 캐리 브래드쇼(〈섹스 앤드 더 시티Sex and the City〉), 폭스 멀더, 다나 스컬리 등의 이름을 댈 수 있지만 그들은 허구의 내러티브 속 가상의 인물이다. 하지만 그들은 실체적이고 어떤 경우에는 진정한 사회적 관계와 문화 형성에 오랫동안 영향을 미친다. 그중에서도 셀러액터는 롤 모델로서 역할을 하고 욕망을 구체화하고 대중문화의 이슈를 부각시키며 편견을 각색해 여론에 영향을 미치고 정체성 형성에 기여한다. 인기 많았던 범죄 프로그램 〈검사 모스Inspector Morse〉의 셀러액터 검사 모스와 BBC TV 시트콤 〈죽음의 문턱에서

---

5) J. Baudrillard, *Simulations* (New York, 1983).

One Foot in the Grave〉에 출연한 빅터 멜드루Victor Meldrew가 일주일 사이에 연달아 죽었다. 그 둘의 죽음은 국가적 관심사였고, TV와 신문에 연이어 보도되었다. 빅터 멜드루의 부고를 다룬 45분짜리 방송은 이전까지는 왕실 가족들에게만 주어지는 경의의 표현이었다.

물론 셀러액터가 미치는 영향력의 본질에 관해서는 많은 논쟁이 있다. 셀러액터의 유형은 제2차 세계대전 후 문화에서 '쿨함'을 나타내는 데 큰 영향을 주었다. 딕 파운틴Dick Pountain과 데이비드 로빈스David Robins는 그들의 책『세대를 가로지르는 반역의 정신Cool Rules』에서 '쿨함'은 "아이러니한 무의식의 가면 뒤에 숨어 있는", "사적 반역의 영원한 상태"라고 정의했다.[6] 그들은 현대의 쿨한 정체성의 유형이 모든 세대에 영향을 미치고 전후 문화에 중요한 영향을 주었다고 주장한다. 폰즈, 해리 캘러핸, 더그 로스, 멀더와 스컬리는 분명 그 상태를 구현한 셀러액터들이다. 그들은 쿨한 스타일과 효율성이 강조되는 모던 라이프의 복잡함과 어려움을 표현하고 있다. 이와 같은 평가와 경쟁 때문에 그들은 그러한 다양한 역할을 소화한다.

대조적으로 〈달라스Dallas〉는 셀러액터의 스테레오타입의 역할, 사회비판적 표현과 청중의 좌절감 사이의 관계를 묘사한다.[7] 텍사스 거물 등의 과소비와 무도덕성은 레이건 정부와 대처 정부 시기 졸부들의 상스러움에 대한 대중의 맹비난의 직접적인 원인이 되었다. 그들은 또한 간절한 소원 성취가 좌절된 이들에게는 극적으로 탈출구를 제공한 셈이다. 일반적으로 청중은 에윙 가족을 선망의 대상으로 삼지 않았다. 오히려 〈달라스〉는 시청자들이 분명한 정치적

---

6) Dick Pountain and David Robins, *Cool Rules: Anatomy of an Attitude* (London, 2000), p.19.
7) I. Ang, *Watching Dallas* (London, 1985) 참고.

활동과 관계없이 인격적·사회적 트렌드의 못마땅함을 해소하게 했다. 제이알JR, 보비와 그의 아내들, 그들의 정부와 경범죄는 비인간적으로 진보하는 자본주의 논리에 사로잡힌 시청자들에게 탈출구였다.

그 장르에서 가장 영향력 있는 몇몇 캐릭터들은 드라마 형식으로 재현되었다. 세계적으로 널리 알려진 영국 드라마 〈코로네이션 스트리트Coronation Street〉의 에나 샤플스, 앨버트 태틀록, 켄 바로, 베트 린치, 엘시 태너, 마이크 볼드윈, 컬리 와츠, 잭 더크워스와 베라 더크워스, 베티 윌리엄스와 같은 셀러액터들은 맨체스터의 노동자 계급의 갈등을 구현하고 표현한 '실제' 인물들로 받아들여진다. 〈브룩사이드Brookside〉, 〈에머데일Emmerdale Farm〉과 〈이스트엔더스East Enders〉는 셀러액터들이 대중문화에 큰 영향을 주게 된, 성공한 영국 드라마의 또 다른 사례다. 유명한 한 사례는 〈이스트엔더스〉에서 로스 켐프Ross Kemp가 맡은 그랜트 미첼 역이다. 그랜트 미첼은 1990년대에 영국의 남성성을 놓고 벌어진 진정한 갈등을 떠올리게 하는 전형적인 예다. 그의 공격성, 좌절, 고통은 페미니즘과 비정규 노동시장의 출현으로 전통적인 남성성이 처하게 된 어려움을 그대로 보여주었다.

드라마는 대중의 의식에 교묘하게 스며드는 특유의 역량이 있다. 주 단위로 계획되는 TV 프로그램 편성의 핵심인 드라마는 내러티브를 개발하고 시청자들이 공감할 수 있는 삶의 한 단면을 형성하며 풍부한 기회를 제공한다. 드라마 셀러액터들은 캐릭터의 색과 사건을 살리면서 시청률을 높일 시청자와 함께 성장한다. 성공적인 코미디 프로그램 〈프렌즈Friends〉와 〈프레지어Frasier〉는 그 점을 강화한다. 〈프렌즈〉에서 묘사된 레이첼 그린, 모니카 겔러, 피비 버피, 조이 트리비아니와 챈들러 빙과 같은 셀러액터 역은 전 세계적으로 경이로운 성공을 거두었다. 그들을 연기하는 배우들은, 즉 제니퍼 애니스톤Jennifer

Aniston, 코트니 콕스Courteney Cox와 데이비드 아퀘트David Arquette, 리사 쿠드로 Lisa Kudrow, 매트 르블랑Matt Leblanc, 매슈 페리Matthew Perry는 〈프렌즈〉 속 연기가 너무 인상적이어서 이후 유사한 배역만 맡게 되는 함정에 빠졌다. 이것은 셀러액터를 연기하는 배우에게 심리적인 갈등을 준다. 공적인 얼굴은 실제 자기 자신의 모습을 누르고 억압하게 하기 때문이다.

이 책에서는 먼저 성취한 셀러브리티와 부여된 셀러브리티 유형에 집중하려고 한다. 그 이유는 바로 일반인의 시대에서 셀러브리티는 단지 현상이 된다는 전제(다음에서 입증하려고 하는)에서 파생된다. 2세기 반 전, 귀속적 셀러브리티는 그 명성이 계속 존속되었다. 사람들은 왕족이나 군주, 숙녀와 같은 신분이 존재하는, 계급이 비교적 고정된 사회에서 살았다. 혁명 이전 프랑스의 법원은 혈통이 사회 권력과 유명세의 뿌리가 명확한 사회였다. 물론 이런 사회라 해도 성취한 셀러브리티를 배제하지 않았다. 단테 알리기에리Dante Alighieri, 미켈란젤로 부오나로티Michelangelo Buonarroti, 레오나르도 다빈치Leonardo da Vinci, 윌리엄 셰익스피어William Shakespeare가 얻은 국제적 명성은 출생에 의한 것이 아니라 성취에 의한 것이었다. 성취한 셀러브리티는 예술에만 국한된 것이 아니다. 금융가, 상인, 발명가와 다른 자수성가한 사람들도 상위층으로 상승을 경험했고 전통적인 특권과 명성의 경계에 도전했다. 그러나 그들은 절대왕정 체제 아래 수립된 절차와 법원이 정한 관습에 순응해야 하는 커다란 압박에 놓여 있었다.

프랑스혁명은 구체제를 없애고 사회를 보편적인 평등과 자유의 체제로 바꾸어놓기 위해 일어났다. 그것은 새로운 인간의 시대를 선포했다. 이 주장은 유일무이한 것은 아니었다. 키케로Cicero는 고대 로마에서 혼자 힘으로 이를 주장했다. 다만 키케로의 주장이 개인의 지위를 강화하는 행위였다면, 프랑스혁명은 영원한 전제 정치와 횡포, 과거의 계급 제도를 타도하고자 벌어졌다.

이러한 엄격한 기준으로 판단할 때, 프랑스혁명은 그 목적을 달성하는 데 실패했다. 혈통은 타고난 지위를 근간으로 살아남았고, 나폴레옹 지배하에 혈통에 기반을 둔 많은 명예 직위가 부활되거나 새로 만들어졌다. 나폴레옹 자신도 1804년에 '황제'의 직위를 받아들였다. 그러나 막시밀리앙 로베스피에르Maximilien Robespierre의 처형과 왕정 시대를 복원하려는 다른 혁명 지도자들이 최후를 장식했다고 추론하는 것은 지나친 단순화일 것이다. 로베스피에르는 '선의 공화국'을 주장했고 그것은 존속하는 서양의 유토피아적인 이미지를 상징했다. 역설적이게도 특권을 제거하려는 우연한 움직임은 새로운 형태의 차별을 낳는 토대가 되었다. 셀러브리티 문화와 셀러토이드는 폭군에 대항하는 직접적인 저항의 산물이다. 셀러액터는 권력에 귀속된 형태의 사회적 후퇴이자 권력과 사회계급 사이의 균형에서 더 큰 평등으로 나아가려는 징후다.

셀러브리티론: 세 가지 이론

사회적 구성과 셀러브리티 사이의 긴밀한 유대 관계를 상정하며 나는 역사성이라는 특권을 부여받는 현대 사회에서 셀러브리티를 연구하는 데에 적용할 수 있는 이론적 접근법의 가치를 강조하고 있다.

이 접근은 항상 크게 세 가지로 영향을 미치는 주관론과 구조주의와 후기 구조주의 사이의 논쟁으로 학문적으로 받아들여지지 않았다.

주관론

주관론자들은 보통 셀러브리티에게 끼가 있다고 생각한다. 그렇기 때문에 그들은 셀러브리티를 타고난 재능을 발휘하는 사람이라고 해석한다. 그러므로 정통 주관론에서는 누구도 카루소Caruso처럼 노래할 수 없다. 누구도 새뮤얼 베케트Samuel Beckett의 드라마틱한 통찰력을 재현할 수 없고, 월터 매소Walter Matthau의 언짢음을 모방하거나 커트 코베인의 예술가적 고뇌에 닿을 수 없는 것처럼 말이다. 재능은 유일하고 설명할 수 없이 경이롭다. 정통 주관론자들은 어떤 재능은 훈련과 연습으로 갈고 닦아지지만, 그런 뛰어난 재능은 타고난 것으로 여긴다. 그렇기 때문에 그들은 청중이 셀러브리티의 특이한 걸음걸이, 얼굴 표정, 답변 매너와 말하기에 큰 영향을 받는 이유는 특유의 끌림 때문이라고 주장한다. 그래서 그것들은 합리적으로 설명될 수 없다. 결국 한 사람을 셀러브리티로 만드는 요소는 신비로움이기 때문에, 분석보다는 공감을 하는 것이 더 나을 수 있다. 말하자면 우리는 셀러브리티가 어떻게 해서 이러한 명성을 얻을 수 있었는지에 대해 스스로 이야기할 수 있도록 하고, 그런 이유에 대해 관여하는 것보다 경이로워 해야 한다.

그렇지만 주관론자의 설명은 말 그대로 '타고난' 것을 뜻하지 않는다. 오히려 그들은 본성이나 미신으로부터 분리된 인과관계를 통해 인간을 이해하려한다. 인류 역사상 비범함을 가진 최초의 사람들은 강한 신체나 정신력으로 두각을 나타냈다. 회의론자들은 이를 두고 다른 사람을 잘 속이는 역량이라고 말할지도 모르지만 말이다. 아마 그때의 관중은 남다르다고 생각하는 사람들에게 특별함을 부여할 때, 그들에게 초자연적인 힘을 투영했을지도 모른다. 확실히 셀러브리티와 종교, 마술 사이에는 연관성이 있다. 나는 이 책 2장에서 이 연관성에 관해 더욱 비중 있게 다룰 것이다.

일단은 먼저 알렉산더 대왕Alexander the Great의 경우를 생각해보자. 그는 모든 역사를 통틀어 첫 번째 전형적인 셀러브리티로 손꼽힐 만큼 위대하게 여겨진다. 마케도니아의 왕 필리포스Philip의 아들 알렉산더는 단지 왕족 신분이기 때문에 받은 유명세를 걸림돌로 여겼다. 그는 그가 몸소 행한 업적과 행적을 명확히 보여줄 더 많은 기회를 노렸다. 혁혁한 전쟁 업적과 칼리스테네스 Callisthenes의 전격 고용으로 세계적 영향력을 발휘한 첫 스핀 닥터 알렉산더는 전 세계가 인정하는 확실한 존재가 되는 것을 매일 목표로 삼았다. 그는 전례 없는 인물로서 일반인들의 의식 속에 자기 자신을 각인시키려 했다. 칼리스테 네스의 대변인을 통해 알렉산더는 자신이 호메로스의 작품에 나오는 신의 직 계후손이라고 주장했다.

로마 황제는 또한 신과 자신의 유대감을 강조했다. 제우스, 아폴로, 포세이 돈 그리고 아레스는 율리우스 카이사르Julius Caesar, 마르쿠스 안토니우스Mark Antony, 아우구스투스Augustus와 다른 유명한 지도자들의 영적 아버지였다. 그 러나 전통 로마 셀러브리티의 두드러진 특징은 국가의 관리하에 개인의 자만 심이 국가의 권위를 넘볼 수 없게 된다는 것이다. 칼리굴라Caligula와 네로Nero 는 개인의 권력 강화를 국가에 대한 책무보다 더 우위에 두었기 때문에 로마 문명에서 이들은 악명 높은 인물로 통한다. 고대 로마에서 셀러브리티는 그 계 급의 가치가 제국 수도에서 명예로운 모든 것을 완벽히 재현한다고 보았다. 이 시기, 종교와 국가의 명예는 알렉산더 시대보다 더 정치적인 것이 되어 있었 다. 황제가 누리는 성대함과 장려함은 로마의 강한 세력과 번영을 상징했다. 공적인 책무는 셀러브리티 계급의 일부로 내재해 있었다. 공적 책임을 과시하 면서 칼리굴라와 네로는 비난을 자초했다.

여기에서는 좀 더 구체적으로 구분을 할 필요가 있어 보인다. 악명을 얻는 일은 셀러브리티가 자신의 존재를 대중의 의식 속에 각인하는 것과 유사하다. 그러나 셀러브리티는 무엇보다 사회의 중요한 질서를 확고히 하며 도덕적인 틀 안에서 매력을 발산하는 반면 악명은 보통 침해나 일탈 등의 비도덕적인 방법으로 얻어진다. 하지만 뒤에서 나는 이 차이를 일부 수정할 것이다. 오늘날의 셀러브리티는 종종 일반적인 도덕적 규범을 위반하는 일과 연관되어 있기 때문이다. 지나친 소비, 과시와 호색 탐닉, 약물 남용, 알코올중독, 폭력 등의 사건 말이다. 따라서 셀러브리티는 물질적 잉여와 일상생활을 둘러싼 경제적·도덕적 틀에 내재하는 상징적인 가치를 이용한다고 생각할 수 있다. 이런 관점에서 셀러브리티는 전형적으로 잉여적 존재다. 셀러브리티는 더 많은 물질과 상징적 권력을 내뿜기 때문이다. 만약 그 잉여가 더 높은 사회적 지위를 보장한다면, 이는 셀러브리티에게 더 큰 자유와 과한 행위를 허용한다. 셀러브리티는 사실 위반과 연관되어 있다. 셀러브리티가 우리와 다른 세계에 살고 있는 것처럼 보이는 것은 우리가 꿈만 꾸는 것들을 할 수 있는 자유가 그들에게는 주어지는 것처럼 보이기 때문이다.

알렉산더와 로마의 전통에서, 전형적인 셀러브리티 계급은 공적 영역에서 그 지위가 입증되고 재확인된다. 그것은 과시 행위나 드라마 같은 극적인 사건, 과소비, 격찬과 관계가 있었다. 공적인 삶의 활동 무대는 명성을 얻고 잃는 장소였다. 고대 사회에서는 과시나 찬사, 무절제는 셀러브리티 문화의 두드러진 특징이었다. 다시 말해 현대의 셀러브리티 문화의 속성이기도 한 과시는 고대에서부터 예견된 것이었다. 현 사회의 셀러브리티, 이를테면 브리트니 스피어스Britney Spears, 아널드 슈워제네거Arnold Schwarzenegger, 로비 윌리엄스Robbie Williams, 브루스 윌리스Bruce Willis나 카프리스가 공공장소에 출현해 대중의 호응을 끌어내면, 고대 사회의 구성원들은 이런 셀러브리티를 보며 신이 땅으로 내려왔다고 확신했다.

잘 알려진 순수 주관론계 비평가 막스 베버Max Weber는 카리스마라는 개념을 개인의 특별하고 고유한 속성에 적용했다.[8] 그는 카리스마적인 권위가 힘을 북돋는다고 설명했다. 명백히 그 권위는 실현되는 예언, 항상 승리하는 전투, 결코 약해지지 않는 치유의 힘, 시간이 지나도 이어지는 예술 활동과 같이 기적적으로 발생하는 일에 달려 있다. 이러한 모든 특징은 현대의 셀러브리티 개념에 함축적으로 담겨 왔다.

베버는 카리스마가 개인이 소유한 비범한 자질이라고 믿어왔기 때문에 사람에게 부여된다고 주장했다. 초자연적인 힘은 종종 카리스마의 원인으로 간주된다. 아마도 초자연적이고 유신론적인 관점에서의 설명이 주관론자들의 주장보다 더 오래되었을지 모른다. 카리스마를 설명하기 위해 성령과 인간의 불완전성 사이의 선택에 직면하면 우리는 왜 알렉산더와 키케로, 네로가 영적인 연대를 갈망했는지 알 수 있다. 이러한 셀러브리티에 대한 초자연적이거나 유신론적 반응이 완전히 쓸모없는 건 아니다. 존 레넌은 콘서트장에서 장애인들이 종종 비틀스를 기적을 행하는 사람으로 보는 것에 불만을 터뜨렸다.

셀러브리티를 다룬, 인기 있는 많은 전기는 주관론적 전제에 바탕을 두고 있다. 예를 들면, 인기 있는 전기 시리즈들은 또 다른 존 레넌은 없을 것이고, 우리는 매릴린 먼로와 같은 배우를 다시 보지 못할 것이며, 에바 페론Eva Peron이나 황태자비 다이애나Princess Diana의 삶은 인간이 경험할 수 없는 것이라고 말한다. 즉, 순수 주관론은 셀러브리티에게 고유한 성질이 있다고 주장한다. 문화매개자는 커뮤니케이션을 통해 셀러브리티와 청중을 연결시켜 줌으로써 카타르시스를 경험하게 해주는 역할을 한다. 그러나 그들에게 셀러브리티라는 위치는 타인과 비교될 수 없고 천부적인, 셀러브리티만의 창의적인 재능으로 획득된 것이다.

---

8) Max Weber, *The Theory of Social and Economic Organization* (New York, 1947).

구조주의

주관론자들의 주장과 달리 구조론은 인간의 행동과 그 행동을 유발하는 맥락과의 상호 관계에 집중한다. 그리하여 사실상 셀러브리티의 속성을 고유하고 중요한 것으로 여기는 해석을 거부한다. 그 대신 셀러브리티는 문화에 배어 있는 보편적이고 구조적인 규칙을 표현하는 차원에서 연구된다. 구조주의 방법론은 크게 문화 산업, 통치성, 유형 이론 이렇게 세 가지의 사회적 구조로 나뉜다.

문화 산업 이론은 프랑크푸르트학파의 사회 비판 이론과 관련이 있다. 이 이론은 구성된 엔터테인먼트를 사회 통제의 한 유형으로 보고 있다. 할리우드의 중심인 틴 팬 앨리Tin Pan Alley와 엔터테인먼트 산업의 선두에 있는 대기업은 대중의 사회적·문화적 행위 양식에 영향을 미친다. 그들의 궁극적인 목적은 자본의 지배를 강화하고 확장하는 데 있다. 셀러브리티는 자본주의가 대중을 다스리고 이용하는 목적을 달성하기 위한 수단의 하나로 개념화된다. 그들은 획일적이고, 단조롭고 틀에 박힌 일상이 만연한 사회 환경에서도 영웅적 개인주의 이념과 신분 상승, 그리고 자유의지에 의한 선택을 이야기한다. 그러므로 대중이 셀러브리티와 자신을 동일시하는 것은 허위의식이다. 셀러브리티들은 현실의 반영이 아니라 자본의 지배를 확장하기 위해 디자인된 제작물이기 때문이다.

자본주의는 그 원천으로 오락과 쾌락의 지배를 추구했다. 삶의 중심으로서 일을 대체할 시도는 경제성장과 경제적 시스템을 위협했기 때문이다. 가족, 국가, 종교는 욕망을 규제하고 생성 시스템에 맞는 다양한 도덕적 규범을 만들었다. 그러나 생산력과 생산 관계가 발전함에 따라, 소비자 문화와 레저 시간은 확대되었다. 가정과 일터에서 개인을 억압할 수 있는 그 원리는 쇼핑몰과 레크

레이션 활동으로 확대되었다. 엔터테인먼트 산업과 소비자 문화는 헤르베르트 마르쿠제Herbert Marcuse가 말한 "억압적 탈승화"를 생산한다.[9] 그리고 이 과정을 통해 개인은 고급문화에서 이상향이 상실된 문화의 가치를 무의식적으로 받아들여 부지불식간에 가치가 저하된 문화를 채택하게 된다(마르쿠제는 이 책에 인용된 책 『1차원적 인간(One Dimensional Man)』에서 (상류층이 향유하는) 고급문화high culture가 예술적 가치가 저하된 대중문화로 전락하는 상황에 대해 논의했다 _옮긴이).

셀러브리티는 대중을 일상의 고뇌로부터 멀어지게 함으로써 그들에게 해방감을 주는 것처럼 보인다. 그러나 자본주의 사회에서 겪게 되는 일상으로서의 사회는 생활환경 때문에 일시적인 망각 그 이상의 어떤 것도 될 수 없다. 마르쿠제의 영향이 절정이었던 1960년대에 그는 억압적 탈승화란 저항하는 대중의 힘을 전적으로 선취한다고 말했다. 이후 그는 이 관점을 수정해 '도덕률 폐기론'의 관점에서 주목할 만한 아티스트나 보헤미안, 학생과 실업자들이 사회에 나타나거나 자본의 규칙에 대해 저항이 시도될지도 모른다고 주장했다.[10]

이와 대조적으로 전통적인 좌익은 자본주의와 사회주의가 통합해 셀러브리티 문화가 대중 억압의 새로운 시스템을 창조했다고 주장한다. 기 드보드Guy Debord에게 산업 문화는 무엇보다 기호sign의 문화였다.[11] 셀러브리티 문화의 목적은 대중을 모방 소비로 안내하는 것이다. 통제의 기호학으로 조직된 시스템은 결국 물리적인 억압을 필요 없게끔 한다. 지배는 보편화되어 있고, 성취한 셀러브리티가 상징하는 것과 스펙터클 사회(기 드보드는 미디어가 인간의 삶의 거의 모든 면을 상품화한다고 주장했다)를 통해 작용하고 있다. 그러나 이러한

---

9) H. Marcuse, *One Dimensional Man* (London, 1964).
10) H. Marcuse, *The Aesthetic Dimension* (London, 1978).
11) See G. Debord, *The Society of the Spectacle* (London, 1967).

설명은 지나치게 운명론적이라고 비판을 받아왔다. 대중이 셀러브리티와 미디어의 지배에서 벗어날 수 없다는 것을 확신시킨다. 실제로 이러한 입장에서는 셀러브리티 문화에 어쩔 수 없이 흡수될 것이라는 데 근거해 현대의 반문화 counter-culture를 통렬히 묵살해버렸다.

에드가 모랭Edgar Morin에 따르면, 셀러브리티는 대개 엔터테인먼트 거물들이 요구하는 기능을 수행한다.[12] 이런 점에서 그들은 자본의 하수인이다. 엔터테인먼트 산업에서, 셀러브리티의 대중을 사로잡는 장악력이 감소했다고 판단되면 셀러브리티를 추락시키는 풍조가 이를 가장 잘 보여준다. 케네스 앵거 Kenneth Anger가 작성한, 1920~1980년대 추락하는 할리우드 스타들의 자살자, 신경쇠약자, 마약중독자 리스트는 경고성 메시지를 주고 있다.[13] 우리는 공개적인 수치심과 하락세를 걷는 이력으로 고통받은 오 제이 심프슨O. J. Simpson과 불미스러운 사생활이 폭로되어 널리 알려진 법정 소송 사건까지 벌여야 했던 개리 글리터Gary Glitter의 예를 알고 있다.

모랭의 이론은 셀러브리티가 문화 산업에 의해 제작된다는 주장을 뒤집는 데 의미가 있다. 모랭에 따르면 셀러브리티 기획자는 셀러브리티가 어필하는 능력을 만들어낼 수는 없다. 이러한 셀러브리티의 대중에 대한 어필은 선천적인 재능으로 설명할 수 없다. 그 대신 모랭은 대중의 마음에 쌓인 욕구를 투영하며 셀러브리티 파워를 탐구하는 입장을 선호한다. 이렇게 생각하면 셀러브리티는 대중의 탈인간화된 욕망을 모으고 확장하며, 현실을 드라마틱하게 재현해 대중에게 공개함으로써 모랭이 순간적으로나마 다시 인간성을 회복하게

---

12) E. Morin, *The Stars* (New York, 1960).
13) K. Anger, *Hollywood Babylon* (New York, 1975) and *Hollywood Babylon 2* (London, 1984).

하는 변환자에 가깝다. 모랭은 그러므로 프랑크푸르트학파('비판 이론'으로도 잘 알려져 있다. 네오마르크시즘 사상을 기반으로 아도르노Adorno, 호크하이머Horkheimer, 마르쿠제, 하버마스Habermas가 주축이 되는 학파다 _옮긴이)에서 강조하는 지배 계층이 셀러브리티 어필의 원동력이라는 주장을 뒤집는다. 그런 관점에서 그는 셀러브리티들이 전반적으로 심리학적 결핍을 겪는 우리 자신들과는 반대로 보이기 때문에 그들에게 매료된다고 생각한다.

모랭과 다른 이들에게 자본주의 시스템에서의 삶의 관계는 망상적인 상태로 여겨진다. 즉 이데올로기와 상품화는 개인과 개인을 이간해 인간 본성을 감추고 타락시킨다. 그것은 자본주의가 우리를 다른 사람들과 우리 자신으로부터 멀어지게 해, 우리가 우리의 소속감과 만족에 대한 환상을 셀러브리티들에게 투영하도록 하는 것이다. 예를 들면 소비문화에서 거의 사라져버린 자아의 이상화된 모습을 말이다. 셀러브리티의 자율성에 관해 말하자면 자율은 항상 상상 속에서 존재한다. 맞다, 모랭은 셀러브리티를 대중이 충족하지 못한 욕구의 표출이라고 보는 반면, 프랑크푸르트학파는 셀러브리티를 지배 권력의 지휘봉으로 여긴다. 그러나 양쪽에서 셀러브리티는 결국 이데올로기의 구현으로 분석된다.

마르쿠제, 드보드, 모랭 그리고 다른 작가들은 카를 마르크스Karl Marx 이론의 많은 특징에 대해 비판적이다. 그러나 그들은 마르크스의 이데올로기, 계급, 초월의 개념은 충실히 받아들인다. 셀러브리티를 통치성의 프리즘을 통해 보는 구조주의의 접근은 그렇지 않다. 노골적으로 표현되었든 아니든 여기서 결정적인 영향을 미친 것은 미셸 푸코Michel Foucault였다. 통치성에 대한 그의 학문적 기여는 매우 정확히 진술될 수 있다. 마르크스 이론의 전통은 통치성을 인간 행동에 대한 억압과 규제로 감싸 뒤덮은 차양에 비유하는 것이 알맞다.

계급, 소외, 이데올로기, 상품화는 떠오르는 몇 가지 예시다. 이에 반해 푸코의 통치성 적용은 통제권과 체계의 세분화를 강조한다. 그는 사회체제는 권력의 담론에 의해 만들어진다고 주장했다.[14] 담론은 독특한 수사법의 언어와 관련된 상징 자본과 실천 규범, 일부 행동 양식만을 유의미하고 정통적인 것으로 설정하고 다른 것들은 하찮고 사소한 것으로 치부해버리는 사회사실주의의 형태로 구성되어 있는 것으로 생각하게 될지도 모른다.

　담론은 권력 체제가 명확히 진술되는 수단이다. 예를 들면 신우파는 1980년대와 1990년대에 국민투표를 위한 법률 개정을 단행했다. 당시에는 시장 구조에서 다른 대안이 없었으므로 존재론과 인식론(과학과 지식의 구조)의 한 유형에만 우선순위를 두었고, 다른 것들은 역사의 소각장에 넣으려 했다. 담론은 특정한 결과를 얻기 위해 물리적 힘을 사용하지 않는다. 오히려 담론은 상징적인 기구를 효율적으로 사용하고, 사회적 실천에 대한 영향력을 행사하기 위한 수사법이다. 더욱이 질서가 권력 체제라고 생각하기 때문에 그 안에서 다양하게 특화된 담론이 타인과 끊임없이 계속되는 긴장 상태로 공존한다. 푸코는 사회문화적 재생산에서 잠정적인 특성을 발견했다. 담론은 도전을 받고 또 저항한다. 그러므로 통치성은 항상 행위와 반발의 문제이며, 사회적 영향력은 전략적으로 배치되고 변경된다.

　셀러브리티 연구에서 이러한 접근법은 셀러브리티가 정치적인 기능을 한다고 주장하는 데이비드 마셜David Marshall에 의해 가장 완벽하게 개발되어왔다.[15] 그것은 개인주의의 가치와 인격을 높여주는 다양한 유형의 주체성을 명확히 보여준다. 예를 들면 피트 샘프라스Pete Sampras, 매직 존슨Magic Johnson, 마

---

14) M. Foucault, *The Order of Things* (London, 1970).
15) D. Marshall, *Celebrity and Power* (Minneapolis, 1997).

르티나 힝기스Martina Hingis, 린지 데이븐포트Lindsay Davenport, 타이거 우즈Tiger Woods, 마이클 오언Michael Owen , 데이비드 베컴David Beckham과 같은 스포츠계 유명 인사들이 누리는 탁월함은 자기 수양, 훈련, 뚜렷한 물질적 성공을 분명히 보여준다. 이 스포츠 연예인들은 전형적으로 재능 있고 근면한 개인으로 묘사되고, 개인주의와 개인이 가진 사회적 경쟁력이라는 양쪽 지점에서 탁월하다는 것을 보여준다. 동시에 스포츠 유명 인사의 성과에서 운을 강조하는 것은 인생에서 동등하지 않은 기회가 주어지는 분배 시스템의 논리에 관해 대중에게 의문점을 가지게 하기보다 인생에 대해 운명론적 태도를 갖게 한다.

유명인이 출연하는 영화의 구성은 항상 같은 방식으로 진행된다. 톰 크루즈Tom Cruise의 〈탑 건Top Gun〉(1986), 해리슨 포드의 〈인디아나 존스〉와 〈스타워즈Star Wars〉 시리즈, 리엄 니슨Liam Neeson의 〈쉰들러 리스트Schindler's List〉(1993), 브루스 윌리스의 〈다이하드Die Hard〉 시리즈, 멜 깁슨Mel Gibson의 〈리쎌 웨폰Lethal Weapon〉 시리즈, 톰 행크스Tom Hanks의 〈포레스트 검프Forrest Gump〉(1994)는 도덕성을 강조하는 이야기다. 권선징악의 이야기가 전개되어 정의가 승리한다.

마셜은 셀러브리티가 사회적 구성물이라고 강력히 주장하며 매스미디어가 수용자를 통치하는 데 주요한 역할을 수행하고 있다고 주장한다. 정부는 이와 같은 통치에 적합한 롤 모델을 제시한다거나, 대중에게 정부의 통치에 순응하며 받아들이게 하거나, 삶의 고난으로부터 도피처를 마련해주는 도덕적 미담을 제공함으로써 성공한다. 그러나 그는 셀러브리티의 의미를 발전시키는 데 수용자를 생산적인 주체로 포함하기를 원한다. 그는 "수용자 주관성"이라는 용어를 소개한다. 수용자 주관성은 수용자의 유형과 어떤 문화 산업 사이에서 셀러브리티의 공적인 얼굴을 두고 계속 타협하는 것을 뜻한다. 마셜은 대중매체가 전지전능하다고 해석했고, 셀러브리티 시스템을 개발하고 구성하는 과정에서 수용자를 정교하고 창의적인 주체로 간주해야 한다고 제안했다.

마셜의 설명은 셀러브리티 시스템의 출현과 19세기와 20세기의 이른바 군중의 통제라는 통치성의 주요 문제를 연결한다. 마셜은 가브리엘 타르드Gabriel Tarde와 귀스타브 르봉Gustave Le Bon이 쓴 도시 경찰에 관한 고전을 인용하면서, 도시 산업 환경에서의 인구 집중은 시민 불복종과 무질서한 사회에 대한 대중의 필연적 불안감을 가져왔다고 주장한다.16) 타르드와 르봉 둘 다 법률과 체제 정책에 대해 군중 행동의 중대한 영향에 관한 사회심리학을 개발했다. 그들 연구의 한 측면은 군중 행위를 규제하는 데 상징적인 힘의 가치를 인식하는 것이었다. 비슷한 시기에 출현한 정신분석학적 방법은 사회생활의 행동 양식에서 상징, 기호와 은유에 대한 유의미한 중요성을 강화했다. 마셜은 셀러브리티 시스템의 기원을 도시의 산업 인구를 통치하기 위한 의도에서 찾는다. 그는 "셀러브리티는 대중을 통치하려는 시도다"라고 주장한다(그 기원을 강조).17) 그들은 주로 상징적인 수단으로 대중을 사로잡는다. 즉, 그들은 수용자가 식별할 수 있는 주관성의 선호 모델을 제시한다. 말하자면 현대 민주주의 국가의 '스타 경찰'인 셈이다. 다시 말해, 그들은 이미 성공한 인물로 대중에게 매력을 발산하고 주목을 받으며, 사회제도에 의해 재능에 따라 적절히 보상받을 수 있고, 신분 상승의 기회를 마련할 수도 있다는 것을 입증한다.

마셜이 셀러브리티에게 대중을 변화시키는 힘이 있다는 주장을 받아들이지 않는 것은 아니다. 그러나 그는 반대로 마치 드라마처럼 극적으로 성공한, 이

---

16) Gabriel Tarde, *La Logique sociale* (Paris, 1895); Gustave Le Bon, *The Crowd: A Study of the Popular Mind* (New York, 1901).
17) Marshall, *Celebrity and Power,* p.243.

를테면 '국민' 남자와 여자로 등극한 성취한 셀러브리티들을 살펴봄으로써 셀러브리티 파워의 중대한 역량을 알린다. 예를 들면 노엘 갤러거Noel Gallagher와 리엄 갤러거Liam Gallagher에게는 레넌, 매카트니, 딜런과 타운센드가 1960년대 그랬던 것처럼, 그리고 더 클래시The Clash, 섹스 피스톨스Sex Pistols, 더 잼The Jam이 1970년대와 1980년대 그랬던 것처럼 대중을 종속시키는 그 시스템을 비판할 역량이 있다. 그러나 마셜은 대중의 마음을 사로잡고 리드할 만한 셀러브리티들의 이러한 특유의 파워는 지배 권력에 포섭될 수 있고 이는 결국 이벤트성 사건의 통상적인 관례라고 지적한다. 다시 말하면 그의 분석은 젊은 급진주의자들의 운명은 기득권층의 명목상의 간판이 될 뿐이며, 수용자들은 결국 시스템에 순종적으로 복종하게 된다는 내용이다.

1960년대와 1970년대 할리우드의 독창적인 작가주의auteur 영화감독 등장에 관한 피터 비스킨드Peter Biskind의 연구에서 이에 상응하는 흥미로운 점을 발견할 수 있다.[18] 그는 피터 보그다노비치Peter Bogdanovitch, 프란시스 코폴라Francis Coppola, 스탠리 큐브릭Stanley Kubrick, 데니스 호퍼Dennice Hopper, 마이크 니컬스Mike Nichols, 마틴 스콜세지Martin Scorsese, 스티븐 스필버그Stephen Spielberg, 폴 슈래더Paul Schrader, 브라이언 드 팔마Brian De Palma, 테런스 말릭Terence Malick과 같은 영화감독이 어떻게 기존 스튜디오 시스템을 타파하고 등장하게 되었는지를 기술한다. 이 시스템의 전성기인 1920년대 후반과 1950년대 말에 프로듀서는 왕이었다. 데이비드 셀츠닉David Selznick, 잭 워너Jack Warner, 루이스 B. 메이어Louis B. Mayer, 샘 골드윈Sam Goldwyn과 같은 거물들은 스타를 만들어내거나 무너뜨리고, 대본을 일방적으로 삭제했으며, 반대하는 감독을 잘라버리는 등 그 산업계를 무자비하게 주도했다. 그들은 권력으로 셀러브리티를 양산해낼 수 있

---

18) P. Biskind, *Easy Riders, Raging Bulls* (London, 1998).

었고, 할리우드의 지식인들은 그런 권력을 두려워하게 되었으며, 대중에게는 그들이 진정한 영화계의 실세로 인식되었다. 얼마 동안 작가주의 감독들은 〈이지 라이더Easy Rider〉, 〈우리에게 내일은 없다Bonnie & Clyde〉, 〈라스트 픽처 쇼The Last Picture Show〉, 〈차이나타운Chinatown〉과 같은 반문화 박스오피스 히트 작을 그런 식의 비정통적인 방법으로 제작함으로써 스튜디오 시스템을 무너뜨렸다. 스튜디오가 흡수되는 방식에 대한 비스킨드의 설명은 일부 작가주의 감독들의 거창한 포부와 그들 계급 사이에서의 다툼과 싸움이 어떻게 1990년대 기업 스튜디오 파워가 우세한 르네상스 시기를 점점 쇠퇴하게 했는지 폭로한다. 돈 심프슨Don Simpson, 제리 브룩하이머Jerry Bruckheimer, 마이클 아이즈너Michael Eisner, 조 로스Joe Roth, 배리 딜러Barry Diller와 같은 새로운 세대의 프로듀서가 각광받게 되었고 디즈니, 소니, 드림웍스와 같은 엔터테인먼트 기업이 재정을 지원해 영화를 만들어냈다.

비스킨드가 실제 현실을 묘사한 것은 독립적인 주요 작가주의 감독들의 전통적인 셀러브리티의 선발 캐스팅 방식이었다. 스타들은 점차 기득권 체제에 의해 재정립되고 재흡수되었다. 이것은 할리우드의 새로운 엔터테인먼트 기업이 단순히 할리우드의 황금기를 다시 맞는다는 뜻은 아니다. 비스킨드는 새로운 권력 체제가 수용자의 독창적인 주관성을 창출한 작가주의 감독들의 혁신과 성공으로부터 창출되었다는 점을 보여준다. 그러나 그렇게 함으로써 그는 궁극적으로는 셀러브리티를 향한 지배층의 신임은 장기적으로도 시장 사회에서의 주요 경향으로 남을 것이라는 마셜의 제언을 확인해주는 셈이다.

조슈아 갬슨Joshua Gamson의 연구는 마셜의 셀러브리티 연구와 통치성과의 연관성을 폭넓게 확인시켜준다. 갬슨은 사실 셀러브리티를 철저히 진보적으로 해석한다. 그가 제작 과정, 신비화, 인위와 통제가 셀러브리티 시스템의 필수

불가결한 요소라는 것을 인지한 반면, 그는 "수용자가 셀러브리티에 대해 이야기하며 셀러브리티 문화를 향유할 때, 그들은 민주적 권력의 딜레마에 대해 이야기하고 있는 것이다"라고 말한다. 그러므로 그의 관점에 따르면 엔터테인먼트 사업은 상업적인 문화를 보여주는 거울로 보일 뿐만 아니라 시민성에 대한 교육이 필요한 일부분으로 보인다.[19] 시민들은 이와 같이 쇼 비즈니스와 관련된 사람들을 공부함으로써 그 시스템이 어떻게 작동하고 있는지 또는 보안된 상태에서는 앞으로 어떻게 작동할지에 관해 이해하게 된다는 것이다.

이러한 생각이 못마땅한 것은 아니지만 이는 어쩌면 너무 안이한 생각이다. 몇 가지 문제는 바로 다음과 같은 질문에서 나온다. "어떻게 셀러브리티 시스템이 대중을 교육하는가?", "왜 어떤 형태는 대중을 설득하고 다른 형태는 실패하는가?", "어떤 모순이 셀러브리티 시스템을 투명하게 비추고 어떤 형태는 그렇지 못하는가?" 갬슨은 명확히 이 모든 질문을 다룬다. 그러나 어떤 질문에도 논리정연하고 일관성 있게 답하지 못한다. 그렇더라도 셀러브리티가 정당이나 정치적 인물들과 관습적으로 결탁하는 것에 관한 그의 논평은 주목할 만하다. 정치적인 성공은 빌 클린턴Bill Clinton, 조지 부시George W. Bush와 토니 블레어Tony Blair와 같은 지도자들이 셀러브리티에 걸맞은 공적인 얼굴을 내세움으로써 이루어질 수 있다. 이것이 잘못되면 클린턴과 모니카 르윈스키의 애정 행각과 같이 당사자의 실제 자아와 공적인 얼굴 모두를 심각하게 훼손시킬 수 있다는 문제가 있다.

구조주의의 세 번째 형태는 셀러브리티의 캐릭터 유형을 확장해 그런 인물이 사회에 존재하는 인물이라고 상정하는 것이다. 오린 클래프Orrin Klapp는 모든 사회 집단은 리더십의 롤 모델로 기능하는 전형적인 캐릭터를 만든다고 말

---

19) J. Gamson, *Claims to Fame* (Berkeley, CA, 1994), p.195.

한다.[20] 고대의 신들은 신화적인 서사를 규정했고, 인간의 성격과 행동 양식을 평가하는 기준을 마련했다. 그 수많은 롤 모델과 고대의 행동 기준은 용기, 고귀, 지혜, 아름다움과 온전함에 대한 우리의 인식을 계속적으로 형성했다. 존 웨인, 해리슨 포드, 케빈 코스트너Kevin Costner, 멜 깁슨과 클린트 이스트우드Clint Eastwood와 같은 할리우드 스타 영화배우 의해 양성된 영웅적이고 용맹한 남성의 역할은 이러한 롤 모델과 기준에 따른다.

클래프는 현대에 통용되는 여러 사람들의 유형에 대한 기준이 고대에 그 뿌리를 두고 있다고 가정하지 않는다. 그의 주장은 그 내용을 역사적으로 간단히 설명할 수 없다는 점에서 취약하다. 그러므로 그의 주장은 사회 속 여러 가지 지위 유형의 기원에 대해 설명을 한다거나 그 유형들이 구성되고 변형되어 가며 각기 다른 영향을 미쳐온 역사에 대해서도 근거를 주지 못한다. 그 대신 그는 현대 사회에서 기본적인 사회적 유형, 매스컴 산업의 성공과 관련된 인기에 관한 분석에만 국한한다. 그가 발견한 사회적 유형으로는 영웅, 좋은 아저씨, 악당, 터프가이, 내숭 떠는 사람, 연애를 좋아하는 사람이 있다. 그는 셀러브리티는 이러한 기본적인 유형을 의인화한 것이라고 이론화한다. 1960년대 미국에 관한 클래프의 분석에서 페리 코모Perry Como, 밥 호프Bob Hope, 루칠리 볼Lucille Ball, 빙 크로스비Bing Crosby와 윌리엄 홀든William Holden은 좋은 아저씨를 대표한다. 차 차 가보 Zsa Zsa Gabor, 그레이스 켈리Grace Kelly와 캐서린 헵번Katherine Hepburn은 속물 캐릭터를 구현한다. 어니스트 헤밍웨이와 갱스터 영화인 〈리틀 시저Little Caesar〉, 미키 스필레인Mickey Spillane의 『마이크 해머Mike Hammer』는 터프 가이 캐릭터의 상징이 된다. 매릴린 먼로와 에바 가드너Ava Gardner는 사랑의 화신을 의인화한다. 클래프는 셀러브리티 시스템이 문화를

---

20) In O. Klapp, *Heroes, Villains and Fools* (NJ: Englewood Cliffs, 1962).

선도하고, 사회적 모방과 심리적 보강의 중요한 원천을 제공한다고 주장한다.

클래프가 직접 연결하고 있지는 않지만, 그의 연구와 어빙 고프먼Erving Goffman의 사회학에서 우리는 몇 가지 유사점을 발견할 수 있다.[21] 고프먼은 우리의 일상생활을 분석하는 데 극작법을 적용한다. 즉, 그는 인간의 상호작용을 '극본', '역할', '퍼포먼스'라는 세 가지 관점에서 탐구한다. 이러한 해석에서 셀러브리티는 일반화된 인간의 성격이 집약된 이상적인 형태, 혹은 그러한 형태를 구현하고자 하는 열망과 역할에 대한 포부로 이해될지도 모른다. 그러나 고프먼의 이론은 셀러브리티가 사회적인 영향력을 생성하기 위해 경제적·문화적 권력에 의해 조직되고 신화화되어 구현되고 있는 점을 더 잘 묘사한다. 대조적으로 클래프의 기본적인 유형에 관한 이론은 셀러브리티 문화를 자연적인 현상으로 보는 쪽에 가깝다. 셀러브리티가 기본적으로 사회적 (역할에 따른) 유형의 반영으로 보임에도 셀러브리티를 구성하는 경제적·문화적·정치적인 힘의 작용은 그의 연구에서 생략되었고, 이것은 그의 사회적 유형을 설명하는 데 심각한 한계를 드러낸다. 또한 이 이론은 내가 주목하는 셀러브리티화 과정에서 가장 중요한 특징 중 하나인, 증가하는 악명과 선정성 문제를 해결하지 못한다.

1920년대 존 배리모어John Barrymore, 더글러스 페어뱅크스Douglas Fairbanks, 루돌프 발렌티노Rudolph Valentino와 같은 스크린 우상의 인기는 지금까지 구조주의적 관점으로 해석되었다. 즉, 그들의 인기는 여성 해방과 경제적 불확실성이 초래한, 위기에 처한 남성적 정체성에 따른 대중의 반응이라고 여긴다. 게일린 스터들러Gaylyn Studlar의 핵심 주장은 남성성에 관한 확고하고 규범적인 구조가

---

21) E. Goffman, *Behaviour in Public Places* (London, 1963), and Goffman, *Interaction Ritual* (New York, 1967).

1920년대에 붕괴되고 있다는 것이었다.[22] 그 시대 미디어에서는 여성 셀러브리티가 대중에게 더 많이 노출되어 알려졌으며, 여성의 파워가 '여성에 의한 남성성'을 만들어낼 것이라는 우려를 낳았다. 이는 중성적이고, 신체적으로는 소극적인 특성과 관련이 있었다. 전통적으로 남성성의 이상향이던 것들은 격렬하게 압박받고 있고, 남성은 포스트 가부장 문화에서 그들의 역할이 무엇인지 혼란스러워했다. 이러한 문화적 맥락에서 1920년대 셀러브리티의 남성적 정체성은 성 정치학에서 인지된 위기에 대한 문화적 반응으로 해석될 수 있다. 따라서 더글러스 페어뱅크스의 인기는 모험과 활동성이라는 남성성 '본연'의 가치를 재확인한 사람들이 낭만적인 아동기로 도피하는 퇴행의 맥락에서 설명된다. 배리모어와 발렌티노는 청중을 괴롭힌 성적·경제적인 불안으로부터 근사하게 자유로운, 이상화된 슈퍼히어로 캐릭터였다. 대조적으로, 발렌티노가 의도한 이국적 이미지는 미국 남성의 나약함을 교묘히 암시하면서 청중을 끌어들였다. 배우 론 채니Lon Chaney에 의해 설정된 그런 역할은 이 분석에서 흥미로운 변종일지도 모른다. 채니의 트레이드마크가 된 괴기스럽고 지독하고 괴상한 성격은 도피자의 급진적인 부정, 페어뱅크스, 베리모어와 발렌티노가 재현한 이상화된 남성 유형, 더 나아가 미국 소비문화의 영향으로 이해될 수 있을지도 모른다. 채니 캐릭터는 남성성의 규범과 이상을 무너뜨리고 성 정치학에 대한 일상의 불안과 이상화된 롤 모델로부터 청중의 소격 효과를 극적으로 드러낸다.

구조론자들은 셀러브리티가 1960~1980년대 사이에 매우 큰 영향을 미쳤다고 생각한다. 그들은 셀러브리티를 과학적으로 이해할 필요가 있다는 것을 이미 예견한 듯 보였고, 주관주의의 자연주의적 오류를 피했다. 그 대신 셀러브

---

22) G. Studlar, *The Mad Masquerade* (New York, 1996).

리티 병인론은 문화 산업, 자본주의, 남성 평등을 이미 결정된, 총제적인 영향력을 가지고 있는 구조라는 관점에서 설명한다. 팬을 대상으로 한 잡지, 공인된 자서전이나 셀러브리티의 자기 보고로 제공되는 이야기와 비교해 이러한 구조적인 영향력의 효과를 과소평가하는 것은 현명한 판단이 아닐 것이다. 반면, 구조주의자들은 실증적으로 가설을 시험하는 데 거의 어려움이 없었다. 많은 경우 이것은 이미 구축된 구조 안에서 이뤄지는 사회적 통제를 조명하는 데 지나치게 집중했고, 이에 저항할 사회 구성원의 지식과 기술, 힘을 자연스레 받아들이게 했다. 예를 들면 문화 산업 연구에서 가장 영향력이 강한 형태인 셀러브리티는 엔터테인먼트 거물, 홍보 전문가와 이미지 메이커의 조직적인 수완의 성공으로 해석된다. 그 과정에서 지식이나 욕망, 청중의 판단은 열외로 취급된다.

구조주의 이론은 또한 구조적 힘의 획일성을 지나치게 강조하는 경향이 있다. 하지만 엔터테인먼트 산업의 문화 자본과 국가기구는 획일적이고 동일한 조직체가 아니다. 오히려 상황에 따라 합의되는 취향 문화나 세분화 또는 우연성의 측면으로 보는 것이 더 정확하다. 이러한 구조적 영향력을 고려한다면, 사회 변화와 셀러브리티 매니지먼트의 전략에 관해 더 설득력 있는 분석을 얻게 된다.

후기구조주의

후기 구조주의론자들은 현실의 셀러브리티들과 그들 뒤에 있는 역사적인 구조의 관계에 초점을 맞추는 대신, 편재하는 셀러브리티의 이미지와 이러한 이미지가 재생산되고, 개발되고, 소비됨에 따라 일정하게 재현되는 그 코드를 밝히는 데 집중한다. 리처드 다이어Richard Dyer는 "스타들은 현대 사회에서 일정한 행동 양식, 감정과 생각하는 방식을 대표하는 사람이다"라고 말하는 이론의 대표적인 주창자일 것이다.[23] 이러한 접근은 셀러브리티들이 성격과 전형의 기본적인 유형을 재현한다고 주장한다. 그러나 다이어는 기본적인 유형은 항상 역사적·문화적·사회적·경제적인 맥락과의 관계에서 탐구되어야 한다고 확신한다. 이는 셀러브리티의 이야기가 셀러브리티가 결부되어 있는 역사적·사회적·문화적·경제적 맥락과 상호작용이 있다고 보는 것이다. 후기 구조주의에서는 이를 셀러브리티가 '상호 텍스트적'으로 구성되고 개발된다고 말한다.

반구조론자이자 주관론자인 다이어는 구조주의적 결정론이나 '경험을 바탕으로 한 개인이 본래 가지고 있는 사회적 유형이나 전형성(즉 주관론의 기본 개념)'은 성취한 셀러브리티에 대한 충분한 설명이 될 수 없다고 말했다. 오히려 그 개인의 몸과 마음은 대중이 소비할 수 있도록, 셀러브리티를 창조해내는 작업을 수행하는 문화 산업의 기관인 미디어에 의해 다듬어지고 제련되어야 하는 자원인 것이다.

대중에게 셀러브리티를 드러내는 제작자는 표면적으로 궁극적인 파워를 가지고 있는 것처럼 보이기 때문에, 후기 구조주의 이론은 문화 산업의 이론을 적절히 증명하는 것처럼 보인다. 그러나 후기 구조주의 이론의 핵심은 스타의 이미지는 미디어와 청중이 하나가 되는 상태를 불러일으켜 변화하고 변경된다는 개념이다. 그러므로 성취한 셀러브리티의 근본적인 원인에 대한 이와 같이 분산된 견해는 다양한 의미가 집합된 상호 텍스트적 재현이 하나의 개발 분야로 연구되고 있다는 사실과 연계된다. 다양성은 매니지먼트 에이전시, 홍보 담당 부서, 가십 칼럼니스트, 프로듀서와 팬들을 포함해 해당 분야의 관련 인물들이 셀러브리티를 구성하고 변화시키는 방법으로부터 나온다.

리처드 드코도바Richard deCordova 또한 스타덤에 관한 상호 텍스트적인 이론

---

23) R. Dyer, *Heavenly Bodies* (London, 1986), p.17.

을 지적했다.[24] 스타의 뜻은 영화의 레퍼토리와 전기, 자서전, 인터뷰, 비판 이론, 뉴스 기사 팬의 반응과 같은 형태의 언론의 홍보로 조직된다. 드코도바는 스타덤의 세 가지 측면은 셀러브리티 제작과 소비의 핵심적인 부분을 차지한 다고 했다. 동시에 후기 구조주의론은 스타 개인에게 생각을 집중하기도 하고 셀러브리티의 존재와 의미를 흥미 있는 탐구 분야로 여기게 함으로써 그 의미 를 분산시킨다.

후기 구조주의자들의 이론은 그렇기 때문에 개인과 개인주의의 개념을 본 질적인 문제라고 본다. 셀러브리티를 생산, 재현, 소비의 문제로 다룸으로써 그들의 해석은 셀러브리티의 의미를 성격, 재능, 주체의 구현에 집중하는 주관 론자들의 해석과는 거리가 멀다. 즉, 셀러브리티의 상호작용이 중요한 관심사 로 떠오르면서, 후기 구조주의는 획일적이며 일부 구조주의적 관점에 기댄, 단 일 구조적인 정적 분석static analysis의 문제를 초월한다. 다이어의 게이 커뮤니 티에서 주디 갤런드의 상징적 우상에 관한 연구는 셀러브리티 이미지 소비에 서 변화·재정립 과정을 보여준다.[25] 상처받고, 공격받고, 제대로 이해받지 못 한 채 대중에게 인식되어버린 갤런드의 공적인 얼굴은 자신의 정체성과 바람 을 구현하려 커밍아웃하는 게이와 레즈비언의 경험과 유사하다. 갤런드를 아 역 스타로 성장시킨 〈오즈의 마법사The Wizard of Oz〉에서 대중들에게 굳혀져버 린 도로시의 이미지, 즉 갤런드의 공적인 얼굴은 바로 그녀의 팬, 매니저, 홍보 및 커리어 고문들과 트러블을 일으키게 만드는 주요 원인이 된 것으로 알려졌 다. 무엇보다 후기 구조주의적 이론은 변화하며 서로 상관관계를 갖는 권력의 장으로 셀러브리티를 이해하는 것이 중요하다는 점을 확인시켜주고 있고, 또

---

24) R. deCordova, *Picture Personalities* (Urbana, IL, 1990).
25) R. Dyer, *Heavenly Bodies* (London, 1986).

한 셀러브리티가 공인으로서 가지는 이미지의 다양성과 그것이 가지는 모순점도 강조하고 있다.

표면적 관계와 셀러브리티의 관여방어막

위에서 살펴본 셀러브리티 주요 연구 방법 세 가지는 미디어가 타당한 이유로 핵심적인 역할을 한다고 강조한다. 미디어는 유명인과 팬 사이의 관계를 중개한다. 앞에서 살펴본 것과 같이 실제로 얼굴을 마주하지 않는 조우는 팬들이 생각하는 셀러브리티의 공인으로서의 모습과 상충할 수 있다. 그러나 사회에는 다양한 셀러브리티가 있음에도 그들과 조우하는 일은 거의 일어나지 않는다. 미디어는 팬과 셀러브리티가 만나는 주요 채널이다. 무대, 스크린, 오디오 전파와 뉴스 문화는 셀러브리티 문화의 다양한 표현 양식을 청중과 매개하는 주요한 제도적 메커니즘이다. 각각은 셀러브리티와 대중과의 거리를 전제로 한다. 셀러브리티 문화는 사실상 셀러브리티와 대중과의 피상적인 관계이다.

　셀러브리티와 팬의 관계에서 셀러브리티는 보통 고프먼이 칭한 '관여방어막'을 발전시킨다. 이는 공인으로서의 얼굴에서 진실한 자아를 숨기는 것을 뜻한다. 이 방어막은 셀러브리티가 컨벤션이나 국경일에 개최되는 행사 또는 다른 공식적인 의식에 참석할 때 사용될 수 있다. 그러나 이러한 방어막을 치더라도, 셀러브리티가 팬과의 관계를 구축하는 일반적인 방식은 누구인지 모르는 추상적인 '그들'과의 관계를 셀러브리티 스스로 조율하는 것이다. 이러한 방식은 셀러브리티의 자아는 애초부터 선험적으로 감추어져 있기 때문에, 특별한 이유 없이 팬과의 조우에 영향을 미치게 되고 그것이 피상적이 될 수밖에 없다. 이때의 만남이란 목적이 설정되지 않은 우연한 만남, 즉 셀러브리티가 계획된 행사에서 어느정도 각인될 공적인 얼굴을 갈고닦을 준비를 하지 못하고 접하게 되는 상황을 말한다. 이러한 상황에서 실제 자아와 청중의 만남이 그들에게 일방적이고 만족스럽지 못할 것임을 이해할 수 있다. 이것은 우리가 거리에서 우마 서먼Uma Thurman이나 맷 데이먼Matt Damon, 토니 블레어를 우연히 만났을 때 그들이 우리에게 일반 시민일 뿐 그 이상은 아니라는 말은 아니다. 그러한 조우가 단지 표면적인 인사치레 그 이상을 벗어나지 않을 수도 있다는 상식을 재차 강조하는 것이다.

셀러브리티와 팬은 어떤 관계인가? 여기서 상호관계는 익명의 소비자와 공인으로서의 얼굴을 중심으로 구성된다. 공인의 얼굴과 팬 사이의 경계는 명확히 구분되지 않는다. 셀러브리티가 광고하는 제품을 구매하는 것, 그리고 일반적으로 일상적인 사회 상호작용에서 공인으로서의 이미지를 강화하는 것은 이렇듯 유착된 관계의 외적인 표현일 뿐이다. 팬들은 심적으로 더 깊은 곳에서 아마 그 셀러브리티의 공적인 얼굴의 가치와 스타일을 따라할 지 모르며 어떤 경우에는 주체하지 못할 정도로 집착할 수도 있다. 이런 경우는 특히 팬들이 가족이나 친족의 관계에서 중요한 위치를 차지하는 이들과 소외되거나 분리되어 있는 경우에 더욱 발생하기 쉽다. 소외는 공개적인 얼굴을 지나치게 중요하게 인식하도록 하고, 셀러브리티를 소유하고 싶은 혹은 셀러브리티가 공적인 얼굴로 자유롭게 살아가지 못하도록 하려는 욕구를 불러일으킬 수 있다. 이 책은 4장에서 스토킹과 셀러브리티를 고찰한다. 여기서는 1990년 〈나의 시스터 샘My sister Sam〉이라는 시트콤에서 유명해진 레베카 셰퍼Rebecca Schaeffer를 어떤 강박적인 팬이 그녀의 집에서 살해했던 것을 언급할 필요가 있다고 본다. 1999년, 인기 많은 BBC 텔레비전 프로그램의 앵커 질 단도Jill Dando는 그녀의 집 현관문 앞에서 스토커에게 총살되었다. 이러한 폭력적인 행동은 팬들이 만든, 셀러브리티라는 인물에 대한 환상과 집착의 수준을 시사한다.

이러한 환상과 집착은 내면으로 향할 수 있어서 셀러브리티가 사망할 때 팬들은 그들 자신이 더는 살 가치가 없다고 생각한다. 루돌프 발렌티노, 엘비스 프레슬리, 커트 코베인, 존 레넌의 죽음 이후 몇몇 자살 사건들이 보도되었다.

청중은 추상적인 욕구에 따라 셀러브리티에게 반응한다. 이러한 욕구는 시장에서 상품이나 브랜드 혁신에 대한 반응으로 전환될 수 있는 만큼 셀러브리티로부터 대중에게 넘어온다. 특히 청소년 문화에서 이런 경향이 뚜렷하다. 팝음악의 역사는 십 대들의 감성으로 가득 차 있다. 1970년대에는 스위트Sweet, 베이시티 롤러스The Bay City Rollers, 데이비드 캐시디David Cassidy, 1980년대의 브로스Bros, 애덤 앤트Adam Ant, 앤드루 리즐리Andrew Ridgeley, 1990년대의 체스니 혹스Chesney Hawkes, 크리스 크로스Kriss Kross, 바닐라 아이스Vanilla Ice가 있었다. 그뿐 아니다. 셀러브리티의 죽음에 영향을 받은 자살 사례도 왕왕 있다. 이때 팬들의 욕망은 개인의 안녕을 압도한다. 추상적 욕망은 유일한 삶의 이유이고 이 욕망의 준거 대상인 셀러브리티가 세상을 떠날 때 팬들의 삶은 무의미해지는 것이다. 이러한 추상적인 욕망과 누리고 있는 행복 사이에서 극단적인 괴리를 느끼는 팬들은 그 채워지지 못한 욕구에서 오는 고통을 없애기 위해 자해를 하거나 약물중독과 알코올중독에 빠지곤 한다.

이러한 사례는 셀러브리티의 공적인 얼굴과 팬들 사이에 상당히 모호한 부분이 있다는 것을 드러낸다. 팬덤은 흥분하는 만큼 좌절감을 느낄 수 있고, 만족감보다는 심리적으로 해로운 영향을 받을 수 있다. 그러나 팬들이 셀러브리티에 대해 품는 심리적 애착이 팬들 자신을 신체적 공격이나 살인, 자살에 이르게 하는 경우는 매우 드물다. 그렇다 하더라도 심리적 애착은 정체성 형성과 개인 및 하위 문화의 역사를 정리하는 데 중요한 요소가 될 수 있다.

집단 기억과 영국 왕실에 대한 연구는 출생, 혼인, 사망과 같은 왕실 사건이 개인의 경험을 회상하는 틀을 제공한다는 것을 밝혔다. 이 경우 정체성의 형성이 공인으로서의 가치관과 그에 걸맞은 스타일을 꼭 갖추어야 할 필요가 있는 것은 아니다. 사람들은 공개적으로 왕실가족에 대해 냉소적일 수 있고, 그들의 준엄함과 눈에 보이는 천부적 우월감을 조롱할지도 모른다. 역할 거리는 셀러브리티와 팬과의 관계 대부분에 내재되어 있다. 대중이 셀러브리티를 숭배한다는 생각에는 한계가 있다. 팬들은 셀러브리티를 흠모하기도 하지만 금세 애착을 끊을 수도 있기 때문이다. 그렇더라도 셀러브리티 역사의 영향을 받은 집단 기억은 문화적으로 중요한 부분으로 남아 있기 때문에 자서전에 나오지 않는 잃어버린 시간은 역대 셀러브리티들에게 일어났던 사건을 짚어가면서 다시 소환하여 기억하는 것이다.

셀러브리티 문화의 표면적인 특성은 특이하게 조명받는다. 종교를 제외하고 셀러브리티 문화는 팬과 셀러브리티가 실질적으로 직접적인 상호작용 없이도 서로 간의 열정으로 작용하는 유일한 인간관계 집단이다. 팬이 셀러브리티와 만나는 일반적인 형태는 정돈된 이미지를 흡수하는 소비자의 형태다. 마찬가지로, 연예인은 컨벤션과 공개 행사를 통해 만나거나 간접적으로 만날 수 있지만 그들은 일반적으로 직접적이거나 오랜 대면보다는 대중매체를 통해 전달되는 추상화된 형태로 팬들과 관계를 취한다.

셀러브리티와 종교를 비교하는 것은 논의의 요점을 벗어나는 것처럼 보일지도 모른다. 종교는 결국, 강인하면서도 지속적으로 사모하는 마음을 영적으로 유의미한 사물이나 사람에게 부여하여, 우리가 어떻게 존재하고 있는지에 관한 순리에 대한 믿음을 공식화하는 것을 뜻한다. 학술 연구에서 유명한 한

학파는 종교적 신념이 신성과 세속 사이의 이분법에 근거한다고 주장한다. 신성한 차원에 속하는 사물이나 사람은 순수함을 소유한 영적 총체로서 유한한 생명을 가진 세속적 차원의 인간과 대조되는, 영적 존재로 간주된다. 일부 셀러브리티는 자신이 신성하고 영적인 자질이 있다고 주장하기도 했다. 나폴레옹과 히틀러는 당시 각국의 구세주로 숭배되었다. 그러나 그들에게 부여된 믿음은 조건부였다. 그들은 막스 베버가 신앙이 특별한 속성에 대한 믿음에서 파생된다고 말할 때의 그 특별한 속성, 즉 카리스마를 보여주었다. 나폴레옹과 히틀러가 군사적 어려움을 겪기 시작했을 때, 그들의 카리스마적 지위는 약해졌다. 어떤 경우에서도 이런 인물들의 카리스마는 기독교와 이슬람교의 주요 속성인 신자들의 보편적이고 무조건적인 믿음이라는 특징에 결코 접근하지 못했다.

셀러브리티와 종교를 지나치게 비교하는 것은 조심스러운 부분이 많다. 그렇지만 기독교는 믿음을 브랜드화하고 신앙을 전달하는 데 소비자 문화의 여러 장치를 채택하고 있다. 그 결과 디즈니랜드에서 전도 대회가 개최되어 기독교인 예술가들이 무대에서 퍼포먼스를 보여주고, 구세군들은 복음의 메시지를 전했다. 온라인으로는 영성을 촉진하기 위해 이메일 웹사이트도 구축했다. 신앙은 글로벌화가 가져오는 전통과의 단절 효과에 대한 대응으로 삶의 의미와 결속력을 제공하기 위해 재구성되고 있다. 이러한 대응은 미디어와 커뮤니케이션을 통해 소통되고, 그런 셀러브리티 문화의 스타일과 양식을 도입한다. 우리는 셀러브리티 문화와 종교가 부분적으로 융합되어왔는지, 셀러브리티 문화가 종교에 전체적으로 수렴되었는지에 관해 탐구할 필요가 있다.

제2장

셀러브리티와 종교

셀러브리티 숭배는 노예, 거짓 의식과 '악마의 소행'과 같은 의미를 내포하는 우상 숭배와 비슷한 맥락에서 공공연히 비난받는다. 좀 더 간단하게 말하면 그것은 사소한 면과 피상적인 면을 포함하고 있다. 분명히 팬과 셀러브리티의 관계는 종종 팬들이 셀러브리티에 대해 격하게 긍정적 감정을 표출하는, 비정상적으로 일방적인 정서적 의존을 수반한다. 셀러브리티에게 집착하는 팬들은 셀러브리티와의 친밀감을 전제로 한 관계를 상상한다. 극단적인 경우 이러한 관계가 결혼 생활, 가족 관계, 직장에서의 실제 관계를 대체할 수도 있다. 예를 들어 프레드 버모렐Fred Vermorel과 주디 버모렐Judy Vermorel은 팬들이 셀러브리티에게 헌신하는 이유와 동기를 알아보기 위해 많은 팬들과 인터뷰를 했는데,[1] 세 아이를 둔 중년의 배리 매닐로Barry Manilow의 팬 조앤Joanne은 남편과 잠자리를 할 때 남편을 배리로 상상했다고 밝혔다. 조앤은 배리를 향한 자신의 몰두에 대해 그것이 살아야 할 이유를 제공하고 인생의 가치에 대한 확

---

[1] F. Vermorel and J. Vermorel, *Starlust* (London, 1985) 참고.

신을 준다는 측면에서 종교적인 경험과 비교했다. 다른 응답자들은 소중한 사람인 셀러브리티와 상상 여행을 떠나거나 함께 하는 가벼운 공상에 주기적으로 빠진다고 말했다. 즉, 응답자들이 주로 알아낸 것은 상상으로 그들은 그들이 좋아하는 셀러브리티의 삶 속으로 자신들을 투영했다는 것이다. 높은 차원의 동일화는 팬들의 옷장, 어휘, 레저 생활에 반영된다. 드문 경우 그들은 셀러브리티의 모습과 유사하게 보이도록 성형수술을 감행한다. 좀 더 일반적으로 셀러브리티는 팬들이 삶의 고통이나 환희 속에 위안을 구하거나 지혜와 기쁨을 간절히 원할 때 찾는 가상의 자원이다. 흥미롭게도 이 점은 셀러브리티가 팬의 욕구를 완벽히 충족할 수는 없다는 것을 알기 때문에 셀러브리티에 대한 증오와 찬사는 꽤 가까이 공존한다는 위험성을 함께 내포하고 있다.

조앤과 같은 팬에게 셀러브리티로 인해 생기는 감정은 사소하거나 표면적인 경험 차원에 머무는 것이 아니다. 몇몇 구조주의자들이 설명하는 것처럼, 그들은 노예 근성이나 잘못된 의식에 빠져 있는 사람도 아니다. 오히려 이런 팬들은 그들의 삶에서 느끼는 무가치함이나, 불완전함을 채우기 위해 셀러브리티에 애착을 가지고 가상의 관계를 가짐으로써 자신의 가치를 입증하고 확인하려 한다. 그것은 마치 셀러브리티가 진실로 의미 있는 경험을 할 수 있게 통로를 제공하는 것 같고, 자신이 가정과 일터라는 반복되는 일상에 있지 않는 것 같은 기분을 느끼게 한다.

준사회적 상호작용이라는 용어는 직접적인 경험이나 대면 접촉보다는 대중매체를 통해 맺어진 친밀한 관계를 의미한다. 이것은 2차적 친밀감의 형태다. 그것은 실제 물리적인 접촉보다는 그 사람을 재현한 이미지로부터 파생되기 때문이다. 그렇더라도 국민의 약 50%가 잠재적으로 고립감과 고독감을 느끼는 사회에서 준사회적 상호작용은 한 개인에게 자신이 존재한다는 사실을 인정하게 하고 소속감을 느끼게 하는 중요한 측면이 있다. 셀러브리티는 저조하거나 실망스러운 결과 앞에 있는, 혹은 우울감에 젖어 가슴 아픈 경험을 했을지도 모를 청중의 삶에서 소속감, 존재에 대한 인정, 삶의 의미에 대해 아주 강력한 확신을 제공한다. 셀러브리티 문화의 기이한 긴장감은 셀러브리티의 물리적·사회적 거리감이 셀러브리티를 자신과 동떨어진 낯선 인물에서 삶의 중요한 인물로 바꾸어놓는 셀러브리티를 개인화한 팬 대상 잡지, 보도 기사, TV 다큐멘터리, 인터뷰, 뉴스레터, 전기를 포함한 쏟아지는 대중매체의 정보로 메워진다는 것이다. 그 긴장감은 종교 숭배와 필연적인 유사점이 있으며, 이러한 유사점은 셀러브리티에게 신비하고 특별한 능력을 선사하는 팬들에 의해 강화된다. 일부 팬들은 셀러브리티가 신과 같은 속성을 소유하고 있다고 생각하지만, 깊은 감정을 불러일으키는 힘을 경험한 팬들은 셀러브리티를 주술적인 영을 가진 이들로 인식한다.

샤머니즘과 셀러브리티

종교와 샤머니즘을 비교하는 인류학적 연구는 모든 문화가 의식, 신화, 신성한 양식, 숭배 대상, 상징, 성인과 성지를 가지고 있음을 보여준다. 각각의 요소는 경험을 구조화하는 독특한 형태학과 연계되어 있고, 어떤 특정한 종류의 행위와 경험에 신성한 혹은 특별한 의미를 부여한다. 이러한 형태론을 내포와 배제의 원칙을 확립하는 것으로 생각하는 것은 합리적이다. 실제로, 모든 종교 체계는 궁극적으로 이러한 원칙에 기초한다. 세속적인 사회에서 종교는 그 의미를 잃어버리고 컬트 숭배의 대상이 되는 대중매체의 셀러브리티와 연결된다. 마법은 셀러브리티와 관련 있는 경우가 많고 치유력과 미래를 내다보는 투시력도 종종 그들에게 있다고 여겨진다. 록 콘서트가 청중이 기절할 정도로 황홀함을 유발하는 것은 일종의 마법에 비견될 수 있다.

뒤에서 구체화할 샤머니즘과 셀러브리티와의 관계를 맥락화하기 위해서는 신성함의 본질과 마법의 역사에 관해 조금 더 이야기할 필요가 있다. 처음부터 성스러운 형태론에 엄청난 다양성이 있음을 인식하고 있어야 한다. 그러나 그들은 또한 공통된 구조적 특징을 공유하고 있다. 이것들은 일반적으로 우주의 한 물질적 파편으로 신성함의 본질을 표현한다. 이 현상은 특정 인간으로 개인화되거나 개인화된 것이거나, 강, 암석 또는 석조와 같은 물질적인 대상 또는 문화적 인공물의 형태로 개인화될 수 있다. 두 경우 모두 강력하고 압도적으로 존재를 인정하는 인식 및 경외심에 초점을 맞추고 있다.

키스 토머스Keith Thomas의 영국 마술사에 대한 이야기는 황홀경과 치유력이 마술사, 마녀, 마법사에게 있다고 널리 믿었던 중세기 때부터는 오랫동안 쇠퇴했던 배경을 설명해준다.[2] 도시 산업 발전은 이러한 민중의 신봉을 잘라내기 위해 과학의 부상과 결합했다. 그러나 청교도들도 과학 혁명들도 그것을 완전히 뿌리 뽑는 데 성공하지는 못했다. 심령론자들과 뉴에이지주의의 인기는 반과학주의적 정서의 강한 영향력과 마술과 신성함에 대한 대중의 지속적인 믿음을 보여주고 있다. 조직화된 종교가 쇠퇴하면 자연에 대한 완강한 심령론적 믿음과 세상의 선과 악의 불가분의 투쟁이 더 우세해진다.

인류학자 미르체아 엘리아데Mircea Eliade에 따르면, 거의 모든 종교는 하늘의 신 또는 하늘의 존재를 가정한다.[3] 인간의 경험은 일반적으로 하늘, 땅, 지하

---

2) Keith Thomas, *Religion and the Decline of Magic* (London, 1971).
3) M. Eliade, *Shamanism* (London, 1964).

세계의 세 영역으로 나뉜다. 모든 사람들은 지구에 있지만, 그들은 종교의식과 다른 의식들을 통해 사후에 하늘 세계나 지하 세계로 가는 여행을 믿게 된다. 대부분의 종교는 종교 의식과 승천 의식의 조합으로 요약할 수 있다. 하늘 세계나 지하 세계로의 여행은 영적 체험과 관련이 있다.

어느 정도까지 이러한 무아지경의 형태는 본질적으로 범법, 즉 도덕적 및 사회적 관행을 깨는 의식의 욕망과 행동의 역할을 하는지 설명될 수 있다. 범법은 인간 문화의 보편적 특징이다. 그것은 불안과 호기심의 원천이며, 금지와 쾌락이다. 천상이나 지하 세계로의 여행은 본질적으로 초월적이다. 왜냐하면 세상에서 볼 수 없는 영역에 들어가는 것이기 때문이다. 금지, 종교의식 및 의식의 베일을 관통함으로써, 개인은 호기심을 만족시키고 황홀감을 경험한다. 여행은 다른 목적을 가지고 있다. 지하 세계로 들어가면 이론적으로 모든 지식을 소유한 죽은 사람들과 접촉할 수 있다. 천국으로의 여행은 우리가 지구를 다스리는 신성함에 대한 한없는 지식에 더 가깝게 가도록 만들어준다. 여행은 세상적인 탐험이나 설명으로는 얻을 수 없는 지식을 제공한다. 지하 세계는 현재의 상황을 비출 수 있는 과거 지식의 영역이다.

영매와 마술사, 약사는 특별한 자질로 구분된다. 모두 혈통이나 입신으로 영혼에 의해 선택되었다. 성흔은 추악이나 기형과 같은 육체적이거나 신경 장애 또는 신경 장애와 같은 신경 심리적 요인일 수 있다. 영매와 마술사, 의학계 사람들은 멜라네시아 신앙 체계에서 마나mana라는 것을 소유하고 있다고 믿는다. 마나는 죽은 자의 영혼과 모든 영혼이 공유하는 몇몇 살아 있는 사람들에게 속해 있는 신비하고 능동적인 힘이다. 마나는 개인이 하늘과 지하에 여행을 돕는 예배 의식을 집행할 수 있게 한다.

승천 의식에는 대개 동물의 희생이 수반된다. 희생은 도살된 존재의 영혼을 해방시키고 영매는 동물의 영혼을 하늘로 향한 여행에 동행시킨다. 승천 의식은 보통 예를 들어 산이나 나무에 오르는 것과 같은 육체적인 행동을 포함한다. 하강 의식은 일반적으로 영매가 뼈가 드러나는 단식이나 매장되는 상징적인 행위를 통해 또는 자신의 몸을 불에 태우거나 자르는 자해 행위를 통해 죽은 사람의 모습처럼 되는 것을 포함하기도 한다.

종교의식에서는 일반적으로 (조상이나 신화 속 동물 또는 신의) 화신임을 알리기 위해 가면을 착용하는 행위가 포함된다. 죽은 이의 영혼과 만나기 위한 의식은 관중에 둘러싸여 일정한 패턴을 반복하다가 중간에 갑자기 멈추는 형태로 구성된다. 밧줄이나 불의 속임수, 마약과 술의 소비, 관행적인 복장과 행동양식의 완화와 같은 마술적인 재주는 지상 세계의 집단성을 혼란스럽게 만든다. 미르체아 엘리아데는 다음과 같이 표현했다.

마술 시범은 또 다른 세계의 비밀을 드러낸다. 신과 마술사들의 굉장히 멋진 세계, 죽은 사람도 살리고 또 다시 살린 사람을 다시 죽게도 하는, 사람을 없어지게도 하고 또 즉시 다시 나타나게도 하는 모든 것이 가능해 보이는 세계, 자연의 법은 폐지되고 초인간적인 자유가 자연스런 현상이 되고 현존하게 되는 …… 그 샤머니즘적 기적은 전통적 종교 양식을 공고히 할 뿐만 아니라 상상력을 자극하고 충족시켜 꿈과 현실 사이의 장애물을 무너뜨리고 신과 죽은 사람과 영혼이 사는 세계로의 창을 열어준다.[4]

샤머니즘적 광경은 계시와 부활과 관련이 있다. 그 광경의 표면상 목적은 사회 재통합을 달성하는 것이다. 영매는 부족에 대항할 수 있는 능력을 가진

---

4) M. Eliade, *Shamanism*, p.511.

인물로 부족에게 받아들여진다. 이것은 영매가 은유와 황홀경을 통해 초월을 허락하는 존재가 가진, 집단적 강렬함을 다양하게 불러일으키는 힘을 지니고 있기 때문이다.

종교, 집단 열광과 셀러브리티

셀러브리티 문화와 종교 사이의 연관성을 상정할 수 있을까? 결국 종교에 대한 고전적 연구에서 에밀 뒤르켐Emile Durkheim은 이후에 전개될 인류학적 연구 결과를 기대하며 종교의식이 그 공동체의 신성한 신념 체계를 축성하고 '집단적 열광'을 이끌어내기 위해 출구를 제공한다고 주장했다. 집단적 열광의 상태는 대중의 열광 상태, 광란, 덧붙여 황홀감이다. 뒤르켐은 도덕적 개인주의의 성장은 종교의 중요성을 감소시키는 주력 요인이라고 주장한다.[5] 그러나 사회적 균형은 사람들이 반복적인 일상으로부터 제도적으로 휴식을 필요로 하기 때문에 국가에 집단적 열광이 발산될 수 있고 조직의 연대를 재확인시켜줄 수 있는 정기적인 휴일을 지정해야 하는 책임이 있다는 것을 뜻한다.

종교의 인기가 하락할 것이라는 뒤르켐의 예측은 정확한 것으로 입증되었다. 그러나 국가가 정책적으로 실질적인 휴일 수를 늘려야 한다는 그의 제안은 끝내 반영되지 못했다. 세속적인 휴일이 20세기에 증가한 것은 확실하지만, 조직화된 집단 열광을 프로그래밍하는 방식은 거의 채택되지 않았다. 신년 전야제, 프랑스 혁명 기념일, 사순절 등 예외적인 날을 제외하면 휴일은 다른 사람들과의 도덕적 삶을 재건할 수 있는 기회가 아니라 파트너 또는 자녀들과 함께

---

5) E. Durkheim, *The Elementary Forms of Religious Life* (New York, 1915).

보내는 시간으로 이해되는 경향이 있다.

세속화 논제는 일반적으로 종교의 탈규제화와 탈제도화주의에 초점을 맞춘다. 그러나 그것은 종교가 과학적이고 법적이며, 합리적인 사고 체계로 대체된 정도를 과장한다. 종교적 신념은 확실히 자연과 문화를 중심으로 부분적으로 재구성되었다. 예를 들어 관중들이 구경하는 스포츠, 동물 권리를 내세운 캠페인과 다양한 생태 운동은 분명히 종교적 특성이 가미된 집단적인 열광을 일으킨다. 즉, 그들은 포함과 배제에 대한 명확한 원칙을 반복하고, 탁월한 영적 신념과 원칙에 충실하며, 신성하고 모독적인 가치를 식별한다. 그러므로 종교와 소비자 문화 사이에 상당한 융합이 있었던 것으로 보인다. 우리 논의의 목적에 맞는 가장 결정적인 부분은 바로 어느 정도의 융합이 있었느냐이다.

닐 게이블러Neal Gabler는 신에 대한 헌신과 셀러브리티에 대한 숭배 사이에 '도덕적 등가성'을 부여한다.[6] 그렇게 함으로써 그는 셀러브리티 문화가 종교와 마술의 쇠퇴에 따른 세속적 사회의 응수라는 점을 시사한다. 셀러브리티 문화는 이제 유비쿼터스적이며 사회 안에서 문화적 관계가 구성되는 것을 통해 원고, 소품, 대화 코드와 다른 자료를 설정한다. 게이블러의 견해는 상품 문화와 종교 사이의 융합을 말한다기보다는 소속감이나 인정, 영적 삶의 핵심이 상품 문화와 셀러브리티 문화의 일방적인 통합으로 드러나는 것을 의미하는 것이다. 이러한 견해에 동의하는가?

신학자들은 종교가 우리의 "궁극적인 관심사"라고 주장한다. 이것은 종교가 세상의 존재에 관한 근본적인 의문을 다루고 있다는 의미이다. 전통적으로 형성된 종교의 세가 줄더라도, 이러한 질문은 사라지지 않는다. 1960년대 이래로, 강신술과 뉴에이지 문화의 부활은 이러한 질문들이 문화에 두드러지게 남

---

6) N. Gabler, *Life: The Movie* (New York, 1998).

아 있음을 시사한다. 그러나 셀러브리티 문화의 중요성이 커지면서 일상적인 삶의 배경은 이른바 '포스트 신'인 셀러브리티가 현재의 세속적인 사회에서 인정과 소속을 구성하는 주춧돌 중 하나라는 명제를 강화한다.

셀러브리티의 유물함과 장례 의례

종교와 셀러브리티 사이에 부분적 접점이 상당히 발생했다는 가설을 강화하는 종교적 신념과 실천, 셀러브리티 문화 사이에는 뚜렷한 유사점이 많이 있다. 세속적인 사회에서 팬들은 셀러브리티 문화 속에 그들만의 고유한 성물을 쌓는다. 성물을 모으는 것은 팬의 입장에서는 항상, 팬과 셀러브리티와의 거리를 좁히는 행위이다. 할리우드 초기부터 스타 영화배우들이 사용한 비누, 씹고 남은 껌, 담배꽁초, 립스틱을 닦은 휴지와 심지어 스타들의 정원에 깎아 놓은 잔디를 요구하는 팬들이 있다고 보도되기도 했다. 버려진 유명 액세서리를 찾아 셀러브리티의 쓰레기통을 샅샅이 뒤지는 이들에 관해 보도되지 않는 사건들이 얼마나 많은지 궁금해하는 이들도 있다.

인류학자들은 고인을 둘러싸고 형성된 조상 숭배와 종교 숭배를 아시아와 아프리카 샤머니즘의 중요한 특징으로 본다. 고인의 유물은 종종 예식과 예배 의식의 일부를 담당한다. 멜라네시아인은 영혼이 뼈에 내재해 있기 때문에 죽은 사람의 뼈에 마나가 깃들어 있다고 믿는다. 그들은 또한 영매의 분비물이 구현된 마나를 표면화하기 때문에 그곳이 초자연적 힘의 수용처라고 믿는다. 그리스도인들은 또한 성인들의 피, 땀, 머리와 점액에 치유력이 있다고 믿는다. 성인들의 몸과 소유물을 유물로 보존하는 것은 종교적 관습의 공통된 특징이다.

세속적 사회에서 셀러브리티의 성물은 앤디 워홀Andy Warhol의 잡동사니들을 일반인에게 판매하는 것에서부터 재클린 케네디Jacqueline Kennedy의 소유물과 다이애나 황태자Princess Diana의 드레스에 이르기까지 다양하다. 모두 믿기 어려운 놀라운 가격에 팔렸다. 앤디 워홀이 소장한 40달러짜리 스와치 시계는 수천 달러에 팔렸다. 케네디 대통령의 골프채는 77만 2500달러(소더비 추정치로 원가의 858배)에 팔렸다. 소더비가 3000~5000달러에 팔릴 것으로 예상했던 그의 흔들의자는 45만 3500달러가 지불되었다.

팬들은 셀러브리티가 팬에게 개인적으로 메시지를 전한 사인과 서명된 사진을 갖고 싶어 한다. 하드록 카페 가맹점은 지점 사이에 록 기념품을 돌려가며 전시한다. 자동차, 옷, 신발, 침대, 기타와 같은 셀러브리티 소장품은 가치가 있다. 사실, 셀러브리티가 살았던 집은 종종 신성하게 보존되거나 매물로 내놓았을 때 셀러브리티와의 연계성으로 그 가치가 올라가 높은 가격이 매겨진다. 엘비스 프레슬리의 고향인 테네시의 그레이스랜드에 팬들이 방문하는 것은 기독교 신자들의 순례와 유사한 것으로 간주된다(그레이스랜드의 방문자는 75만 명으로, 백악관 방문객자 수를 무색하게 한다). 조지 워싱턴, 토머스 제퍼슨, 에이브러햄 링컨Abraham Lincoln과 에바 페론Eva Peron의 집도 이와 비슷하게 상징적 지위를 가지고 있다. 괴짜들만 엘비스를 거룩한 인물로 보면 좋겠지만, 그에게 환생할 능력이 있다는 믿음은 그의 팬들 사이에 놀랍도록 널리 퍼져 있다. 엘비스는 1977년에 사망했지만, 그를 보러 가는 행위는 꾸준히 이어진다. 셀러브리티 분야 연구의 하위 장르 전체는 그의 죽음이 단순히 연출된 이벤트라는 전제를 다루고 있다.

성인의 묘소가 한때 인기 있는 순례 장소였던 것과 마찬가지로 셀러브리티의 유적을 포함하는 묘지는 인기 있는 관광 명소이다. 파리의 페르 라셰즈 묘지, 런던의 하이게이트 묘지, 로스앤젤레스의 할리우드 묘지와 웨스트우드 묘지 등이 가장 인기 있는 곳이다. 하이게이트 묘지는 요즘 입장료를 받기까지 한다. 하이게이트 공동묘지에서 조지 엘리엇George Eliot, 랠프 리처드슨Ralph Richardson과 카를 마르크스Karl Marx의 무덤을 방문하기 위해 돈을 지불하는 것은 셀러브리티의 죽음이 그들을 상품화하는 데 아무런 장해물이 되지 않는다는 것을 보여주고 있는지도 모른다. 그러나 그것도 현재 로스앤젤레스의 할리우드 기념묘지에서 이용할 수 있는 혁신적인 상품으로 인해 쇠퇴했다. 보통 할리우드의 발할라Valhalla로 불리는 그곳은 루돌프 발렌티노, 타이론 파워Tyrone Power, 세실 B. 드밀Cecil B. DeMille, 더글러스 페어뱅크스, 넬슨 에디Nelson Eddy, 벅시 시걸Bugsy Siegel, 피터 로레Peter Lorre, 존 휴스턴John Huston, 멜 블랑Mel Blanc, 피터 핀치Peter Finch를 비롯해 여러 할리우드 스타들이 마지막으로 잠들어 있는 곳이다. 1990년대 말, 파산에 직면한 그곳은 '포에버 할리우드'라는 이름으로 새롭게 브랜드화되어 인수되었고, 스타들의 궁전으로 상업화되었다. 60에이커 부지의 안치 예산은 현재 637달러이며, 여기에는 홈 비디오의 주요 장면을 포함해 행사 도중 큰 화면에서 재생되는 고인의 특수 비디오가 포함되어 있다. 고인을 할리우드 스타 묘소 근처에 고가로 매장하려면 2001년 기준 5000달러 정도가 필요하다. 이러한 움직임은 포에버 할리우드의 재정을 변화시켰다. 장례식 횟수는 그 마케팅이 시작된 이후 20배나 증가했다.

　포에버 할리우드는 팬에게 궁극적으로 키치한 경험을 제공한다. 내세에서 셀러브리티의 사후 이웃이 되는 것이다. 죽어서까지 셀러브리티와 연결되기를 원하는 욕망은 셀러브리티 문화의 독특한 매력을 더욱 강조한다. 셀러브리티가 사망한 후 팬들이 꽃다발과 화환의 메시지 태그를 가져가고 매장하는 데 쓰인 흙 몇 줌까지 유품으로 가져가는 일은 흔하다. 제임스 딘, 딜런 토머스Dylan

Thomas, 실비아 플래스Sylvia Plath, 버디 홀리Buddy Holly, 짐 모리슨 무덤의 주춧 돌은 모두 도난당했다.

무덤에서의 도둑질조차도 셀러브리티 문화의 일환이다. 1876년, 미국의 에 이브러햄 링컨에 대해 번득이는 광적인 의미를 부여하는 일은 누군가에게 일 리노이주 스프링필드 오크리지 묘지에 묻혀 있는 그의 시신을 훔치려는 기괴 한 시도를 하게 만들었다. 한 갱단은 시신의 몸값을 이용해 일리노이주 감옥에 투옥된 범죄자를 석방시킬 음모를 꾸몄다. 그 계획은 수포로 돌아갔다. 그러나 절도범들이 묘지에서 또다시 이런 일을 벌일 수 있다는 우려 때문에 당국은 석 관에서 관을 제거하고 시신을 더 안전한 장소에 감추도록 했다. 11년 동안 링 컨의 무덤에서 경의를 표하는 관광객들이 본 것은 사실 비어 있는 묘였다. 그 러므로 이 일화는 아마도 허울의 중요성을 둘러싼 셀러브리티의 진정한 본질 에 대해 핵심적인 통찰을 보여주는 것이다. 1886년 링컨의 시신은 새로운 무덤 에 다시 안치되었다. 그러나 그 비석이 평평하지 않게 세워진 것이 발견되어, 관을 다시 옮겼다. 대통령의 아들 로버트 링컨Robert Lincoln은 주 정부 공무원과 묘지 절도범들이 아버지의 시신을 절대로 다시 옮기지 못하리라고 확신했다. 그는 관 주위를 시멘트와 강철 창살로 보강한 시카고의 거물 조지 M. 풀먼 Goerge M. Pullman의 관에 사용된 새로운 장치를 보았다. 1901년 링컨의 시신이 다시 매장되었을 때는 시멘트와 강철 덮개가 사용되었다.

이상하지만, 이렇게 기이한 링컨 시신 이동 사건은 셀러브리티 문화에서는 아무것도 아니다. 1978년 찰리 채플린Charlie Chaplin의 시신은 스위스의 브베 묘 지에서 탈취되었고 이런 이례적인 셀러브리티의 사후 납치 사건에서 스위스 프랑으로 60만 프랑의 몸값이 요구되었다. 경찰은 결국 공모자들을 체포하고 시신을 회수했다.

기독교에서 빵과 포도주는 그리스도의 몸을 상징한다. 성찬식에서 빵과 포도주를 먹는 것은 이 세상에 그리스도의 몸을 나누는 것을 상징하며, 성찬식은 곧 그리스도가 전능하신 창조주임을 확증하는 영광스러운 의식이다. 세속화된 공유 의례지만, 셀러브리티 문화에서 유골을 뿌리는 것이 이와 비슷하다. 빌 샹클리Bill Shankly의 유골을 리버풀 축구 클럽의 본거지인 앤필드의 잔디에 뿌리는 것은 샹클리의 팬들에게 샹클리의 신적인 지위와 그의 성과에 대해 좋은 평판이 여전히 이어지고 있다는 것을 말해주었다. 스포츠 셀러브리티의 유골을 경기장에서 뿌리는 것은 상대적으로 흔하다.

흥미롭게도 셀러브리티는 도덕적 연관성과 도덕적 연관이 없다. 악명은 유명과 똑같이 대중을 매혹시키는 원천이다. 예를 들면 제프리 다머Jeffrey Dahmer에게 희생된 이들의 가족들은 연쇄살인범의 고문 도구를 경매해 그 수익금을 나누기로 계획했다. 그들의 계획은 좌절되었지만, 그 고문 도구를 소유하는 것에 대한 대중의 관심은 커졌다. 영국에서는 글로스터의 크롬웰 25번가에서 비슷한 논란이 있었다. 이곳은 연쇄살인범 프레드Fred와 로즈마리 웨스트가 희생자들을 고문하고 살해한 이른바 '공포의 집'이었다. 이 논란은 상업 범죄에 대한 대중의 관심을 불러일으켜 그 장소를 박물관으로 기념하는 방식의 상업적 이익을 부추겼다. 지방 의회는 마침내 그 집을 철거하기로 결정했다. 벽돌, 목재, 박격포에 대한 처분 절차는 기념품 사냥꾼을 막기 위해 비밀리에 처리되었다.

성 토머스 효과

"의심하는 토머스"라는 표현은 성 토머스St Thomas가 등장하는 성경 속 이야기에서 나왔다. 그리스도께서 부활하신 후 사도들에게 나타나셨을 때, 예수의 부활을 강력히 부인했던 토머스는 그리스도의 몸에 난 못 자국 상처를 손으로 만지기 전까지 예수의 존재를 끊임없이 의심했다. 성 토머스 효과라는 용어는 원하는 물체에 다가가 그것을 만지고, 사진을 찍어 인증하려는 충동을 뜻한다. 팬들은 셀러브리티를 스토킹하고 쫓아다니고, 또한 셀러브리티의 성물을 모으면서 성 토머스 효과를 드러낸다. 셀러브리티와 가까워지는 상상은 셀러브리티를 만지거나 그들의 소장품 또는 폐기된 여타의 물품을 보유하려는 저항할 수 없는 소망으로 변한다. 성 토머스 효과로 인해 발생하는 강한 욕망은 자제력을 잃게 되어 팬과 셀러브리티 양쪽 모두를 위험에 빠뜨리는 결과를 낳을 수도 있다.

예를 들어 2000년 7월, 19세 학생 캐런 버크Karen Burke는 페미니스트 작가이자 유명인인 저메인 그리어Germaine Greer를 괴롭혀 집행유예를 받고 생활해야 했다. 법원은 버크가 그리어 박사에게 빠져 있고, 그녀를 '영혼의 어머니'로 받아들이고 싶어 했다고 말했다. 그리어는 버크에게 정신적 치료가 필요하다고 판단할 때까지 버크와 꾸준히 서신을 주고받았다. 버크는 그녀에게 강한 집착을 보였고, 그리어의 집에 찾아왔다. 그리어는 그녀를 객실에 머무르게 해주었다. 다음 날 그리어는 버크가 기차를 탈 수 있도록 케임브리지까지 차로 데려다주었다. 그러나 48시간이 지나지 않아 버크는 다시 그녀 집으로 돌아왔고 그리어는 경찰을 불러 그녀를 보내도록 했다. 다음 날 버크는 또다시 그리어의 집에 찾아왔다. 그리어는 두려움과 위협을 느껴 경찰에게 전화를 걸었다. 그때 버크는 "엄마, 엄마 그러지 마세요!"라고 그리어에게 울며 매달렸다. 그렇게 두 시간쯤 승강이를 벌이는 동안, 그리어와 버크는 둘 다 상처를 받았다. 이 사건은 그리어의 집에서 예정된 모임에 참석하기 위해 친구들이 도착했을 때 끝났는데, 친구들은 소리를 지르며 그리어의 다리에 매달려 있는 버크를 목격했다.

이 사건은 두 당사자 모두에게 극도의 고통을 주었을 것이다. 그러나 팬이 유명인에게 갖는 이런 상상의 관계가, 원하는 대상이 진짜라는 것을 증명하고 싶은 마음에서 실제 그것이 존재한다는 진실을 손에 쥐기 위한 불굴의 투지, 그들을 붙잡거나 붙잡아두어 인증하려 하는 바람으로까지 확대되기도 한다.

셀러브리티의 물건을 인증하려는 많은 팬들의 갈망은 셀러브리티를 소유하고자 하는 팬의 추상적인 욕망에 직접적으로 비례한다. 셀러브리티는 복잡하고 접근하기 어렵다. 반대로 셀러브리티의 물건은 소유가 가능하고 소장할 수 있다. 다만 물건은 그 물건이 셀러브리티와 관련이 있다고 확인될 때에만 소장 가치가 있다. 추상적인 갈망이 인격화된 이와의 관계가 완전할 수 없기 때문에 무생물인 셀러브리티의 소장품은 적어도 팬이 셀러브리티를 가까이 소유하고 있다는 느낌을 맛보게 해준다.

셀러브리티와 죽음

엘비스 프레슬리가 살고 묻힌 그레이스랜드에 모여드는 팬들은 마치 현존하는 신성한 인물은 대중문화에 존재하고 있다고 선포하는 것처럼, 죽은 신을 경외하지 않는다. 많은 팬들은 엘비스가 셀러브리티 문화의 침해로부터 벗어나기 위해 자신의 죽음을 위장했다고 믿는다. 그의 죽음을 받아들이는 사람들조차도 문자 그대로 그를 살아 있는 문화로 여긴다.

반대로 존 레넌의 죽음은 팬이나 대중매체의 논쟁의 대상이 아니다. 그런데도 그는 수백만 명에게 초인적인 영감을 주는 인물로 남아 있다. 레넌은 대중문화에서 셀러브리티의 특별한 권력을 확실히 의식하고 있었다. 그가 1960년대에 한 "비틀스가 예수 그리스도보다 더 인기가 있다"는 발언은 대중의 분노를 촉발했고, 미국의 일부 종교 단체는 비틀스 음반을 공개적으로 소각하기도 했다. 그러나 아마 그 말은 사실일 것이다. 다른 종교처럼 1960년대 비틀스의 음악은 이제까지 아무도 전달하지 못했던 것을 전달하는 것처럼 보였다.

레넌은 개인이 명성에 명확히 대처하기 어렵다는 것을 알았다. 존 레넌과 오노 요코Ono Yoko의 앨범 〈발라드The Ballad〉의 수록곡 속의 그의 가사처럼 "나를 십자가에 못 박으려 하는 방식"은 그가 그리스도 콤플렉스로 고통받고 있음을 암시한다. 1970년대에 정치에 잘못된 방식으로 발을 내딛은 것이 분명한 그는 자신이 세상을 구하기 위해 의식적으로 노력하고 있다는 것을 암시했다. 1960년대와 1970년대의 노동계급에서 천상의 스타덤에 이르는 레넌의 여정이 길가의 여관에서 '세상의 빛'이 되신 예수의 여정과 비슷하지 않은가? 그리고 1980년에 정신이 이상한 한 팬의 손에 암살된 레넌은 십자가에 못 박힌 그리스도의 죽음을 떠오르게 하지 않는가? 이런 식으로 그를 신과 비교해도 오해의 여지가 없을 것이다. 이와 반대로 레넌이 종종 메시아처럼 보이지만, 그가 느끼는 모순된 감정과 무례함은 공중에서 보이는 '공적인 얼굴'을 매번 깎아내렸다. 청중들을 집단적으로 열광하게 하는 레넌의 능력은 전설적이지만, 그의 속내가 항상 관심의 대상이었던 것은 아니다. 비유적으로 말하면 레넌은 신처럼 청중을 천당과 지옥으로 데리고 갈 수 있었을지 모르지만, 지극히 인간적이었다.

스토커

경찰은 1999년에 살해된 BBC 텔레비전 프로그램의 진행자 질 단도의 살인범을 오랫동안 찾아왔고, 비정상적으로 그녀에게 집착하고 있던 남성 180명의 존재를 밝혀냈다. 경찰은 그들을 조사하는 과정에서 두 가지를 설명할 수 있었다. 첫째, 인기 있는 TV 쇼 〈크라임워치Crimewatch〉의 진행자로서 단도는 전문 살인범에게 청부살인을 부추기는 역할을 담당했다는 것, 둘째, 그녀는 정신 나간 스토커의 희생자였다는 것이다. 경찰은 암흑가로부터 정보를 입수하기 위해 신고 시 현상금을 지급하겠다고 했지만, 실패로 돌아간 후 스토커의 단독 범행으로 결론을 지었다.

경찰이 증거물을 토대로 발견한 심리학적 단서는 그들이 쫓고 있는 그 남자가 이혼을 했거나 혼자 살았다는 사실이다. 경찰은 그 살인범이 편지나 팩스, 전화 또는 이메일로 단도에게 연락하려고 했으나 실패했을 것으로 추측했다. 그들은 그가 전기, 가스, 수도, 전화 청구서의 세부 사항을 보고 살인 시도를 했다는 증거를 찾았다. 경찰이 추측하기로, 이 사실이 맞다면 살인범은 좌절, 분노 또는 질투에 이끌려 살인을 계획했다고 가정하는 것이 합리적이었다.

단도의 결혼식이 가까워지자 그녀에 대한 집착이 더 강해졌고, ≪라디오 타임스The Radio Times≫ 표지를 장식한 그녀의 매력적인 사진이 그녀를 죽이려는 결정을 촉발했을 수도 있다. 목격자 기록에 따르면 그는 단도의 집으로 가서, 추정컨대 현관문 앞에서 그녀의 뒷머리를 총으로 쏘기 전, 여러 날 동안 하루에도 서너 번씩 주위를 어슬렁거렸다고 한다. 이와 같은 심리학적 단서를 바탕으로 결국 경찰은 그 지역에 살고 있던 남자, 배리 조지Barry George를 체포해 2000년 5월 살인 혐의로 유죄판결을 받게 했다. 그는 2001년 7월 런던 중앙 형사 법원에서 유죄판결을 받았다.

준사회적 상호작용이 셀러브리티 문화를 창출하고 재생산하는 데 기본적이라는 개념은 잘 정립되어 있다. 셀러브리티들은 종종 팬들을 자석과 같이 끌어들이는 매력이 있다. 그러나 이와 같은 자력은 일반적으로 환상과 욕망이 동원되며 작동한다. 준사회적 상호작용 개념에 필수적인 것은 그 관계가 상상을 기반으로 하고 있다는 것이다. 대다수의 셀러브리티와 팬들은 실제로는 서로를 알지 못하거나 얼굴을 마주 보며 만나고 있지 않다. 게다가 셀러브리티들은 그들의 공적 얼굴과 실제 자기 자신을 구별한다. 그러나 종종 자석과 같이 팬들을 끄는 공적 얼굴은 점점 그 구분을 없앤다. 이 경우 셀러브리티는 실제 자아의 절망을 경험할 수 있고, 팬들은 강박적이고 충동적인 신경증을 유발할 수 있다.

이런 종류의 신경증은 셀러브리티를 유혹하거나 소유하는 환상을 영속시킬 수 있다. 강박적으로 집착하는 팬은 공공장소에서 셀러브리티와 청중 사이의 꾸며진 호혜성을 인식할 수 없고, 그 대신 이와 같은 상호 호혜성이 셀러브리티와 팬 사이의 관계에서 유효하다고 상상한다. 이런 상상 속에서 셀러브리티와 팬의 관계가 기본적으로 가상이라는 사실은 중요치 않다. 팬의 감정과 그것이 팬의 생활양식을 구성하는 효과가 실제적이기 때문이다.

팬들이 겪는 강박증의 증상은 셀러브리티에 관한 광적인 뉴스 스크랩, 스크랩북과 스크랩 파일 만들기, 인터넷을 통해 셀러브리티의 집 주소 알아내기, 주변을 어슬렁거리거나 요청받지도 않고 환영받지도 않는 편지와 이메일을 보내거나 전화하기, 낙서, 성폭력으로 이어지기도 한다. 팬의 관점에서 상상 속의 일과 내에서 연예인의 일상적인 생활 과정과 그들을 둘러싼 여러 가지 공인으로서의 책임의 조직화는 팬과 셀러브리티 사이의 관계가 서로 호혜적이라는 사실을 분명히 해준다. 그러나 이 호혜성은 추상적인 욕망에 기초를 두고 있고 상상을 통한 가상의 관계에 의존한다.

스토킹은 이런 행동의 가장 극단적인 징후 중 하나이다. 실제로 스토킹은 셀러브리티에 대한 강박적인 신경증의 발달로 정의될 수 있고, 이로써 마음대로 그의 영역을 침범해 그림자처럼 여기저기 따라다니거나 괴롭히는 결과를 초래한다. 그것은 종종 포기나 거절, 낮은 자존감과 관련된다. 흥미롭게도 스토킹은 셀러브리티 문화에만 국한되지 않는다. 영국 의회는 상호 동의 없는 다른 사람의 지나친 관심으로부터 사생활을 보호하기 위해 1997년 '침해보호법'을 통과시켰다. 1998년에는 이 법에 따라 스토킹으로 유죄판결을 받은 사람이 2221명이었다. 1994년까지 미국의 48개 주가 반스토킹 법안을 통과시켰고, 거의 20만 건 사례가 조사되었다. 그러나 셀러브리티의 높은 대중 인지도, 준사회적 욕망, 인정받고 싶은 특유의 상상력 때문에 셀러브리티들은 스토커의 주요 목표가 된다.

매스미디어는 셀러브리티의 스토킹 사건으로 대중의 관심을 상당히 집중시켰다. 유명한 예로는 건터 파르셰Gunther Parche가 칼로 찌른 모니카 셀레스가 있으며, 슈테피 그라프Steffi Graf에 대한 집착은 오래된 이야기다. 마돈나는 로버트 듀이 호스킨스Robert Dewey Hoskins에 의해 5년 동안 스토킹을 당했고, 그는 그녀의 얼굴을 조각조각 잘라버리겠다고 위협했다. 앤드루 파커슨Andrew Farquharson은 6년 동안 헬레나 본햄카터Helena Bonham-Carter를 스토킹했다. 마이클 J. 폭스Michael J. Fox가 받은 5000통의 편지는 대개 토끼 배설물로 가득 차 있었다. 클라우스 바그너Klaus Wagner는 다이애나 여왕을 추적했고, 그녀는 여왕을 사탄의 음모로부터 보호하려 했다고 주장했다. 이외에도 로널드 베일리Ronald Bailey는 브룩 실즈Brooke Shields를 15년 동안 스토킹하다 10년이나 감옥에 갔혔고, 울리카 존슨Ulrika Jonsson은 피터 케이시Peter Casey의 끊임없는 음란한 전화와 누드사진에 시달렸는데, 피터 케이시는 결국 경찰 심문을 받은 후 기차에 몸을 던졌다. 그리고 레이디 헬렌 테일러Lady Helen Taylor를 스토킹한 사이먼 레이놀즈Simon Reynolds는 결국 자살했다.

명성을 추구하는 것은 종종 스토킹의 명백한 동기가 된다. 1999년 12월 30일 믹 에이브럼Mick Abram('매드 믹'이라고 불렸던 마이클 에이브럼을 말한다 _옮긴이)은 비틀스의 멤버였던 조지 해리슨George Harrison을 칼로 찔렀는데, 그는 크리스마스이브에 그의 파트너에게 "나는 유명해질 것"이라고 자랑했다. 헤로인중독자 에이브럼은 비틀스, 특히 에이브럼이 마녀라고 믿는 해리슨에게 집착하는 편집증을 앓아온 것으로 보도되었다.

스토킹은 깊고 비합리적인 감정을 불러일으키는 셀러브리티의 힘을 강조한다. 스토커의 심리에서 완결되지 않은 욕망은 완결 또는 인정을 얻기 위한 간절한 바람으로 왜곡된다. 그런 소원은 불합리한 것이기는 하지만, 일반적으로 계획적으로 나타나며 스토킹의 궁극적인 목적이 된다. 스토커는 셀러브리티를 마술사나 악마로 간주해 스토킹을 통해 마법으로 교감할 수 있다고 여겼다. 셀러브리티를 살해하거나 계획한 다른 의도를 실행함으로써 스토커는 자신의 힘을 입증해 보이거나, 살아가며 받게 되는 힘든 자극과 고통을 제거한다. 에이브럼이 해리슨을 살해한 목적은 해리슨을 지배하는 악의 세력으로부터 그를 구해내는 것이었다.

록 음악과 영화 문화에서의 샤머니즘

샤머니즘과 대중음악과의 관계는 미국의 남부 주에서 '악마의 음악'으로 알려진 블루스의 탄생까지 거슬러 올라간다. 1938년 델타 블루스의 왕이라 불렸던 로버트 존슨Robert Johnson은 개봉된 위스키병에 들어 있던 스트리크닌을 마셔 독살되어, 실제로 하룻밤 사이에 블루스계의 샤머니즘적 남자주인공이 되었다. 1940년대와 1950년대의 기성 음악은 찰리 파커Charlie Parker, 마일스 데이비스Miles Davis, 존 콜트레인John Coltrane과 같은 재즈 뮤지션들이 기존에는 없었던 색다른 스타일과 대중의 상상력이 결합되어 초자연적 힘을 발휘하는 연주로 대체되었다. 콜트레인은 샌프란시스코에 있는 세인트존스 아프리카정교회를 세웠는데, 아마도 셀러브리티의 이름으로 교회를 세운 유일한 예일 것이다. 콜트레인과 데이비스의 최고의 작품에서 이 둘은 자신들의 독실한 종교적 믿음을 온전히 표현해낼 수 있었다. 그러나 정확히는 청중을 세속으로부터 벗어나도록 하는 능력이 있었기 때문에, 그것은 홀림이나 마법과 결부되어 있어 결국 샤머니즘, 그리고 마귀와의 연관성을 더 증대시켰다.

논란의 여지가 있지만 1960년대에 록 음악의 발현까지 카리스마 있는 음악적 성격을 지닌 악마성은 당시의 획일적인 음악의 한 양상이었다. 지미 헨드릭스Jimmi Hendrix, 짐 모리슨, 믹 재거Mick Jagger, 루 리드Lou Reed, 이기 팝Iggy Pop, 마크 볼런Marc Bolan, 데이비드 보위David Bowie는 자신들을 악마로 표현했다. 보위는 외계 록 음악의 구세주 '지기 스타더스트Ziggy Stardust'라는 캐릭터를 창조했다. 피트 타운센드Pete Townshend가 〈토미Tommy〉(1968)에서 만든 동일한 이름의 젊은 메시아를 만들었을 때와 같이, 지기 스타더스트의 신성한 미션은 무엇인지 혹은 누구를 구원하는 데에 관심을 두고 있는지에 대해서는 정확히 알려지지 않았다. 종교적인 신념에 대한 진의는 중요하지 않았다. 오히려 이러한 캐릭터들이 유발하는, 문화적 권력 매커니즘에서 주된 역할을 하는 집단적 광기 상태가 문제였다.

샤머니즘은 환상과 자기 망상의 환상과 자기망상을 이끄는 강력한 원천이다. 앨런 파커Alan Parker의 영화 〈더 월The Wall〉(1982)은 록 샤머니즘과 파시즘 사이의 모호한 경계를 강조했다. 이미지에 대한 몰두, 강한 권력, 확실한 도덕관념은 그 두 영역 모두에서 발생한다. 1976년 데이비드 보위는 유럽에서 출발해 영국 빅토리아 기차역에 도착했을 때 미디어를 비롯해 나치식 경례로 인사하는 그의 팬들에게 분개했다. 언론은 보위가 한 스웨덴 기자에게 했던 "영국에 파시스트 지도자가 있으면 이로울 거다"라는 말을 크게 보도했다. 당연하게도 보위는 이후 그 발언을 철회했고, 육체적·정신적으로 지친 상태여서 그런 발언을 했다고 설명했다. 그러나 나치즘을 신화화한 측면과 개혁에 대한 역성적 관심과 새로운 질서에 대한 탐색에는 셀러브리티의 원형인 니체 철학 속 우버멘시Übermensch를 경배함으로써 영적 충만함과 정서적 통합을 찾는 신화가 강하게 함축되어 있다.

그러나 이 점에서 프라하 블타바강이 내려다보이는 레나 평야에 서 있는, 증오받을 운명을 타고난 스탈린Stalin 동상이 우리에게 이야기하는 것이 있는지도 모른다. 1955년 공산당의 힘이 최고조에 이르렀을 때 공개된 1만 4000t, 98피트 높이의 화강암 조각상은 스탈린이 세운 최대 규모의 화강암 조각상이었다. 니키타 흐루쇼프Nikita Khruschev는 이듬해 스탈린을 향해 공산당에 희한하고 당혹스러운 쓸모없는 동상을 남겼다고 맹비난했다. 그 기념상은 1962년 결국 폭파되었으나 남겨진 주춧돌은 체코 국민들에게 잃어버린 시간을 상기시키는 흔적으로 남아 있었다. 1996년 마이클 잭슨이 월드 투어의 마지막 도시를 향해 지나갔던 곳임을 기념해, 그 자리에 잭슨의 모습을 본뜬 약 10m 높이의 고무로 만든 모형을 세웠다. 이를 두고 역사적이라고 일컫는 것을 유감스러워할 사람이 있을지도 모르지만 말이다.

록 음악의 신은 종교적 구제보다는 홍분과 큰 히스테리를 일으킨다. 대중의 욕망을 지키는 역할을 하고, 군중 속에서 반항적인 정서를 형성하는 능력은 샤머니즘적 힘의 가장 명백한 특징이다. 이들의 신조를 명료화하거나 목록화하려는 시도는 대개 실패한다. 콜트레인은 자신의 종교적 신념을 "살아 있는 권리"라는 말로 압축했다. "네게 필요한 건 사랑이야All you need is love"라는 비틀스의 메시지도 마찬가지로 관심을 끌지만, 강력하지는 않다. 이후로도 마이클 잭슨, 마빈 게이Marvin Gaye, 커트 코베인, 마이클 허친스Michael Hutchence, 보노Bono, 리엄 갤러거와 같은 록 음악의 신들이 삶의 신조를 표현하고자 하는 노력은 매우 혼란스럽고 난감하다. "네게 필요한 것은 사랑이야"라는 말이 옳기는 하지만, 그 안에 숨겨진 많은 고난과 모순을 덮어버린다.

아마도 이렇게 셀러브리티들이 지나치게 단순화해 처세하는 주된 이유는, 일반적으로 그들은 수용자에게 감수성이 예민하다고 비쳐지기 때문이다. 전형적으로 록 음악의 신들은 젊은이의 문화를 다룬다. 끊임없이 가족 내에서와는 전혀 다른 롤 모델을 찾는 젊은이들에게 진지하고 극적으로 전달되는 열정적인 확신은 강하게 공명한다. 이혼율이 높고, 핵가족의 미래가 의심스러운 사회라면, 셀러브리티들은 대중의 감정을 관리하기 위해 주목해야 할 '중요한 인물'이다. 젊은이들은 이혼과 결혼 문제의 직접적인 희생양이기 때문에 셀러브리티 문화의 영향은 특히 그들에게 강하게 영향을 미칠 수 있다.

그러나 이러한 막대한 영향력을 청소년들에게만 국한하는 것은 잘못이다. 게이 문화 속 주디 갤런드의 상징적인 위치는 일정 부분 개인이 사회의 불인정과 거부, 소외를 감당하는 능력에서 비롯된 것이다. 매릴린 먼로의 멈추지 않는 유명세는 그녀가 청중과 소통하며 자신의 취약성을 드러낸 데서 비롯되었다. 먼로는 모든 연령대의 청중이 그녀가 안고 있는 개인적인 어려움을 자신이 안고 있는 것처럼 동일시하도록 해 정작 그들의 개인적인 고민과 문제로부터 벗어날 수 있게 해준다.

그러나 다른 무엇보다 청소년 문화에서 셀러브리티가 가장 강렬한 힘을 발휘하고 있다는 것은 의심할 여지가 없다. 이것은 유명한 록 음악인들이 무대에서 강하게 성적인 모습으로 자신을 어필하는 이유 중 하나다. 그들은 문화 아이콘으로서 성적 대상이 되는 공적 얼굴을 채택한다. 그들의 대중적 호소는 자신을 끊임없이 이용 가능한 것으로 제시할 수 있느냐에 달려 있기 때문에, 특히 무대 의상과 쇼는 군중이 성적으로 그들을 원하게끔 제작된다. 청소년들이 부모님의 집이나 침대에서 CD 또는 테이프를 들으며 품게 되는 환상은 무대 공연에서 느낄 수 있는 에너지의 일부일 뿐이고, 공연자는 그 공연에서 금기 없이 사는 사람으로 비친다. 패티 스미스Patti Smith는 1975년의 앨범 〈호시스 Horses〉에서 "예수는 다른 사람의 죄 때문에 죽었지만 그 죄는 내 것이 아니었다"라고 말하기도 했다.

죄책감과 금기의 부재는 할리우드 셀러브리티 문화에서도 중요한 모티프로 작용한다. 할리우드에서 신적 인물은 전형적으로 도덕관념이 없고 위험한 영향력과 관련이 있다. 재즈 시대The Jazz Age(1920년대, 미국 재즈 음악의 전성기), 루돌프 발렌티노는 미국의 남성 관객들에게 '섹시한 이방인'의 얼굴로 가장하고 있다는 위험성을 상징했다. 여성에게 발렌티노는 정확히 욕망의 대상이었다. 그의 신체와 행동이 기존의 민족주의적 남성성을 따르지 않았기 때문이다. 하지만 남성에게 그는 겉모습 뒤에 이민자 특유의 유전적 열세를 숨긴 나태한 외국인으로 비난받았다.

1920년대 할리우드의, 도덕적 관념이 없는 성행위에 대한 윤리적 패닉은 1930년대 갱스터 영화에서 폭력의 영향에 관한 두려움으로 바뀌었다. 〈지옥으로의 문 Doorway to Hell〉(1930), 〈리틀 시저〉(1930), 〈스카페이스Scarface〉(1931), 〈퍼블릭 에너미 Public Enemy〉(1932)와 같은 영화는 폭력을 찬양했다는 이유로 비난받았다. 또한, 에드워드 로빈슨Edward G. Robinson, 폴 무니Paul Muni, 조지 래프트George Raft, 제임스 카그니James Cagney와 같은 갱단의 일원 역할을 맡은 배우는 범죄는 돈을 벌게 한다는 걸 영화 관객들에게 가르쳐주고 있다며 비난받았다. 갱스터 영화는 미국인의 물욕과 욕망을 조절하는 데 실패한 미국 남성들을 직접적으로 언급한 것으로 보였다. 로빈슨이 〈리틀 시저〉에서 연기한 조직폭력배 리코 반델로는 분명히 사이코패스이지만, 영화는 리코와는 달리 일자리가 있고 안정적인 생활을 추구하며 가정적인 남자를 받아들이는 다른 사람들에 대해서는 모호하게 다룬다. 그들은 결국 리코만큼의 부를 축적하지 못할 것이고 무자비한 공격성을 경험하지도 않을 것이다. 그들은 그들의 욕망을 다스리고 위장해야 한다. 따라서 그 영화는 그들이 리코처럼 궁극적으로 자신에게 솔직할 수 없다는 것을 시사한다.

1950년 엘비스 프레슬리, 제임스 딘, 말론 브란도Marlon Brando는 돈에 대한 대중의 욕망을 상징했고 다른 면에서는 남성성의 무효화에 대한 고정관념을 깼다. 그들은 분명히 돈을 탕진했다. 적절하게 맞추기보다 자기표현을 우선시했고 책임감보다는 쾌락을 더 위에 두었다. '도덕적 다수moral majority(주로 그리스도교를 믿는 보수 공화당 지지자들 _옮긴이)'의 시각에서 '이질성'을 상징하는 발렌티노와 달리 그들은 '내면의 적'이었다(2차 세계대전에서 히틀러Hitler와 토조Tojo를 물리친 드와이트 아이젠하워Dwight Eisenhower 시대 어른들이 바친 희생의 은혜를 헤아리지도 못하고 물려받은 젊은이들, 그들의 태평함은 일터에서 끊임없는 노력을 요하는 노동 윤리와 가정에서의 성실함에 대한 모독이었다).

데이비드 리스먼David Riesman은 1950년대 초 존재했던 공개석상에서의 불안 상태를 그 유명한 '내부 지향적 성격'과 '외부 지향적 성격' 사이의 차이라고 정확히 표현했다.[7] 그에 따르면 내부 지향적 성격은 부모님과 자신의 노력, 그리고 타당한 도덕적인 틀을 세우고 세상에서 그들이 나아갈 길을 개척하는, 성경

---

7)   D. Riesman, *The Lonely Crown* (New York, 1950).

을 믿는 선구적인 후손의 전형이다. 반면 외향적 성격은 내부화된 도덕 시스템을 포기하고 매스미디어에 나오는 인기 패션과 유행을 따른다. 프레슬리, 딘 그리고 브란도는 1950년대 내부 지향적인 많은 사람들을 혼란스럽게 한, 감수성이 강한 외향적인 타입으로, 성적으로 매혹적인 모델이었다. 리스먼은 서구 사회 사람들의 삶의 주요 관심사가 끝내 직업 활동에서 중독적인 소비로 바뀌어버린 것에 대해 우려했다. 더욱이, 할리우드 스타들은 이렇게 탈바꿈하는 사회를 극히 노골적으로 도덕적으로 위험한 것처럼 표현했다.

프랑크푸르트학파에서 추방된 레오 로웬탈Leo Lowenthal은 이러한 이론의 역사적인 측면을 예견했다. 그는 1920년대와 1930년대 미국의 대중문화가 토머스 에디슨Thomas Edison과 테디 루스벨트Teddy Roosevelt와 같은 산업 및 행정계의 인물들에 대한 존경심이 찰리 채플린Charlie Chaplin, 제임스 카그니James Cagney, 알 졸슨Al Jolson, 클라라 보우Clara Bow, 테다 바라Theda Bara와 매 웨스트Mae West 와 같은 엔터테인먼트 연예인에 대한 찬양과 맞바꿈 되었다고 주장했다. 로웬탈에게는 엔터테인먼트 연예인은 산업사회의 전통적 롤 모델(발명가, 교사와 공직자)을 제치고 이제 대중문화에서 가장 촉망받는 대상이었다. 미국의 1950년 대 '도덕적 다수' 운동가들에게 할리우드 셀러브리티는 양면성이 심하게 병존하는 구성체였다. 부와 자유, 스타로서의 인기는 아메리칸 드림을 충족시켰다. 할리우드 셀러브리티들은 부와 재능과 열정으로 권력을 성취한 자수성가형 인물이었다. 이들은 게으르고 자만심 가득한 유럽 귀족이나 경제학자 소스타인 베블런Thorstein Veblen이 지나친 소비 위험에 대해 꾸짖었던 미국 사회 벼락부자들의 자녀와는 판이하게 다른 인물 유형이었다. 하지만 역으로, 할리우드 셀러브리티는 또한 아메리칸 드림을 꽃피울 수 있는 잠재 수단으로 여겨지기도 했다. 스타들은 일했지만 다른 일반 미국인들과는 달리 일을 즐기는 것처럼 보였다. 셀러브리티는 일한 대가를 받았지만 중산층의 기준에서는 아주 많은 액수의 돈을 받았다. 게다가 할리우드 셀러브리티의 성생활에 대한 공개적인 보도에서, 미국 중산층은 그들의 도덕적인 제약과 대중의 비난으로부터 모두 자유로운 그들의 모습에 눈이 휘둥그레졌다.

할리우드 영화감독은 인기를 불러 모으는 셀러브리티의 초인적인 힘을 소재로 한 영화를 많이 제작했다. 올리버 스톤Oliver Stone의 영화 〈더 도어즈The Doors〉(1991)는 어린 시절, 짐 모리슨의 영혼이 미국 인디언 영매에 사로잡혔다는 전제하에 만들어졌다. 스톤은 마나가 영화관객들로 하여금 자신을 억누르는 것들을 벗어던지고 스스로 밖으로 나오도록 북돋는 모리슨의 묘한 능력을 설명해줄 수 있을 것이라고 생각했다.

할리우드 셀러브리티들이 악마 역할을 맡고 관객을 지하 세계 여행으로 안내하는 것 또한 미국 영화의 한 갈래이기도 하다. 최근, 로버트 드니로Robert De Niro는 〈엔젤 하트American Heart〉(1986)에서, 잭 니콜슨Jack Nicholson은 〈이스트위크의 마녀The Witches of Eastwick〉(1987)에서, 그리고 알 파치노Al Pacino는 〈악마의 옹호자The Devils Advocate〉(1997)에서 악마 역할을 맡았으며 브래드 피트는 〈조 블랙Meet Joe Black〉(1999)에서 죽음을 연기했다. 이러한 배우들의 선택이 드러내고 있는 것이 있다. 각각은 자신의 역할이 그들 세대를 위한 주술적인 상징으로 간주된다고 주장한다. 1970년대와 1980년대의 다양한 영화에서 드니로와 파치노는 반역, 반영웅, 외계인, 다양한 영역에서 수용자들의 반항적이고 잘못된 정체성을 상징하는 로맨틱한 부적응자의 역할을 연기했다. 잭 니콜슨은 할리우드 문제작 〈이지 라이더Easy Rider〉로 논쟁이 될 만한 내용을 연기했을 뿐만 아니라 박스오피스 흥행으로 주류 관객을 이끌어 독립 영화계에 신흥 산업으로의 돌파구를 마련했다. 브래드 피트는 〈파이트 클럽Fight Club〉(1998)

에서 그리스의 신 디오니소스를 모델로 해 에드워드 노튼Edward Norton의 자아를 재현함으로서 신적인 인물의 극치를 연기한다.

상승의 셀러브리티 의식

셀러브리티 문화는 세속적이다. 기독교에 내재해 있는 세속적 사회의 기원으로 인해, 셀러브리티 대다수의 성공과 실패의 상징은 신화와 종교적인 상승 및 하강 의식에 놓여 있다.

셀러브리티 문화는 이 세상의 행위를 구원과 연결하는 전소기독교적인 가치체계로 구성되어 있지 않다. 그러나 특정 신념이나 신화, 의식과 상징을 가진 복잡한 셀러브리티 문화 양식을 과소평가해서도 안 된다. 셀러브리티 문화의 다양성과 다원성은 의미 있는 일반화에 끊임없는 걸림돌이 된다. 그러나 이러한 분석상의 문제를 최소화하려하지 않는다면, 명예와 악명은 셀러브리티 신분의 경제적 상황을 보여주는 중요한 특징이며, 일반적으로 돈은 명예와 악명의 정도를 가늠할 수 있게 측정하는 통화currency다.

셀러브리티 문화의 부상은 실제로 경제 산업과 도시 산업 지역에 집중된 인구 성장과 실제로 긴밀히 연관된다. 부분적으로 그것은 이방인 세계의 산물이며, 여기서 개인은 가족과 공동체로부터 떠나 개인이 잘 알지 못하는 도시로 이주해 대개는 잠시 마주치고 마는, 일시적이고 안정적이지 못한 사회관계를 맺는다. 17세기에 청교도가 그리스도에게 위안과 영감을 기대한 것처럼, 오늘날 팬들은 이 장의 초반에서 조앤이 언급한 것처럼, 개인의 삶을 지지해주고 정신적 지주가 되어주리라 기대하며 셀러브리티를 찾는다. 여기서 가장 주된 동기는 구원이 아니다. 팬들은 성적 매력, 감탄할 만한 특유의 개인적 가치관, 주목을 끄는 매스미디어의 찬사 등 다양한 이유로 셀러브리티에게 매료된다. 셀러브리티가 종교적 또는 준종교적 의미로 그들을 구원할 수 있다고 믿는 이는 거의 없다. 그러나 대부분은 셀러브리티에게 집착하는 데서 위안과 매력 또는 흥분을 찾는다. 이러한 애착을 통해 (종교와 셀러브리티의) 두드러진 차이가 명확히 밝혀진다.

자본주의 사회에서 신과 악마에 대한 기독교인들의 믿음의 정도가 덜해진 것처럼, 천상과 지하 세계의 절대자를 믿는 샤머니즘적 믿음도 감소했다. 그러나 지구, 하늘, 지하 세계를 둘러싼 종교적 의미의 분리가 완화되면 물질적 성공과 실패에 대한 의식은 강화된다. 셀러브리티 문화는 명예로운 신분과 그 상실을 상징하는 다양한 상승 및 추락 의식을 발달시켰다. 승천에 대한 믿음과 의례rites는 승서elevation, 마법, 불멸이라는 세 가지 주제로 조직된다.

승서란 대중 위에 셀러브리티의 지위를 올려놓는 사회문화적 과정을 뜻한다. 승서는 말 그대로 거대한 화면과 광고판의 이미지가 영화 관람객의 눈높이보다 위에 올려져 놓여 있기 때문에 헐리우드 스타들이 얻게 된다. 셀러브리티의 부와 사치는 대중의 주된 관심사이고, 시장경제 체제에서 즉시 인식되는 성공의 상징이다.

대중문화에서 승서의 더욱 구체적인 증거는 어디에나 있는 셀러브리티 전기biographies에서 발견된다. ≪헬로Hello≫와 ≪오케이OK≫처럼 많은 독자를 거느린 인기 잡지는 결혼, 주택, 휴일, 이혼, 출생, 의료 수술 및 유명 인사의 사망을 문서화하는 고급 포토저널리즘 정보에 주력한다. 〈파킨슨Parkinson〉, 〈래리 킹 라이브Larry King Live〉, 〈데이비드 레터맨David Letterman〉, 〈제이 레노 쇼 Jay Leno Show〉와 같은 TV 토크쇼는 이른바 '특정한 역할에서 벗어나' 공인의 다양한 얼굴을 보여줄 기회를 마련함으로써 셀러브리티를 중요한 인물로 부각시켜 그의 이미지를 한층 더 향상시킨다.

TV 토크쇼는 1950년 제리 레스터Jerry Lester가 〈브로드웨이 오픈 하우스 Broadway Open House〉라는 주 5일 방송 프로그램의 사회를 보기 시작했을 때 만들어졌다. 그러나 그 형식은 전 코미디언이자 방송 호스트 조니 카슨Johnny Carson 에 의해 구체화되었다. 카슨은 1962년에 처음으로 〈투나이트 쇼The Tonight Show〉를 진행했다. 대부분의 비평가들은 그가 1993년 은퇴하기 전까지 매체를 장악했다는 데 동의한다. 카슨은 토크쇼를 셀러브리티의 기밀을 누설하거나 폭로하는 수단으로 발전시켰다. 토크쇼 진행자로서 그가 발명한 것 중 하나는 관객에게 화면상으로 셀러브리티와 더 친밀한 느낌의 만남을 제공하게 한다고 일컬어지는, 연속되는 클로즈업 기술이었다. 1915년에 최초의 장편 무성영화 〈국가의 탄생Birth of a Nation〉을 감독한 D. W. 그리피스D. W. Griffith는 스타의 얼굴뿐만 아니라 그 감정도 잘 묘사할 수 있어 관객과 배우와의 친밀감을 극대화하는 클로즈업 샷을 개발한 것으로 알려져 있다. 〈투나이트 쇼〉의 세트 디자인은 넓은 스튜디오를 통해 그곳이 마치 카슨의 집이라는 인상을 전달했다. 가정적인 분위기를 연출할 수 있게 세트를 구성함으로써 공개적인 대결 구도로 보이기보다는 저녁 식사에 마주 앉아 있는 듯한 편안하고 친근한 이야기 쇼를 만들었다. 차세대 토크쇼에서는 이러한 형식을 본떠 카펫, 양탄자, 꽃병에 꽂힌 꽃, 소파, 의자, 트롱프뢰유 창문을 배경으로 가정적인 느낌을 전달했다.

신분 상승은 셀러브리티가 가진 명예로운 지위의 오랜 속성이다. 이는 일반적으로 시장의 요구 사항에 맞게 조정된다. 따라서 톰 크루즈Tom Cruise, 톰 행크스Tom Hanks, 브리트니 스피어스, 자넷 잭슨Janet Jackson, 존 그리샴John Grisham 또는 윌 셀프Will Self가 영화와 앨범 또는 신간 서적을 홍보할 일이 있을 때, 그

작품을 판매하는 회사는 이들 셀러브리티에게 미디어의 취재를 집중시킨다. 홍보 마케팅의 일반적인 기술 중 하나는 실체가 알려지지 않은 셀러브리티로서 토크쇼에 출연해 진행자와 만나게 하는 것이다. TV에서 작품을 홍보할 때는 스크린에서는 가려져 있던 셀러브리티의 개인적 성격을 일부 드러내는 에피소드를 사용하면 더 효과적이다. 그러나 셀러브리티 인터뷰는 셀러브리티와 일반 청중 간의 거리가 유지되는 경우에만 효과적이라는 점이 중요하다. 토크쇼에서 셀러브리티는 더 인간적으로 보이고자 셀러브리티로서의 역할에서 빠져나오기도 한다. 그러나 만약 셀러브리티들이 계속해서 그렇게 한다면, 그들을 찬사받는 비범한 인물로 만들어 셀러브리티의 지위를 결정하는 카리스마가 힘을 잃고 만다.

셀러브리티 파워는 대중의 즉각적인 인식에 달려 있다. 우리가 볼 수 있듯이, 셀러브리티는 종종 엄청난 관심과 열의로 집어 삼킬 듯 다가오는 대중에 의해 추적당하는 느낌을 받는다. 무성영화 시절의 스타 배우 클라라 보Clara Bow는 "그들이 나를 쳐다보면 소름이 끼친다"고 불만을 토로했다. 해리슨 포드Harrison Ford는 "사람들이 나를 응시할 때 정말 불편하다"고 인정했다.[8] 그러나 우리는 그들이 이러한 감정에 너무 연연해하지 않도록 바라기보다 그러한 그들의 감정을 셀러브리티에게 동기를 부여하는 맥락으로 이해해야 한다. 즉각적인 대중의 환호는 그들이 바로 유명인으로써 어필을 하고 있다는 증거이기도 하다. 그렇기 때문에 성취한 셀러브리티들은 부와 자유로운 생활 그리고 열광하는 열렬한 팬을 갈망한다.

두 번째 주제인 마술은 대단하다고 생각할 만한 여러 가지 놀라운 일을 해내면서 그의 힘을 발휘할 수 있도록 강력하게 만들어주는 주술사에 의해 부름을

---

8) J. Fowles, *Starstruck* (Washington, DC, 1992), p.192에서 인용.

받는 것을 말한다. 셀러브리티는 이와 같은 관행을 확산한다. 할리우드의 셀러브리티는 영화에서 마법 같은 묘기를 부릴 수 있다. 존 웨인, 로버트 미첨Robert Mitchum, 해리슨 포드, 브루스 윌리스, 멜 깁슨, 피어스 브로스넌Pierce Brosnan과 같은 액션무비 스타는 때로는 영화에서 주목할 만한, 놀랍고 마법 같은 성과를 기록해야 한다. 데이비드 베컴, 호마리우Romario, 호나우두Ronaldo, 웨인 그레츠키Wayne Gretsky, 브라이언 라라Brian Lara, 카필 데브Kapil Dev, 마크 맥과이어Mark McGwire, 콘치타 마르티네즈Conchita Martinez, 비너스 윌리엄스Venus Williams, 타이거 우즈와 안나 쿠르니코바Anna Kournikova와 같은 스포츠 셀러브리티들도 스포츠 분야에서 같은 업적을 낼 것으로 기대된다.

에드가 모랭은 공연에서 배우에 의해 구현된 역할과 배우에 대한 대중의 인식 사이에 부작용이 있다고 주장한다. 그는 "그들에게서 그 둘(배우에 의해 구현된 역할과 대중의 인식 _옮긴이) 모두를 겸비한 '스타'라는 복합체가 탄생했다"고 적었다.9) 그 부작용은 대중에게 셀러브리티의 이미지를 마법 같은 문화적 거상으로 만드는 파급효과다. 플래닛 할리우드 레스토랑 체인이 어필하는 것 중에 하나는 식사를 하는 사람들이 유명 셀러브리티 투자가(특히 잘 알려진 브루스 윌리스, 데미 무어Demi Moore, 실베스터 스탤론Sylvester Stallone 그리고 아널드 슈워제네거Arnold Schwarzenegger)에게 접근할 수 있다는 점이다. 그 레스토랑은 셀러브리티 공예품을 전시하고 연예인은 예정되어 있는 라이브 무대에 선다. 플래닛 할리우드의 기념품과 그곳에서 이뤄지는 셀러브리티와의 만남은 셀러브리티에게 근접해 있다는 환상을 주는 문제와 매우 밀접하다. 그러나 얼굴을 맞대고 만나는 일은 기이한 영역에 속할 만큼 희귀한 일이다. 보디가드나 홍보 및 '이미지 메이커'는 셀러브리티 얼굴을 일반인에게 어떻게 보일지를 관리하는 셀러브

---

9)   E. Morin, *The Stars* (New York, 1960), pp.38~39.

리티 매니저에게 중요한 요소다. 흥미롭게도 무거운 드럼 비트는 영혼을 소환하기 위한 주술 의식에 사용되지만, 셀러브리티가 모습을 공개할 때 항상 드럼 반주가 따르는 것은 아니다. 그러나 셀러브리티의 공개 출연은 홍보 담당자, 보디가드 및 홍보 직원이 셀러브리티와 팬들 간의 접촉을 관리하는 일반적인 행사이다. 셀러브리티 옆에 있는 그들의 스태프는 셀러브리티를 둘러싸고 있는 마법과 같은 기운을 더 발산하게 한다. 그들의 화려함과 웅장함은 말하자면 중요한 인물이 하늘에서 내려와 대중과 함께 빵을 떼어 먹는 체험과 같다(예수와 열두 제자의 최후의 만찬을 비유한 표현이다 _옮긴이).

　세 번째 주제는 세속적인 사회에서 불멸과 관련해 어떤 셀러브리티들에게 수여된 명예로운 지위는 육체적 죽음보다 더 오래 지속된다는 점이다. 마담 투소Madame Tussaud는 1802년 프랑스에서 영국으로 왁스 박물관을 들여왔다. 마담 투소 박물관의 소장품은 셀러브리티의 마네킹들로 전시되어 있다. 오늘날처럼 위대한 셀러브리티와 악명 높은 범죄자의 사진을 쉽게 볼 수 없는 관객에게 이곳은 큰 관심사였다. 이러한 상황은 18세기 널리 알려진 저명인사들의 판화 제작을 부추기기도 했다. 셀러브리티의 불멸성은 미디어가 발달한 시대에 더 쉽게 지속될 수 있음이 분명하다. 영화의 자료 화면과 녹음 파일이 공론의 장에서 셀러브리티의 존재감을 유지시키기 때문이다. 매스컴은 셀러브리티의 문화적 자본을 보존하고 그가 공론의 장에서 사라지지 않을 가능성을 높여준다. 그레이엄 맥캔Graham McCann은 매릴린 먼로의 불멸을 깊이 사색하며, 셀러브리티의 불멸성에 관한 역설에 주목해 이렇게 말했다. "먼로는 이제 어디에도 없다. 그녀의 이미지는 그녀가 영구히 부재한다는 사실을 가리는 벽, 영화, 책 등의 모든 사후 이미지에 있다."10)

---

10) G. McCann, *Marilyn Monroe* (London, 1996), p.199.

하강과 추락

셀러브리티는 그들 자신과 팬을 더 높은 곳으로 데려간다. 그들은 하늘에서 온 대사ambassador다. 그러나 그들은 지하 세계로도 내려갈 수 있고 팬들이 그들을 끌고 내려올 수도 있다. 히틀러는 이러한 20세기 셀러브리티의 상승과 추락의 중요한 예시가 될 수도 있다. 놀랍게 상승하는 그의 권력은 처음에는 국제적으로도 한 국가의 재탄생을 통솔하는 강한 지도자의 예로 찬사를 받았다. 수백만 독일인들은 그가 열정적이고 깊이 있으며 말할 것도 없이 비이성적일 정도로 희생적이라고 느꼈고, 순수한 마음으로 그를 독일인의 진정한 '지도자'로 여겼다. 그러나 그의 호기심과 무감각, 잔인함의 실상이 드러나면서 그는 세계적으로 버림받았다. 어떤 사람들은 그를 반그리스도의 성육신으로 여겼다. 그의 군사적 야심과 허영심이 드러나고 러시아 전선에서의 패배와 대륙 문제에 대한 끊임없는 영국의 항의 및 저항 운동, 그리고 미국의 전쟁 참가라는 상황이 이어지면서 그는 말 그대로 혼란에 빠졌다. 베를린의 벙커에서 자살하기 전 그는 독일 국민을 겁쟁이라며 비웃었고, 연합국의 승리의 열매를 망쳐놓을 초토화 지침을 발표했다. 그의 대학살 행위에 따른 말로 표현할 수 없는 불명예는 나치 독일 이후, 비인도주의에 관한 결코 없앨 수 없는 기준이 되었다.

하강 및 추락은 상승 및 부상과 쌍생을 이룬다. 승서陞敍는 그 자체로 부러움과 인정을 낳는다. 셀러브리티는 명예로운 지위와 재산을 매우 많이 얻기 때문에, 그의 몰락은 대중의 관심사가 되고 심지어는 바람이 되기도 한다. 이것은 종종 음모를 조장하기도 한다. 오슨 웰스Orson Wells감독은 미디어 거물 윌리엄 랜돌프 허스트William Randolph Hearst의 애인을 여주인공 캐릭터에 반영한 영화 〈시민 케인Citizen Kane〉(1941)에서 . 사실 케인 역할의 악마적 면모는 허스트를 본뜬 것으로 널리 알려져 있다. 허스트는 웰스와 영화라는 대중매체에 대해 철저히 복수했다. 웰스는 심지어 허스트가 자신의 호텔 침실에 미성년 여성을 데려다놓았다고 주장했다. 웰스는 경찰의 조언으로 이 스캔들에서 피해갈 수 있었다. 허스트는 웰스의 명예를 철저히 훼손했고 그 이후 그가 영화 작업을 위해 자금을 구하는 데 어려움을 주었다. 이와 유사하게, 채플린의 사생활에 대한 대중의 동요와 공산주의에 분명히 공감하는 그를 다룬 언론 보도는 매카시 열풍에 쌓인 미국 사회에서 그를 소외시켰다. 셀러브리티의 무대가 되는 대중매체는 대중이 그들의 몰락을 꾀하는 것을 때로 막아내지 못한다.

그러나 셀러브리티들 또한 그들 스스로 내리막길을 자초하기도 한다. 영화와 록 음악계의 셀러브리티인 케네스 앵거Kenneth Anger, 개리 허먼Gary Herman, 데이브 톰프슨Dave Thompson의 알코올중독, 마약중독, 조울증과 우울증 이력은 대중의 끊임없는 시선이 심리적인 어려움과 트라우마를 초래한다는 상식적 수준의 직관을 뒷받침해준다. 공인으로서의 얼굴은 실제 자아로부터 자신을 격리시키고 자기 자신의 실종과 소멸에 대해 두려움을 갖게 한다. 셀러브리티의 관점에서 대중에게 보이는 모습은 그의 실제 자아가 파괴되었다는 것을 확인시켜주는 '자기 부정'과 연결된다. 공적인 얼굴은 연출된 모습으로, 살아 있는 무덤이 된다. 중독성을 보이는, 과하고 강박적인 행동은 만성적인 무기력감과 함께 진짜의 모습이 아닌 허위의 모습으로 살아가는 사람의 필연적 결과이다. 유명인들은 대중에게 많은 사랑을 받을 때에도 그들의 커리어가 걷잡을 수 없이 추락할 때에도 자신이 가치 없다고 느끼곤 한다. 셀러브리티는 비정상적으로 높은 조증, 조현병, 편집증, 사이코패스적 행동의 발현을 겪곤 한다.

셀러브리티의 내리막길은 신체적인 특징을 중심으로, 반복되는 행동을 통해 진행된다. 셀러브리티는 식욕부진이나 갑작스러운 체중 증가 또는 공공장소에 있는 것에 공포증을 느낀다든가 마약중독에 빠져들거나 대중에게 취태를 보이기도 한다. 이와 같은 신체적 수치는 셀러브리티를 밑바닥까지 끌어내린다. 자살을 하거나 자살 시도를 하는 행동은, 말 그대로 신체를 땅 아래에 묻으려고 시도하는 것이다. 표면적으로 자살은 파괴적인 행동이지만, 내적으로는 대중의 지나친 시선으로부터 셀러브리티에게 영원한 피난처를 제공한다.

내리막길 국면에서 셀러브리티가 겪는 고통스러운 의례는 일반적으로 고난, 파국, 구제라는 세 가지 형식을 취하는 듯하다. 고난은 셀러브리티가 존경받는 상태가 단계적으로 강등되는 자격 박탈 과정을 의미한다. 그것은 두 가지 형태가 있다. 셀러브리티 스스로 자격 박탈을 먼저 평가하는 자동 강등과 미디어나 외부의 관계자에 의해 자격 박탈 과정이 만들어지는 외부 강등이다. 일반적으로 두 가지 형태로 인해 벌어지는 의례들은 상호 연관되어 있으며 상호 보강해주는 관계에 있다.

1960년대의 유명한 축구 스타 조지 베스트는 그의 세대에서 가장 위대한 선수였다. 그러나 매주 세계적 수준의 성과를 기다리는 언론과 팬들의 기대는 그를 도박과 알코올중독에 빠뜨렸다. 맨체스터 유나이티드가 유로컵에서 우승한 이후 베스트는 팀 내의 노령 선수를 교체해야 한다는 생각이 강했지만, 매니저 매트 버스비Matt Busby는 새로운 선수 영입을 꺼렸으므로 베스트는 점점 그 문제를 의식하는 데 둔감해졌다. 이러한 상황 속에 그는 알코올에 더욱 의존했고, 팀의 다른 선수들과도 멀어졌다. 베스트는 축구 스타덤의 무게를 견디지 못하는 자신을 탓했다. 게다가 재능을 허비한다는 언론의 비난을 감수해야 했다.

스누커 선수 알렉스 '허리케인' 히긴스Alex 'Hurricane' Higgins도 비슷한 부담감에 시달렸다. 그는 게임을 할 때마다 마법 같은 기술로 팬들을 기쁘게 해야 한다는 부담감을 떨치려고 알코올에 의지했다. 경기 결과는 들쑥날쑥했고 공공연히 폭발하는 그의 감정은 때때로 야만적이기까지 했다.

영화 〈하인The Servant〉(1963), 〈체이스The Chase〉(1966)에 출연한 배우 제임스 폭스James Fox는 중독적이고 자기 파괴적인 행동을 취하는 셀러브리티의 또 다른 예이다. 그는 할리우드의 피상적인 가치에 절망했고 겉으로 보이는 자신의 공적 얼굴이 적절치 못하다고 여기며 중압감에 시달렸다. 폭스는 10년 동안 연기를 포기했다. 그는 종종 종교 단체에 가입해 지역 사회 활동에 참여했다. 1980년 초반까지 그는 스크린으로 돌아오지 않았다.

레나 자바로니Lena Zavaroni라는 영국의 아역 스타는 성인이 되어 식욕부진으로 사망했다. 마고 헤밍웨이Margaux Hemingway와 다이애나 왕비는 과식증에 시달렸다. 〈앨리 맥빌Ally McBeal〉의 칼리스타 플록하트Calista Flockhart와 포샤 드 로시Portia de Rossi, 시트콤 〈프렌즈〉의 제니퍼 애니스톤Jennifer Aniston과 빅토리아 베컴Victoria Beckham은 지나친 체중 감량에 따른 언론의 추측을 경험한 적이 있다. 밴드 매닉 스트리트 프리처스The Manic Street Preachers의 리치 에드워즈Richey Edwards는 자해 행위를 보이고 우울증과 알코올 문제에 시달리다가 1995년 갑자기 사라져 사망한 것으로 추정된다. 시드 비셔스Sid Vicious와 커트 코베인은 마약에 의해 엉뚱한 행동을 보였다. 둘은 자신의 명성에 걸맞은 삶을 유지할 수 없는 것처럼 살다가 시드 비셔스는 끝내 헤로인 과다복용으로, 커트 코베인은 권총 자살로 생을 마감했다. 엘리자베스 테일러, 엘비스 프레슬리, 말론 브란도, 로잔느 바Roseanne Barr, 엘튼 존, 오프라 윈프리Oprah Winfrey는 체중을 감량하기 위해 무척 힘들게 싸웠다.

셀러브리티가 내부적·외부적 이유로 내리막길을 걷는 사례는 끊임없이 많다. 여기서 다시 강조할 점은 셀러브리티로서의 위치가 추락의 단계에 있을 때 전형적으로 나타나는 과정이 그들의 몸 상태에 집중된다는 것이다. 이상적인 남성 및 여성 셀러브리티의 모습을 만들기 위한 고행은 체지방을 낮추는 운동, 근육을 만드는 운동, 지방 없애기, 팔을 흔드는 동작을 비롯한 운동으로 완벽한 몸을 만들기 위한 신체 혹사가 중심이 되고 정반대로 과식하거나, 중독되거나, 광장공포증과 폐소공포증을 앓는 것으로 귀결되기도 한다.

극단적인 경우 이러한 고행은 셀러브리티 신분을 강등시키고 인생의 내리막길을 걷게 해, 셀러브리티 자신이 지킬 가치가 있다고 여겨온 자신의 모습이 아무것도 남아 있지 않으므로 더는 회복할 수 없다는 결론을 내리게 한다. 결과적으로 실제 자아가 사라지는 것은 개인에게 자신의 상황이 안전하지 못하다는 느낌을 준다. 이러한 상황이 임상적·비임상적 우울증을 초래할 경우 자살을 부추기게 된다. 상처 입은 자아는 더 크게 자기 자신을 잃는 것으로부터 자신을 보호하고 대중에게 자신을 희생하는 것을 동시에 의도한다. 셀러브리티의 자살은 종종 언론과 팬들에 대한 경멸이나 증오심에서 생긴다. 배우 조지 샌더스George Sanders는 1972년 마약 과다 복용으로 사망했다. 그는 다음과 같은 유서를 남겼다. "사랑하는 세상: 나는 지루해서 떠난다. 나는 너의 염려로 이 지독한 시궁창을 떠난다." 1994년 커트 코베인의 자살은 마약 문제를 부각시켰고 대중과 파파라치에게 추적당함으로써 겪는 셀러브리티의 고통을 알리는 계기가 되었다. 1969년에는 마리안느 페이스풀Marianne Faithfull의 자살 기도가 있었고, 같은 해에 브라이언 존스Brian Jones의 사고사가 잇따랐다. 그녀는 자서전에서 자신의 자살 기도 동기를 꼼꼼히 살펴 검토한다. 그녀는 자신의 약물 과다 복용이 어느 정도는 롤링 스톤스The Rolling Stones의 다른 멤버들과 존스의 죽음을 다루는, 성과에만 치중한 미디어 보도에 대한 보복심 때문이라고 주장했다. 페이스풀은 존스와 자신을 동일시했고, 그녀의 죽음이 '희생'이라고 믿었다. 그녀의 희생이 그 집단, 즉 미디어와 팬들의 태도와 행동을 바꾸지 못했기 때문에 그녀는 한발 더 나아가서 모든 사람에게 충격을 주어야 한다고 결심했다는 것이다. 존스를 두고 그녀의 쌍둥이라고 하는 등, 이와 같은 존스와의 자아 동일시는 그녀가 실제 자아 고행이나 자아 실종을 느끼고 있다는 전형적인 증거다. 그녀는 이렇게 말했다.

17세부터 아주 최근까지, 내 삶은 몽유병자의 삶이었다. …… 매니저, 스타 캐스터, 언론, 대중. 그들이 당신에게서 보는 것은 실제의 당신일 수도 있고, 전혀 다른 누군가일 수도 있다. 그건 중요하지 않다. 당신의 일부는 잠들어 있다. 각인된 당신의 이미지는 당신과 당신의 가까운 이들을 최면에 걸리게 할 만큼 강력하기 때문에 잊히지 않는다. …… 내 자신의 방향에 관한 갈등에서 나는 결국 상황과 삶 그 자체를 두고 계속해서 "안 돼, 안 돼, 안 돼"라고 말하며 모두를 밀어내기 시작했다. 나는 이게 아니야, 난 저것도 아니다, 난 또 다른 것도 아니다. 나는 항상 내가 가진 것에 만족하지 못해 뭔가 잘못된 것이 있다고 생각했다. …… 그러나 때때로 그것은 내 인생처럼 느껴지지 않았다. 마치 내가 다른 누군가와 살고 있는 것처럼 느껴졌다.[11]

페이스풀의 회고록의 이 부분은 고백의 형태를 취하고 있다. 그녀의 자살 기도는 카타르시스를 위한 것이 아니었다. 그녀는 헤로인 사용을 포기하지 않았고 한동안 거리에서 살았다. 그러나 자신의 파멸을 형성하는 요인을 인식하면서, 그녀는 다시 이전처럼 회복할 수 있다는 가능성을 발견한다. 셀러브리티가 실제 자신의 모습을 숨기고 꾸며진 겉모습을 가지는 것은 유명인들에게는 불가피한 요소이므로, 공인으로서의 얼굴을 포기할 수 없다. 하지만 동시에 공

---

11) M. Faithfull, *Faithfull* (London, 1994), p.191.

개적인 고백을 통해, 자신의 연약한 면을 인정함으로써 공개적으로 혹은 잠재적으로 자아 소외로 인해 받는 고통을 겪지 않고 대중에게 보이는 자신의 모습을 타협할 수 있었다.

펑크의 공주라고 일컬어지는 폴라 예이츠Paula Yates는 2000년 9월에 사망했다. 그의 나이 40세였다. 언론에서는 침대 옆에서 빈 보드카병, 조제된 약, 헤로인을 경찰이 찾아냈다고 밝혔지만, 유서는 없었다. 영국에서 예이츠는 미디어를 통해 대중에게 자신의 존재감을 한껏 발산한 인물로, 말하자면 펑크 시대의 트레이드마크라고 할 수 있고 매스미디어에 잘 맞는mediagenic 여성이었다. 그녀는 밥 겔도프Bob Geldof의 셀러토이드 여자 친구로 유명했으며, ≪펜트하우스Penthouse≫라는 잡지에 실릴 사진을 촬영하기 위해 혁신 클럽the Reform Club (혁신 클럽은 영국 런던 중심에서 멤버십으로 운영되는 클럽이다. 원래는 남성만 출입할 수 있도록 제한된 클럽이었다 _옮긴이)에서 나체로 포즈를 취한 뒤 '속옷 바람의 록스타들'이라는 타이틀의 사진집을 발행하기도 했다. 결국 그녀는 겔도프와 결혼했고 세 딸을 낳았다. 그녀는 또한 TV 프로그램의 진행자가 되기도 했다. 처음에 그녀는 채널 4 방송국의 주력 프로그램인 1980년대 음악 쇼 〈더 튜브The Tube〉를 공동 진행했다. 이후 그녀는 침대에서 셀러브리티와 자연스럽게 이야기하는, 그녀의 강점을 돋보이게 한 쇼 〈빅 브랙퍼스트The Big Breakfast〉에서 인터뷰를 담당했다. 당시 그녀의 운명적인 인터뷰 대상자 중 한 명은 인엑시스INXS의 보컬 마이클 허친스였다.

예이츠는 자신의 아찔하고 관능적이며 경박스러운 이미지를 내세워 대중에게 다가갔다. 이러한 이미지는 1980년대 중반 겔도프가 벌인 '제3세계 기아 구제 캠페인'에서 인도주의자 역할을 함께 수행해, 다시 말해 그녀가 '유명인 엄마'의 느낌으로 기독교를 선교하는 역할을 자신에게 투영했을 때 일시적으로 약화되었다. 그러나 이와 같은 새 이미지 때문에 1995년 미디어는 그녀와 마이클 허친스의 관계를 부도덕적인 스캔들로 묘사했다. 당시 미디어는 에이츠를 도덕관념이 없는 야성적인 어린아이처럼 묘사했다. 그러나 한편으로는 '비난받는 무책임한 엄마'라는 또 다른 이미지로 그녀를 조롱하기도 했다. 겔도프는 자녀양육권을 획득했지만, 에이츠와 책임을 분담하기로 합의했다. 1996년 허친스와 에이츠는 헤븐리 히라니 타이거 릴리Heavenly Hiranni Tiger Lily의 부모가 되었다. 1년 후 허친스는 기괴하게 사망했다. 시드니 호텔 방에서 벨트에 매달려 발견된 것이다. 에이츠는 온몸을 다 빼앗기는 듯한 절망감을 느꼈다. 그녀의 행동은 기괴하고 변덕스러워졌다. 그녀는 우울증 치료를 받았고 허친스의 부모님과 타이거 릴리에 대한 양육권을 놓고 격렬히 싸웠다. 그녀는 허친스의 죽음이 자살이라는 검시관의 판단을 맹렬히 거부했다. 그녀는 그의 죽음이 성적인 유희를 즐기다 비극적으로 잘못되었을 때 생기는 자기 색정적인 질식 사례라고 주장했다.

1997년, 그녀의 친아버지가 종교 방송의 진행자 제스 예이츠Jess Yates가 아니라(그녀는 그때까지 그렇게 믿고 있었다) 1960~1970년대의 퀴즈쇼 진행자 휴이 그린Hughie Greene이었다는 사실이 밝혀졌고, 이는 그녀의 자아 정체성을 혼란스럽게 만들었다. 공인인 예이츠는 폄하되었고, 공개적으로 모욕을 당했다. 언론은 그녀가 겔도프를 떠난 것을 두고 비방성 보도를 했고, 대중은 허친스가 자살을 함으로써 의도적으로 그녀를 버렸다고 생각해 그녀에게 곱지 않은 시선을 보냈다. 게다가 이제 그녀는 유전자 검사로 자아 정체성의 혼란도 겪어야 했다. 출생에 관한 정보를 전혀 알지 못하는 고통스럽고 혼란스러운 환경 속에 애인과도 갈라서게 되자 실제 자아는 점점 더 괴로워졌다. 1998년 그녀는 정신과 병원에 입원했고, 2주 후에는 자살을 기도했다. 이후 그녀는 잘 알려진 사람들과 친분을 맺어갔다. 훗날 신문에 그녀의 이야기를 팔아먹은 전 헤로인 중독자와의 관계도 그중 하나였다. 1999년 그녀는 제리 스프링어Jerry Springer와 인기몰이에 실패한 쇼 〈저녁An Evening〉을 함께 진행하면서 커리어를 다시 쌓고자 했다. 그러나 2000년 9월 18일 ≪가디언The Guardian≫이 전한 그녀의 부음은 그녀의 죽음이 '명백한 자살'이라는 내용이었다(그러나 '자살'이라는 판단은 이후 검사관의 보고서에 의해 틀렸다고 입증된, 너무 섣부른 판단이었다). 또한 ≪가디언≫은 "그녀는 주목받기를 좋아했고 사교적 관계로 명성을 얻기를 좋아했다. 무명의 삶은 그녀에게 결코 어울리지 않았다. 그녀는 저속하고, 제어할 수 없고, 특이했다. 여러 면에서 어리석고 머리가 텅 빈 현대 셀러브리티를 대표했다"라고 덧붙였다.

셀러브리티의 공개적인 고백은 그가 붕괴 상태이거나 거의 붕괴 상태에 다다랐다는 것을 알려, 공적인 얼굴을 되찾는 매개가 된다. 그러므로 앤서니 홉킨스Anthony Hopkins는 알코올중독과 그가 몸담은 익명의 알코올중독자 모임을 통한 그의 고군분투를 정기적으로 인터뷰에 응해 이야기한다. 키스 리처즈 Keith Richards는 자신이 헤로인중독자였다고 공개했다. TV 프로그램을 통해 기독교를 선교해 유명해진 짐 바커Jim Bakker와 지미 리 스와거트Jimmy Lee Swaggart는 혼외 관계를 인정했고, 텔레비전을 시청하는 교인들에게 용서를 구했다. 스와거트는 매춘부와의 교제를 고백했고, TV 생방송에서 그의 아내, 아들, 그의 교단 목사와 전도사들, 그리고 전 세계에 있는 그의 추종자들에게 사죄를 구했다. 그 공개 고백의 마지막 대상은 신이었다. "나는 주께 죄를 지었고, 예수님의 보혈로 저의 모든 죄와 허물을 깨끗이 씻어주십사 하고 신께서 용서로 저를 덮어주실 때까지 기도할 것입니다, 더 이상 나에 대해 기억하지 못하도록"이라는 내용의 고백이었다. 빌 클린턴도 여러 차례 공개적으로 부인한 끝에 결국 모니카 르윈스키Monica Lewinsky와 성관계를 가졌다고 TV를 통해 자백했다.

동성애자인 셀러브리티들은 동성애자라는 추측을 오랫동안 거세게 부인해 왔다. 몽고메리 클리프트Montgomery Clift, 테런스 라티건Terence Rattigan, 노엘 카워드Noel Coward, J. 에드거 후버J. Edgar Hoover, 존 길구드John Gielgud, 제임스 딘은 모두 자신의 섹슈얼리티에 관해 입을 다물었다. 1956년 리버라치Liberace는 그를 "히죽거리며 웃고, 누군가에게 바싹 달라붙기를 좋아하고, 향기가 배어 있으며, 몸을 떨고, 몸에서 과일 향기가 나는, 어머니 사랑으로 가득 찬 덩어리"라고 묘사한 ≪데일리미러The Daily Mirror≫를 고소했다. 리버라치는 그러한 표현이 그를 동성애자로 오해하게끔 한다고 주장했다. 그리고 그는 자신이 동성애자라는 주장에 반박했다. 리버라치가 동성애자라는 사실은 그가 에이즈와 관련한 질병으로 1987년에 사망할 때까지, 그러니까 그의 부검을 주장하는 검시관에 의해 사후에 발각될 때까지 밝혀지지 않았다.

최근 몇 년간 셀러브리티의 질병이 노출되는 방식은 파멸 및 고백과 관련해 흥미롭게 변화했다. 꽤 최근까지도 셀러브리티가 앓는 생명을 위협하는 심각한 병은 대중에게 감춰졌다. 암으로 인한 육체적 붕괴, 알츠하이머병나 에이즈는 셀러브리티가 사망할 때까지 혹은 진실이 더는 감춰지지 못할 때까지 알려지지 않았다. 로널드 레이건Ronald Reagan이 알츠하이머병에 걸렸다는 것은 그의 증세가 그를 은둔자로 만들 때까지 발표되지 않았다. 미셸 푸코Michel Foucault, 이언 찰스턴Ian Charleston, 앤서니 퍼킨스Anthony Perkins, 로버트 프레이저Robert Fraser, 루돌프 누레예프Rudolf Nureyev가 에이즈에 걸렸다는 뉴스는 그들이 죽고 난 후 공개되었다. 록 허드슨Rock Hudson, 프레디 머큐리Freddie Mercury, 로버트 메이플소프Robert Mapplethorpe는 그들이 죽음의 문턱에 이르렀을 때까지 그 병으로 고통받고 있다는 사실이 알려지지 않도록 신경 썼다. 이는 자신들의 상태를 널리 알린 다른 셀러브리티들과 대조적이다. 데릭 자먼Derek Jarman, 오스카 무어Oscar Moore, 케니 에버렛Kenny Everett, 매직 존슨Magic Johnson, 홀리 존슨Holly Johnson, 해럴드 브로스키Harold Brodsky는 HIV 감염에 대해 매우 개방적이었다. 실제로 자먼은 에이즈에 대한 대중의 인식을 높이고 동성애자의 생활방식에 대한 위선과 맞서기 위해 투쟁한 운동가였다. 마찬가지로 프랭크 자파Frank Zappa는 자신이 암으로 고통받고 있다는 사실을 활동 초기에 알렸다. 극작가 데니스 포터Dennis Potter는 멜빈 브래그Melvyn Bragg와의 유명한 영국 TV 인터뷰에서 스스로 말기 암으로 고통받고 있다고 발표하면서 그 병과 임박한 그의 죽음에 대해 감동적으로 이야기했다. 기자 루스 피카디Ruth Picardie, 마틴 해리스Martyn Harris, 존 다이아몬드John Diamond는 자신들이 투병 중인 말기 암에 관해 신문에 칼럼을 쓰기 시작했을 때 영국의 국민 셀러브리티가 되었다. ≪타임스The Times≫에 실린 존 다이아몬드의 칼럼은 그에게는 반갑지 않았을, '미스터 암 셀러브리티Mr Celebrity Cancer'라는 별명을 남겼다.

질병에 의해 셀러브리티가 무너지고, 이를 고백하는 상황은 자발적이거나 외부로부터 끌어내려져 일어나는 것은 아니다. 흥미롭게도 다이아몬드는 칼럼을 통해 자신의 병을 다루는 그를 두고 나르시시스트라고 비난하거나, 질병을 앓는 저소득층의 실제 삶을 무시한 채 후두암에 대해 끊임없이 넋두리하는 모습이 계급적이라고 비난하는 이메일과 편지를 받았다고 밝혔다. 그러나 이렇듯 계급적이라는 판단, 취약한 인성과 성격적 결함이 병인학적으로 질병의 한 요소라고 말하는 외부의 비난은 셀러브리티가 무너지고 자신의 상황을 고백하는 과정에서 나타나는 무시할 수 없는 특징이다. 셀러브리티가 앓고 있는 심각한 병에 대해 공개하는 것은 그들이 대중과 직접 대면하지 않는 관계임을 보여주며, 궁극적으로는 그들이 공인의 모습과 실제 자신의 모습 사이의 간극을 어느 정도

탄력적으로 조절할 수 있음을 보여준다. 신체의 쇠약은 셀러브리티의 자아가 다른 종류의 대화를 통해 대중과 만나고, 지속할 새로운 국면을 만들어낸다.

구제

자기 자신으로부터 또는 외부로부터 이뤄지는 강등 의식은 공인의 얼굴과 실제 자아와의 분열을 드러내기 때문에 셀러브리티와 팬과의 관계에 충격을 준다. 이 과정에서 셀러브리티는 종종 팬들에 대해 공개적으로 경멸을 표하고 자신의 공적인 얼굴은 대중에게 미치는 자신의 영향력과, 이에 관련된 문화적 투자가 중단될 수도 있다는 위험 때문에 써야만 했던 가면이라고 폭로한다. 오 제이 심프슨의 살인 재판과 아동 음란물을 다운로드한 개리 글리터의 징역형은 대중과의 관계에 엄청난 영향을 미쳤다. 지금까지 공개적 인터뷰를 통해 산산이 부서진 대중의 관심을 되살리려는 그들의 시도는 모두 실패했다.

문란한 성관계, 알코올 및 마약 중독 또는 과시적 소비는 대중의 눈에 이상적이었던 셀러브리티의 이미지를 훼손한다. 패티 아버클Fatty Arbuckle이 영화 속에서 코미디언으로 활약한 이력은 1920년대 초반 그가 여배우 버지니아 래프Virginia Rappe 살인 혐의로 재판을 받고 난 후 무너져 버렸다. 아버클은 무죄 판결을 받았지만 그는 래프의 죽음을 밝히는 과정에서 대중으로부터 성격이 괴팍하다는 평을 듣게 되었고, 이러한 인식으로부터 끝내 벗어나지 못했다. 결백을 인정받고 스크린으로 돌아가려 했지만, 대중은 결코 그를 다시 받아들이지 않았다.

〈판도라의 상자Pandora's Box〉(1929), 〈방황하는 소녀의 일기Diary of a Lost Girl〉

(1929)에서 빛을 발한 스타 루이스 브룩스Louise Brooks는 성적 자유주의자라는 이름으로 명성이 추락하는 것을 경험해야 했다. 특이하게도 1970년대를 무명으로 가난하게 살고 있던 브룩스는 영국의 평론가 케네스 타이넘Kenneth Tynam 에게 재발견되었다. 그는 1920년대에 성적 자율성을 주장하다가 만들어진, 당시로서는 대중에게 좋게 보이지 않았던 페미니스트 영웅이라는 그녀의 이미지를 희석하고 그녀를 향한 대중의 관심을 다시 불러일으켰다.

1994년 마이클 잭슨은 그가 13세 소년을 성추행한 혐의로 재판을 받게 되었다는 뉴스를 막기 위해 2500만 달러가 넘는 금액을 비밀리에 지불한 것으로 알려졌다. 잭슨은 인터뷰에서 자신이 경찰 협박의 희생자라고 불평하면서 모든 혐의를 부인했다. 그러나 최고의 우상으로서 전성기에 그가 누렸던 지위는 심각하게 손상되었다.

하지만 지미 스와거트Jimmy Swaggart와 빌 클린턴의 고백을 다룬 생방송 TV 프로그램이 보여주듯이 셀러브리티는 대중 앞에서 고백함으로써 사실상 구제받을 수 있다. 셀러브리티의 고백은 대중에게 사죄를 구함으로써 실추된 이미지를 벗고 긍정적인 이미지를 다시 찾기 위한 의식적인 시도다. 엘리자베스 테일러, 리처드 버튼Richard Burton, 폴 머슨Paul Merson, 토니 애덤스Tony Adams, 알렉스 '허리케인' 히긴스Alex 'Hurricane' Higgins, 조지 베스트George Best는 알코올중독으로 인한 고통을 고백하면서 셀러브리티로서의 이상적인 사회적 위치와 취약성을 가진 개인의 얼굴을 대조적으로 보여주었다. 그들은 대중에게 맹목적인 숭배보다는 연민을 이끌어냈다.

그러나 고백과 구제가 늘 성공하는 것은 아니다. 정치평론가들은 대개 르윈스키 스캔들과 관련해 클린턴이 자백을 하고 용서를 구한 것이 한 국가의 도덕적 지도자로서의 자격에 타격을 주었다는 것에 동의한다. 묘하게도, 외견상 문화적으로 도덕성에 무게를 두는 국가에서, 클린턴의 폭로는 그의 사회적 지위에 치명상을 가하지 않았다. 역사상 가장 긴 기간 동안 주식시장의 호황을 이끈 덕분에 그는 많은 비판을 모면했다. 그는 2001년 가장 높은 지지율을 기록하면서 대통령직을 떠났다. 하지만 그 후 그는 결국 도덕적 결함에도 타격을 입지 않은 테플론 대통령Teflon President이라는 오명에서 벗어나지 못했다. 클린턴은 도덕성 없는 지도자, 1990년대의 위선과 겉치레가 적당히 압축된 아이콘으로 낙인찍혔다.

실추된 명성은 결코 이전의 수준으로 다시 회복될 수 없다. 그러나 셀러브리티의 고백은 그가 대중과 더 많은 미묘한 관계를 맺을 수 있게 한다. 인간의 나약함과 취약성을 통해 셀러브리티와 팬 모두는 자신들이 실은 공통의 감정을 느끼며 살아가는 존재라는 것을 확인한다. 공통적인 감정을 담아내는 창의적 활동과 그러한 감정 구현이 가져오는 필연적인 결과인 취약성을 기반으로 셀러브리티와 팬 사이에는 일종의 민주주의가 형성된다.

만회 과정은 청중의 적극적인 도움을 필요로 한다. 팬들에게 셀러브리티의 이상화된 이미지와 대조되는 성격적 약점과 부정적인 행동에 대해 용서를 구하거나, 팬들이 셀러브리티의 취약성을 인정해야 하기 때문이다.

1999년 로버트 다우니 주니어가 마약 범죄로 형을 선고받았을 때, 인터넷 시위가 벌어졌다. 팬들과 친구들, 지지자들이 '그를 아는 것은 그를 사랑하는 것'이라는 이름의 웹 사이트를 운영했는데, 시와 편지, 메시지가 있는 이 웹 사이트는 대중의 시선을 사로잡았다. 로버트 다우니 주니어는 2000년 8월 캘리포니아주 코코란에서 석방되었을 때 마약을 끊었다고 주장했다. 마약 복용과 감옥살이는 할리우드에서 그를 가증스러운 인물로 만들었다. 그러나 그의 팬 상당수는 변함없이 그대로 남아 있어 그가 스크린으로 다시 돌아올 수 있는 가능성을 높였다. 이 일화의 요점은 셀러브리티의 사회적으로 구성된 성격을 재차 강조한다. 셀러브리티가 감소한 문화적 자본을 회복하는 것은 그 이전에 그의 이미지가 어떠했는지에 달려 있다. 로버트 다우니 주니어의 사례에서, 그를 향한 대중의 동정심은 그 웹 사이트와 그의 참회를 담은 인터뷰가 실린 잡지 《베니티 페어Vanity Fair》에 대한 인지도 때문에 조성되었다고 할 수 있다. 이런 방식의 만회는 자신의 성격적 결함을 인정하고, 이후 대중의 견책과 처벌을 사는 행동을 다시는 하지 않도록 피하는 데 성공 여부가 달려 있기 때문에 위험도가 높다.

오락 예찬

셀러브리티는 오늘날 오락 문화의 일부이다. 사회는 구조적으로 불평등하다는 사실과 신의 죽음 이후 모든 존재는 무의미하다는 인식에서 벗어나기 위해 사람들은 기분 전환을 필요로 한다. 종교는 참된 신자들에게 영원한 구원을 약속하면서 삶 속에서 구조화된 불평등 문제에 대해 답을 제공한다. 신의 죽음과 교회의 쇠퇴로 구원을 추구하는 성찬례는 약화되었다. 이제 셀러브리티와 대중이 그 공백을 채운다. 그들은 피상적이고, 현란한 상품 문화의 지배를 유지시키는 숭배적인 오락 예찬에 기여한다. 오락 예찬은 그러므로 문화의 붕괴를 은폐하기 위해 고안되었다. 상품 문화는 각 상품을 일시적으로는 독특하지만, 최종적으로는 대체할 수 있는 것으로 여기기 때문에 통합된 문화를 창출할 수 없다. 마찬가지로 셀러브리티 문화는 초월적인 영원한 가치를 창출할 수 없다. 왜냐하면 셀러브리티 문화의 영향 안에서는 초월적인 어떤 제스처도 궁극적으로는 상품화로 전락되기 때문이다.

셀러브리티 문화는 허구의 환희 문화다. 셀러브리티 문화가 만들어내는 열광은 진정한 인정과 소속의 형태라기보다 구성된 연출에서 나오기 때문이다. 유물론과, 물질주의에 저항하는 반란만이 여기에 가능한 대응이다. 오락은 현대 생활의 무의미함을 감추고 상품의 힘을 강화하는 수단이다. 셀러브리티는 대중에게 신분 상승과 불가사의한 마력에 관한 강한 인상을 준다. 이와 같은 심리적인 영향력은 대중이 현재 주어진 자신의 물질적 환경에 적응하게 하고, 삶이 의미 없다는 생각을 망각하도록 한다. 대중은 셀러브리티를 롤 모델로 삼거나, 아직 성공하지 못했다는 이유를 들어 자신들이 소수의 부유하고 저명한 셀러브리티보다는 확실히 열등하다고 생각하며 자신의 상황에 순응한다. 이 경우 셀러브리티의 스타일은, 어떻게 하면 인생을 잘 살아갈지에 대한 깊고 답이 없는 질문으로부터 관심사를 다른 방향으로 돌리는 데 강력히 기능한다. 이 때문에, 셀러브리티 문화는 물질적인 현실 특히 사회적 불평등과 윤리적인 판단을 모호하게 만들며 삶을 아름답게 바라보도록 한다.

셀러브리티 문화를 활력을 불어넣는 힘으로 여길지 아니면 어리석은 것으로 간주할지에 관한 이분법은 앞서 나온 여러 연구에서 반복되고 있다. 논쟁의 여지는 있지만, 그것은 잘못된 이분법이며 전혀 도움이 되지 않는 논쟁으로 이어진다. 모든 경우에서, 특정 셀러브리티가 양산한 사회적 영향력은 경험적 연구와 관련된 문제이기 때문이다. 예를 들어, 다이애나 왕비가 지뢰 캠페인에 참여했다는 사실은, 놀랍게도 그 문제에 대한 대중의 관심을 높이 고취시키고 많은 지원을 이끌어낸다. 이러한 결과가 본질적으로 겉만 번지르르한 허례허식이고 자신을 부각시키기 위한 이기적인 의도에 의한 것인지는 요점에서 벗어난다. 단지 그 캠페인을 통해 당사자들이 고난을 극복하는 데 도움이 되었고, 다른 방식으로는 그와 같은 성과를 쉽게 얻지 못했을 것이라는 데 주목해야 한다.

셀러브리티 고용과 홍보

셀러브리티는 실제로 여러 가지를 변화시킬 수 있고 대중이 무언가를 무척 하고 싶게 만들거나 갈망하게 만들 수도 있다. 이는 셀러브리티를 이용한 홍보가 시장에서 두드러지게 수요가 많은 이유 중 하나이며, 기업이 큰돈을 들여 연예인을 통해 제품을 홍보하려는 까닭이다. 1980년대 후반과 1990년대 초 마이클 조던Michael Jordan, 스파이크 리Spike Lee와 보 존슨Bo Johnson이 출연한 나이키 광고 캠페인은 상품 판매를 크게 높였다. 나이키 캠페인 슬로건 '저스트 두 잇Just do it'은 인기 있는 캐치프레이즈가 되었다. 이러한 사례에서, 광고 시장에서 셀러브리티가 가져오는 경제적 효과는 꽤 정확히 측정할 수 있다. 모호한 것은 셀러브리티를 통한 캠페인과 홍보에 사람들이 반응하는 심리학적·감정적·문화적 동기다. 우리는 마이클 조던의 능력과 힘을 얻기 위해 나이키 제품을 사는가, 자수성가한 운동선수로서 그 사람 자체의 진실함을 신뢰하기 때문인가, 아니면 우리가 부러워할 만한 돈을 은행에 가지고 있는, 물질적으로 성공한 삶의 양식을 상징하기 때문에 조던의 광고가 인기를 얻는 것일까? 혹은 대부분의 사람들은 일이 끝나고 레저와 스포츠를 즐길 수 있으니, 레저와 스포츠를 기반으로 만들어진 조던의 라이프스타일에 더 매력을 느끼기 때문인가? 조던의 장난기 있고 여유로운 스타일이 나이키 제품이 흥미롭다는 것을 드러내는 데 영향을 주었는가? 나이키 광고에서의 그가 호소하는 것은 아마도 이런 모든 것의 복합체일 것이다.

상품 광고는 대중이 셀러브리티를 존경할 만한 존재, 문화적으로 이상적인 존재로 인식하는 것이 광고를 통한 상품 판매 촉진을 가능케 한다는 원칙에 따라 운영된다. 광고의 문화적 영향력은 셀러브리티가 가진, 대중에게 긍정적인 가치를 부여하는 강력한 이미지에 달려 있다. 1980년대 코어스와 허시 광고 캠페인은 상품을 광고하기 위해 복고풍의 팝 문화를 사용했다. 달에 착륙한 닐 암스트롱Neil Armstrong, 엘비스 프레슬리, 매릴린 먼로와 슈거 레이 레너드Sugar Ray Leonard의 이미지는 그들을 '미국의 원형'으로 보이게 했다. 미국의 팝 문화를 다시 신화화하는 것은 상품을 신화화하는 기제로 사용되었다. 1990년대 후반에는 애플사가 존 레넌과 요코 오노, 간디Gandhi, 오슨 웰스Orson Welles, 앨프리드 히치콕Alfred Hitchcock, 알베르트 아인슈타인Albert Einstein를 비롯한 셀러브리티의 독창적인 이미지를 '다르게 생각하라Think Different' 캠페인에 사용해, 애플 컴퓨터를 소유하면 소비자가 그와 같은 특유의 독창성을 부여받는 것처럼 느끼도록 하는 효과를 거두고자 했다.

이 사례는 대중의 욕망과 셀러브리티라는 신분 간의 복잡한 면모를 보여준다. 우리는 여러 가지 이유로 셀러브리티들에게 끌린다. 그러한 원인은 경험을 토대로 한 조사를 통해서만 구체적으로 정립될 수 있다. 어떻게 보면 대규모로 표준화되고 규격화된 현대사회에서 셀러브리티는 우리에게 영웅적인 롤 모델 역할을 한다고 여겨질지도 모른다. 그들은 우리의 관심을 이끌어내기 위해 우리에게 성적 매력을 강하게 발산하지만 성적인 관계는 허락하지 않는다. 그들은 우리의 동정심과 존중을 이끌어내는, 그리고 일상생활에서 자신의 감정을 관리할 때 쓰이는 육체적·정신적 손상의 기준을 마련해줄 인간의 취약성과 연약함을 표현한다. 그들은 엄청난 물질적 부의 상징으로 주어지는 잉여를 과시하면서 동시에, 욕망과 부러움과 비난의 대상이 된다. 또한, 악명은 사회를 충격과 불안에 빠져 있는 것으로 보이게 하고 그런 상황을 마귀와 같은 특정 인물의 혼란스럽고 반사회적인 행동이라고 여기는 경향을 보인다. 미디어는 티머시 맥베이와 같은 학살자와 프레드 웨스트Fred West와 로즈마리 웨스트, 해럴드 시프먼과 같은 연쇄살인범을 영화에나 나올 법한 공포스러운, 우리와는 동떨어진 인물로 묘사한다. 악명 높은 셀러브리티는 우리가 삶이나 죽음 또는 왜 존재하는지에 대해 의문을 품는 것보다는 우리의 시선을 다른 데로 이끈다. 우리의 존재가 궁극적으로는 의미가 없다는 것을 깨닫는 공포에서 벗어나게 하는 것이 현대사회에서 셀러브리티가 수행하는, 중요한 치유적 측면이라고 주장할지도 모른다. 그러나 이러한 기능은 전형적으로 엄격하고 구속력 있는 방식으로 조직되거나 계획되지 않기 때문에, 사람들이 다른 데로 주의를 돌리게 하는 것이 셀러브리티의 가치를 높이는 것이라는, 즉 더 넓은 의미에서 유물론의 부산물로 여기는 것이 더 타당해 보인다. 셀러브리티 문화가 고독한 존재가 인정과 소속이라는 환상으로 채워지는 문화 대체 수단이라는 생각은 셀러브리티 문화를 사회적 통제 및 경제적 착취와 동일시하는 구조주의적 관점으로 해석하는 것이 분명하다. 그러나 이러한 해석은 현대사회에서 셀러브리티 문화의 과잉을 적절히 설명하는가?

셀러브리티 문화의 과잉

부족사회의 영매는 조상의 혈통이나 생물문화적bio-cultural 성혼에 의해 지명된 인물이거나 소그룹의 일원이다. 그의 역할은 승계받은 믿음과 제사 같은 의례를 따르는 것이고, 그의 영향력은 주기적이거나 의식적인 절차와 탁월하게 결합하여 문화적으로 동기화된다. 축제, 전쟁, 탄생, 애도, 장례식에서 영매의 힘은 두드러진다. 그러나 다른 경우에 그 힘은 부족의 삶에서 절제된다.

대조적으로, 현대사회에서 셀러브리티는 상대적으로 넘쳐나고 있고, 유비쿼터스적이다. 그것은 단순히 스포츠, 음악, 예술, 영화, 문학, 자선, 정치나 현대의 다른 문화적 기능과 관련된 다양한 계층의 문제만은 아니다. 이와 같은, 계층 내에서의 상향 및 하향 이동성은 셀러브리티의 관찰자와 일반 대중이 끊임없이 조정되는 신분 계층 구조의 지속적인 특징이다. 또한, 미디어는 대중에게 셀러토이드와 셀러액터를 제공한다. 현대사회에서 셀러브리티 문화의 그러한 과잉은 결핍을 시사한다.

구조주의자들처럼 결핍의 원인을 유물론적으로 생각할 수 있다. 부를 향한 욕망은 셀러브리티들을 경제적 축적을 위한 상품으로 구성해 지나치게 과열된 문화를 양산한다. 셀러브리티 경쟁은 분명히 부에 대한 열망과 함께 묶여 있다. 그러나 물질적인 설명만으로는 셀러브리티의 방탕함을 설명할 수 없다. 셀러브리티들은 백만장자가 된 후에 활동을 중단하지 않는다. 마이클 케인 Michael Caine, 숀 코너리Sean Connery, 잭 니컬슨Jack Nicholson, 클린트 이스트우드, 티나 터너Tina Turner, 조니 미첼Joni Mitchell, 베리 화이트Barry White, 에릭 클랩튼 Eric Clapton, 키스 리처드Keith Richards, 엘튼 존Elton John, 믹 재거Mick Jagger, 닐 영 Neil Young은 엄청난 부자가 된 후에도 일을 멈추지 않았다. 물질적 탐욕만으로는 50대 후반의 상당 시간을 기꺼이 공연에 쏟는 행위의 동기를 설명할 수 없다. 이제는 더 조심스럽게 자신의 페이스를 조절해야 하지만 스크린이나 무대에서 은퇴하지는 않는다. 대중은 셀러브리티가 우리 모두의 심리적인 필요를 이해하고 이에 응답해주는 것을 높이 평가한다. 갈채는 갈채받는 이로 하여금 자신이 욕망과 인정의 대상이 된다는 감각적인 기쁨을 선사한다.

멋진 겉모습에도, 유명인은 아마도 우리 가운데서 심리적으로 가장 불안정한 사람들일 것이다. 그들이 어느 정도로 우리에게 어필하는지는 분명 우리 자신이 느끼는 불안감의 정도와 관련 있다. 세상에 존재한다는 상태의 기본적인 조건은 자신을 공개하는 것이다. 이것이 바로 우리가 상처받기 쉬운 이유이고, 우리의 욕구에 절제를 가하는 이유이다. 세상에 존재하는 것은 항상 사회적으로 상호 연관되어 있다. 그렇기 때문에 나와 사회 사이에는 긴장 상태가 내재하게 되고 내가 바라는 일의 성취에 대한 만족감을 다른 사람들의 기준에 맞추게 되고, 나의 부족한 점이나 상처받기 쉬운 부분은 곧 내가 타인에게 행동하고 반응하는 것에 영향을 미치게 되는 그런 세상에서 결코 자유롭지 못하게 된다. 존재와 사회를 이데올로기 또는 헤게모니에 통합하려는 사회학적인 시도는 부적절하다. 그러한 시도는 일차원적인 '개방'에 근거한 시각이기 때문이다. 그러한 시도는 이를테면 나의 존재는 기업의 권력, 문화 산업, 자본, 국가, 가부장제, 물질주의 문화 또는 이에 상응하는 정부 기관에 비추어 이해되듯 일차원적인 '공개'에 근거한 시각이기 때문이다. 이러한 측면에서 셀러브리티의 중요한 기능은 개인의 취약성과 생명이 유한하다는 것을 우리가 감당할 수 있도록 하는 것이다.

분명히 취약성과 불멸의 딜레마는 내세의 신을 믿는 사회에서 두드러지게 나타난다. 신의 죽음은 우리가 하나의 이데올로기적 체계 속에 살고 있다는 일원화된 인식의 끝을 뜻했다. 이후로 대중문화에서는 취향의 차별화와 문화의 다원화가 공론장에서 더욱 두드러지게 되었다. 체계화된 교리를 바탕으로 한 신이 없다면, 어떤 사람들은 자신의 삶에 새로운 종교적 의미를 부여하기 위해 숭배할 대상을 찾는다. 문화에 대해 어떠한 견해를 가지고 있는지에 따라, 이러한 주장이 제기된다. 셀러브리티를 통제와 조작의 대상으로만 보는 것은 바람직하지 않다. 또한 그들은 사후 세계에서 펼쳐질 끔찍한 삶의 무의미함으로부터 우리를 구해줄 소속감과 인정의 상징이다. 정신을 다른 데로 돌리고 싶다는 우리의 갈망은 샤머니즘과 같은 미신적 믿음에 특히 취약하게 만든다.

찰스 맨슨Charles Manson, 짐 존스Jim Jones는 둘 다 추종자들에게 최면술을 썼다. 맨슨은 1969년 샤론 테이트Sharon Tate를 비롯한 할리우드의 여러 셀러브리티들을 살해하며 살인범들의 우두머리가 되었다. 존스는 가이아나의 종교 단체인 존스타운Jonestown의 수장이었고 1978년 913명의 추종자들에게 '혁명적 자살'을 명령했다. 데이비드 코레시David Koresh 웨이코Waco는 대학살의 중심에서 영감을 주는 지도자였다. 아사하라 쇼코Shoko Asahara는 1994년 마쓰모토시에서 신경가스인 사린을 살포해 일곱 명을 살해하고 144명을 부상당하게 했으며, 1995년 도쿄 지하철에서 12명의 사망자와 수천 명의 부상자를 낸 일본 '옴진리교'의 최고 우두머리이기도 했다. 2000년 루가지Rugazi, 부헝가Buhunga, 로쇼즈와Roshojwa와 카넌구Kanungu의 우간다 정착촌에서는 900명이 넘는 시신이 발굴되었다. '하나님의 십계명을 회복하기 위한 운동'에서 사람들의 시신을 수습했다. 그들은 조지프 키브웨테어Joseph Kibwetere, 도미닉 캐타리바보Dominic Kataribabo 신부, 전 매춘부 크레도니아 므웨린드Credonia Mwerinde가 이끄는 분파의 희생자였다. 이러한 세기말적 움직임은 20세기의 마지막 날에 세상의 종말을 예언했다. 교파 회원들은 '주님이 보내신 불 마차'에 의해 구원된다고 예언했다. 예언이 실패하고, 회중에 반발이 생기자 므웨린드는 구원의 날짜를 3월로 연기했다. 그리고 지금까지 이후 이 일이 어떻게 끝맺음되었는지는 불분명하다. 신문 보도에 따르면 400명의 추종자가 처형되었을 가능성이 있으며, 550명에 달하는 사람들이 지도자들의 명령에 따라 불에 타 희생되었다고 한다.

미국에서 텔레비전 방송을 통한 전도의 성공은 끈기 있는 종교적 신념을 증명한다. 그러나 미국의 문화경제에서 복음주의자, 근본주의자, 오순절주의자의 중요성을 일부러 경감하지 않는다면 대중에게 내비치는 그들의 프로필은 그들의 권력을 과장한다. 그들의 명성은 주류 교회가 상대적으로 쇠퇴했다는 징후다. 지미 스와거트와 팻 로버트슨Pat Robertson 목사의 방송을 통한 전도는 미국의 민중 전도 전통에서 기원한 것이다. 그러나 텔레비전 방송 전도는 또한 매스미디어의 확장이며 셀러브리티 문화에 필수적인, 신분 상승이나 마술과 같은 기본 장치를 사용한다.

셀러브리티 문화는 본질적으로 인플레이션을 유발한다. 영향력이 항상 더 크고 밝아지기 때문이다. 기존 종교는 이런 경향에 굴복했다. 1995년 교황 요한 바오로 2세John Paul II는 276명의 성도들을 성인으로 시성하고 768명의 사람들을 시복했다. 이것은 20세기의 다른 모든 교황이 한 것을 합친 것보다 더 많다. 항공기가 착륙한 땅에 입맞춤을 하는 의식과 계획된 대규모 운집 대회, TV로도 생중계된 요한 바오로 2세Jean Paul II의 세계 순방은 분명히 할리우드를 비롯해 대중에게 셀러브리티를 보여주기 위해 록 음악 산업에서 갈고 닦은 많은 의식과 장치를 도입했다.

하지만 셀러브리티 문화는 종교를 대체할 수 없다. 오히려 종교적인 믿음과 소속감이 생기게 되는 배경이다. 주요한 논쟁점은 아니지만, 이러한 사회적 배경은 종교에서 예시된 예수 그리스도의 승천과 재림에 대한 의식을 응용했다. 이러한 사회적 배경과 종교가 보편적으로 함께 가지고 있는 요소가 바로 논의의 쟁점이다. 오늘날은 (예전에 비해 종교를 가지는 사람이 많이 없기 때문에) 각 가족의 구성원들이 다른 사람들에게 우리 집이 어떻게 보일지를 의식하며 말과 행동에 신경을 쓰는 상황과 공인으로서 대중에게 보일 자신의 모습을 연출하고, 짜인 각본을 읽어 내려가며 이미지를 만들어내는 셀러브리티의 모습이 견줄만하다. 실제로, 높은 이혼율과 증가하는 독신 가구의 수는 셀러브리티 문화는 승승장구하는 반면, 가족 문화는 쇠퇴하고 있다는 것을 보여주는 충분한 증거이다. 특별하거나 독특하다고 인정받고 싶어 하는 욕구는 아마도 개인주의 윤리를 토대로 구축된 문화의 피할 수 없는 특징일 것이다.

평범한 사람들이 스타로 검증받기를 간절히 바라는 것은 틀림없이 현대 정신병리학의 일부이며, 셀러브리티 문화의 시대에서만 의미가 있는 현상이다. 예를 들어 또 다른 평범한 인물인 제니퍼 링글리Jennifer Ringley는 식사, 독서, 친구와의 수다, 잠자기 등의 일상생활 장면으로 구성한 웹 사이트를 구축했다. 여기에서 그녀의 성생활은 보이지 않는다. 1998년 그 사이트는 매일 50만 건이상의 조회 수를 기록했다.

몇 년 전에 크리스토퍼 래시Christopher Lasch는 '나르시시즘 숭배'가 현대 문화에 만연해 있다고 주장했다.[12] 나르시시즘적 인물은 심리적·사회적 적합성을 사회에서의 자신의 역할보다 나 자신의 행동 패턴과 내가 원하는 욕구가 중심이 되는 자아도취 상태를 더 우위에 두고 산다. 나르시시즘은 평범한 사람들의 하이퍼인플레이션과 관련이 있다. 주부나 회사원, 학생과 같은 보통 사람들의 사색과 경험은 어마어마하게 중요해졌다. 래시는 1960년대 후반과 1970년대에 인기를 끈 심리학과 자가 심리 프로그램의 확산에 주목했다.

링글리의 웹 사이트는 나르시시즘 숭배의 연장선이었다. 그것은 청중에게 한 일반인의 단조롭고 뻔한 삶을 흥미로운 것으로 느끼게끔 해줄 뿐만 아니라 반복적으로 이 사이트에 들어가는 것은 사회적 결속력을 형성할 것이라고 전제한다. 우선 대중은 아마도 관음증적인 이유로 사이트에 끌릴 것이다. 그 사이트

---

12) In C. Lasch, *The Culture of Narcissism* (London, 1980).

는 누군가의 사적인 생활을 들여다볼 수 있는 열쇠 구멍의 역할을 한다. 그러나 관음증은 사이트의 인기를 설명하기에는 충분하지 않다. 한편 이 웹 사이트는 자신의 존재를 인식시키는 기회를 반복적으로 제공한다. 정기적으로 그 사이트에 들어감으로써, 대중은 일상생활의 외로움과 공허함을 채우게 되는 것이다.

이 장에서는 셀러브리티 문화가 개인에게 인정과 소속감을 준다는 점에서 진정으로 종교를 대체했는지 알아보았다. 이 과정에서 나는 셀러브리티 문화가 원시 종교에서부터 시작된 상승과 하강 의식을 계승·재구성하게 되었다고 말했다. 그러나 이것은 단방향적인 과정은 아니었다. 조직화된 종교는 공적인 얼굴의 셀러브리티를 완벽한 모습으로 보여주고, 그들의 사생활에 관한 이야기를 매력적으로 들려주는 매스미디어의 형식과 양식을 도입했다. 디즈니랜드는 종교 행사에서 사람들이 모이는 무대로 사용되었고, 교황 요한 바오로 2세는 교황의 시성식 일부를 오스카 시상식처럼 바꾸어놓았다. 더불어, 나는 종교와 셀러브리티 문화의 융합이 완전하지 않다고 말하고자 한다. 조직화된 종교는 사회적이고 영적인 질서에 대해 전체를 아우르는 견해를 만들어내기 위해 노력하고 있다. 셀러브리티 문화는 개인이 자신의 존재를 인지하도록 감정을 강력히 자극하지만, 기본적으로 사회적이고 영적인 질서에 대해 포괄적이고 근거 있는 견해를 견지하기 어려운 단편적이고 불안정한 문화이다. 그렇더라도 셀러브리티 문화의 일부 요소에는 수용자가 다소 신성하게 느낄 만한 면모가 있다. 서구 사회에서 조직된 종교의 의미가 퇴색하면서 셀러브리티 문화는 새로운 의미와 연대 질서를 장려하는 대체 전략 가운데 하나로 부상했다. 일부 셀러브리티들은 사회질서를 불안정하게 만드는 역할을 하기도 하지만, 셀러브리티 문화는 규범에 입각해 사회 통합을 달성하는 중요한 시스템이다.

제 3 장

셀러브리티와 미학화

법률가이자 미식가인 장 앙텔름 브리야사바랭Jean-Anthelme Brillat-Savarin(1755~1826)은 1826년에 『미각의 생리학The Physiology of Taste』이라는 책을 냈다. 이 책은 음식의 미학을 다뤄 유명해졌다. 브리야사바랭에게 미학적 이해의 기준이었던 '미각'은 민감한 자아의 한 속성이자 시행착오를 통해 가꾸고 발전시켜온 흔적이기도 했다. 그가 책에서 펼친 주장은 고대인들이 직설적이었다는 진화론적 원칙에 기반을 둔 것이다. 고대인들은 정확히 보거나 명확하게 듣지 못했으며, 닥치는 대로 먹고 거칠게 사랑했다.

하지만 시간이 흐르면서 인간은 이런 감각들을 발전시키고, 비교하고 판단하면서 가꾸어나갔다. 보고, 듣고, 맛을 느끼고, 사랑하는 감각들은 인류의 특별한 속성이자 인간의 본질에 가까운 요소인 데다 인간이 다른 동물보다 우월한 완벽성을 갖추는 데 중요한 요인이 되는 특성이기 때문이다. 이런 감각들은 '민감한 자아', 다시 말해 '개인'의 활용을 위해 서로 돕고 상호작용 하면서 더욱 발전해나갔다.

미각이 민감한 자아의 속성이라는 견해는 더 이상 새로운 내용이 아니다. 하지만 모두가 미각의 절정을 느낄 수 있다는 브리야사바랭의 생각은 새로운 사회질서의 구체화를 가정한 것이다. 더 이상 맛의 표준이 궁정과 사회를 나누지 않으며, 사회 안에 스며들어 그 중심에서 스스로 변화하고 주목받게 한다는 것이다.

미각(혹은 맛)은 셀러브리티 문화에서도 매우 중요하다. 셀러브리티 문화의 성장은 일상생활의 미학화와 밀접한 관련이 있다. 미학이라는 용어는 1750년대 독일의 철학자 알렉산더 바움가르텐Alexander Baumgarten에 의해 만들어졌다. 미학은 자연과 아름다움에 대한 인식을 탐구하는 것을 말한다. 유럽 계몽운동 시기에 미각은 과정을 측정하는 중요한 카테고리로 발전했다. 이마누엘 칸트Immanuel Kant는 미의 이론이 진실이나 선의 이론과 동등하다고 했다. 미각은 인간 사회를 동물 세계와 구별하는 중요한 요소이자 문명화된 인간과 야생동물을 구분 짓는 기준이기도 하다. 다른 사람에게 경의와 존경을 표현하거나 무언가를 요구하는 데도 필수적인 요소다.

미각은 한 사회의 문화적 관습이나 가치에 대한 연대 혹은 단결을 인정하는 표식이 되었다. 셀러브리티 문화에서 유명인들을 둘러싼 팬 모임을 이러한 미각 문화에 빗대어 설명할 수 있다. 특정한 유명인을 좋아하는 팬들은 유명인을 위해 서로 연대하고 그를 따르기 위한 기준을 스스로 만들고 발전시키기 때문이다.

일상생활의 미학화는 아름다움과 욕망에 대한 인식과 판단이 습관적인 교환 과정으로 일반화되는 것을 말한다. 유명인의 일상생활이 신체와 관련한 새로운 표현으로 이어지고 일반인들에게 새로운 행동 기준이나 양식을 만들어낸다. 도시화와 매스컴의 확장으로 사람들은 다른 사람들과 실시간으로 함께하고 있다는 인식이 점점 높아지고 있다. 유명인의 성장은 공공 사회의 성장에 따른 것이다. 인쇄 문화의 등장은 처음에는 좁은 지역에만 영향을 미쳤지만 급속하게 전국을 넘어 전 세계로 퍼지며 영향을 미쳤고, 여론의 형성과 발전에 중요한 역할을 했다.

처음에 공적인 얼굴은 사회적 상호작용을 관리하기 위한 도구로 발전했다. 어빙 고프먼은 공적인 얼굴을 "사회적 상호작용을 위한 긴장"이라고 설명했다. 얼굴 근육이나 머리 스타일, 화장과 의상 등은 그 사람의 사회적 경쟁력을 결정하는 최우선적 도구가 된다. 이런 부분에서 허술함이나 부실함이 발견되면 자기 관리가 부족한 것으로 여겨지고, 사회적 기술도 떨어진다는 평가를 받게 된다. 외모나 위생을 소홀히 하는 것은 초기 정신병리학 증상의 전형적인 신호다. 저명인사의 평판은 그의 외모와 연설, 의견으로 결정된다. 외모나 연설, 의견의 수준은 개인의 평판뿐 아니라 대중에게 미치는 유명인의 영향력 수준에도 영향을 미친다. 현대 사회에서 유명인은 자기표현의 교본이 되기 때문에 공적인 얼굴의 역사를 설명하는 것은 중요하다. 공적인 얼굴의 역사는 커뮤니케이션 기술의 발달, 특히 사진 기술의 발달과 밀접한 관련이 있다. 사진 기술은 낯선 사람들을 연결시키는 도구로 작용했을 뿐 아니라 도시화와 상업화, 산업화를 부추기는 역할을 했다.

공적 얼굴의 부상

18세기에 공적인 얼굴의 완성은 새로운 행동 설정 제도에 노출되었다. 인쇄 문화의 부흥은 취향 문화를 키우고 다듬으면서 커뮤니케이션 수단의 증가와 발달을 불러왔다. 1700년 이전에는 영국에 정식 인가를 받은 출판 업체가 거의 없었다. 런던에서 신문과 잡지, 책이 출판되어서 일부 지역으로 퍼졌는데, 마차를 이용하는 수고스러운 과정을 거쳐야 했다. 하지만 18세기가 되면서 각 지역으로 출판 산업이 급속하게 퍼졌다. ≪노리치 포스트The Norwich Post≫는 1701년에, ≪브리스틀 포스트보이The Bristol Postboy≫는 1702년에 사업을 시작했고, 18세기 말에는 거의 모든 주요 도시에 적어도 한 개 이상의 지역신문이 생겼다. 반대로 런던의 경우에는 1790년에 14개의 조간신문만 남게 되었다.[1] 19세기 들어 인쇄 산업에 명확한 분기점이 나타나는데, 뉴스에 집중한 신문과 선정적인 출판물, 객관적인 논평물 등으로 나뉘게 된 것이다. 맨 처음 인기몰이를 한 것은 뉴스와 선정적인 기사에 집중한 신문들이다.

출판 사업 인가가 자유화되면서 판화와 팸플릿, 만화, 시 등의 생산이 급증했다. ≪스펙테이터The Spectator≫, ≪신사의 잡지The Gentleman's Magazine≫, ≪부부 생활Matrimonial Magazine≫과 ≪웨스트민스터The Westminster≫ 같은 잡지가 창간되었고, 뉴스와 정보, 오피니언 채널들이 서로 연결되었다. 이는 출판물의 전국적인 인기를 형성하는 데 중요한 역할을 했는데, 나중에는 세계적인 인기와 미각 문화 형성에도 영향을 미치게 된다. 출판문화의 동시다발적인 확산은 공인의 이미지와 평판, 아이디어를 대중에게 표현할 수 있는 기회와 가능성을 크게 늘렸다. 만화와 캐리커처를 통해 평판을 왜곡하거나, 풍자할 목적으로 공인의 얼굴을 우스꽝스럽게 그릴 수 있는 길도 열렸다.

소설과 역사 서적도 대량 생산과 유통이 가능해지기 시작하면서 아이디어와 평판을 확산하고 유행 문화 속에 셀러액터를 소개하는 역할을 하게 되었다.

---

1) Roy Porter, *English Society in the Eighteenth Century* (Harmondsworth, 1982), pp. 250~252, for my details on newspaper, magazine and book publishing.

소설 속의 캐릭터인 걸리버, 로빈슨 크루소, 톰 존스와 트리스트럼 샌디가 인기 담론 속에서 살게 되었고, 소설 속 그들의 삶과 생각이 대중의 삶 속에 새겨지고 영향을 미치기 시작했다. 이런 과정은 빠르고 광범위하게 지속되었다. 출판되는 책의 가격은 여전히 비쌌고 글을 읽고 쓸 수 있는 사람들은 많지 않았다. 보통 런던과 브리스틀, 리버풀 등 도심에 살고 있던 부유한 고학력자들이 당시 책을 읽는 계층을 형성하고 있었다. 그런데도 1742년에 나온 헨리 필링의 『조지프 앤드루스Joseph Andrews』는 6500부가 팔렸다. 출판업자들은 시리즈물을 출판해 높은 출판 비용 문제를 해결하려고 힘썼다. 그 결과 스몰렛Smollett의 『잉글랜드의 역사History of England』는 1만 300부가 팔렸다. 존 우드John Wood의 『오두막집을 위한 계획Plans for Cottages』 시리즈나 『패션 갤러리The Gallery of Fashion』, 『런던의 패션The Fashions of London』, 『파리Paris』 등의 잡지는 독자들에게 새로운 미학적 기준을 제시했다.

요약하면, 18세기에는 '전국적 인기'와 '글로벌 대중', '대중의 유명인'이라는 개념이 탄생한 시기다. 이와 같이 대중적인 인기를 얻는 유명인의 탄생은 예상 가능한 형태의 유명인만 존재했던 그 이전의 사회와는 크게 구분되는 중요한 변화였다. 물론 18세기의 유명인 역시 가족과 지역 커뮤니티를 기반으로 한다는 점에서는 이전과 비슷했다. 하지만 18세기의 유명인은 더 복잡하고 다층적인 상황에서 탄생한다. 공간적으로 멀리 떨어진 관객이나 소비자의 의견이나 조언, 자료 등을 감안해야 하기 때문이다. 이제 유명인들에게 '실제의 나'와 '공적인 나'의 분리는 더 명확하고 정교해졌다. 성취한 유명세와 성취한 악명은 대중에게 논쟁이나 여론의 대상이 되었다. 평범한 일반인들은 성취한 셀러브리티들에 빗대어 자신을 평가하기 시작했다. 이런 현상은 특히 미국 독립혁명과 프랑스혁명 이후에 뚜렷해지기 시작했는데, 이 두 혁명을 기점으로 타고난 셀러브리티들에 대한 공격과 조롱이 거세졌다. 민주주의와 상품화가 사회 전반으로 퍼져가면서 사람들은 신문이나 잡지 같은 출판물을 통해 자신의 의견을 정립하고 옷 입는 스타일이나 표현 방식에서 삶의 롤 모델을 찾았다. 구독자 확보 경쟁에 열을 올리던 신문이나 잡지 소유주들은 굶주린 군중을 만족시킬 뉴스거리가 될 사건과 인물을 찾아내 신문과 잡지에 실으라고 편집자들에게 재촉했다. 이렇게 반짝 인기를 얻은 셀러토이드는 18세기에 크게 인기를 끌었던 유사 사회적 관계의 산물이다.

지도자를 사회에 묶는 강력한 끈은 항상 상징적인 것들이기 때문에 일방적 사회관계는 대중 정부의 모든 시스템에 녹아 있다. 예를 들어 고대 로마 시대의 율리우스 시저나 아우구스투스 등과 같은 지도자들은 주민들의 삶을 지배했지만, 실제 이들은 대부분의 로마인들이 누렸던 일상생활에서 물리적으로 동떨어진 채 대개의 시간을 왕궁에서 보냈다. 기독교인이 부활한 신의 아들 예수를 세상의 빛으로 추앙하고 있지만, 실제 예수의 육체는 지구상에 없었다는 점도 이와 유사하다.

하지만 18세기에 유명인과 일반 대중 사이의 괴리는 출판문화를 통해 급격히 줄어들었다. 신문과 잡지는 빠르게 자기들만의 논조를 갖춰가며 차별화를 통해 제 살길을 찾아나갔다. 매스미디어 시장의 경쟁이 갈수록 치열해지면서 신문이나 잡지가 경쟁력을 갖추려면 독창적인 내용이나 논조를 갖는 것이 필수적이었기 때문이다. 매스미디어라고 불리는 대중문화는 점점 더 독창성과 차별화된 논조를 갖추고 다양한 의견을 교환하는 장이 되었다. 이러한 매스미디어의 커뮤니케이션 방식은 예상치 않았던 롤 플레이와 역할 바꾸기의 기회를 제공했다. 이는 물론 성취한 셀러브리타나 그 반대 입장에 대한 대중의 상상력이 팽창하면서 가능해진 일이다. 그러면서 점차 개인적 가치가 유명인의 외모에 덧씌워졌다. 마르크스는 자본주의의 부상은 일반적인 사회적·경제적 상호작용 과정에서의 가치 사용이 가치 교환으로 바뀌는 현상을 포함한다고 주장했다. 이것은 일종의 미학화인데, 가치의 교환이 일반화되면서 사람의 외모나 상품 디자인이 더 중요해졌기 때문에 초래된 현상이다.

마르크스는 주로 상품에 대해 이야기했지만, 똑같은 논리를 사람의 몸, 즉 외모에도 적용할 수 있다. 가치 교환이 널리 퍼져 있는 사회에서는 신체와 관련된 단어나 이미지를 활용한 프레젠테이션의 경제적·사회적 중요성이 높다. 매력적인 외모는 구매 욕구를 자극하기 때문에 상품 시장에서 매우 중요한 요소가 되었다. 유명인의 신체는 더 이상 욕구를 느끼는 개인에 머물러 있는 것이 아니라 차별성과 매력이 담긴 욕구의 대상이 된 것이다. 즉, 하나의 상품이 된 것이다. 유명인의 신체는 더 이상 개인의 소유물이 아니라 소비의 대상이자 다른 사람들의 소비 욕구를 불러일으키도록 고안된, 대중에게 영향을 미치는 대상이 된 것이다.

그런 까닭으로 18세기 영국 문화에서 패션이 점점 더 발달한 것은 우연이라고 볼 수 없다. 하지만 궁정 사회의 계급에서 패션 분야의 유명인이 탄생해 사회 전반의 여론과 취향에 영향을 미친 것은 18세기가 유일하다. 예를 들어 조지 브라이언George Bryan은 패션과 취향을 능숙하게 다룸으로써 유명인이 되었다. 의상과 화장에 대한 조지 브럼멜George Brummell의 사치스러운 세심함은 프랑스혁명의 소박함과 17세기 멋쟁이들의 천박한 의상에 대한 일종의 반작용이다. 오늘날의 인기 있는 스타일과는 대조적으로 브럼멜의 의상 스타일은 당시 검소한 것으로 여겨졌다. 브럼멜이 원했던 공인(유명인)의 모습은 예의범절을 갖춘 검소한 모습으로, 과도하고 낭비적인 당시의 귀족 상류 사회의 모습과는 대조적이었다. 그렇지만 브럼멜의 의상 스타일 역시 당시 팽배하고 있던 패션과 개인의 위상, 가치에 대한 열정적인 자기 몰두의 중요성을 그대로 반영하고 있다. 브럼멜의 이러한 영향력은 후일 조지 4세George IV가 된 웨일스의 왕자 The Prince of Wales와의 친분에 의존한 것이기는 하지만, 어쨌거나 그의 유명세는 궁정으로부터가 아니라 대중사회로부터 새로운 대중문화 트렌드가 시작될 수 있다는 것을 보여주고 있다.

패션은 전통적으로 사회적 지위와 연관되어 있다. 매리 더글러스Mary Douglas 는 문신이나 피어싱, 페인팅과 같은 행위가 사회적 신체에 대한 은유라고 주장 했다.[2] 신체 장식이나 변형을 통해 개인은 자신의 개성을 강조하고 다른 사람들 과의 문화적 연대를 표현한다. 20세기가 시작되는 시점에 사회학자 게오르크 지멜Georg Simmel은 신체 장식이나 패션은 개인의 발현에 기여한다고 말했다.[3]

18세기에 패션은 더욱 도드라진 문화 자본의 표식이 되었다. 패션이나 신체 장식을 통해 다른 사람들보다 더 아름다워지려는 경쟁이 심해지면서 패션은 더욱 차별화되었다. 자연히 의상의 중요성은 더욱 커졌다. 어떤 옷을 어떻게 입느냐가 곧바로 그 사람이 중요하게 생각하는 생활의 가치와 야심을 보여주 기 때문이다.

그러나 이러한 18세기 미학의 성장은 모순 위에 세워졌다. 자료가 만들어지 고 의견을 형성하는 재료와 통로가 늘어나고 유명인과 대중의 일방적 사회관계 가 일상화될수록 사람들 사이의 공적인 관계는 점점 더 익명화되었다. 미국 독 립혁명의 중요한 주춧돌이 되었던 톰 페인Tom Paine의 저서 『상식Common Sense』 (1776)을 생각해보자. 물론 이 책이 사회의 정치적 변형을 요구한 첫 번째 책은 아니다. 토머스 무어Thomas Moore는 저서 『유토피아』(1516)에서 공산주의 사회

---

2) Mary Douglas, *Purity and Danger* (London, 1966).
3) K. Woolf(ed.), *The Sociology of Georg Simmel* (New York, 1950).

의 모습을 보여줬고, 제러드 윈스탠리Gerard Winstanley는 『자유의 법칙The Law of Freedom』(1651)에서 평등과 협력, 현세의 인도주의자 윤리 등에 기반을 둔 사회 원칙의 윤곽을 그렸다. 무어가 이야기한 내용은 크리스토퍼 힐Christopher Hill이 말한 작가의 경구에 의해 동력을 잃었고, 윈스탠리의 정치 평론은 노동계급 사이에서 상당한 인기를 얻으며 그들에게 영향을 미쳤다. 페인의 저서 『상식』은 이와 대조적으로 출판계에 큰 영향을 미쳤다. 그 자신이 추산한 바에 따르면 이 책은 6개월 동안 미국에서 12만 부가 인쇄되었고 유럽 지역에도 광범위하게 퍼져나갔다. 이로 인해 그는 미국 독립혁명 과정에서 가장 유명한 이론가가 되었고, 그 뒤로 평생 동안 인정받았다.[4] 그가 고향인 영국으로 돌아왔을 때 급진주의자들은 축하 연회를 열고 환영했다. 페인은 런던 북부 이즐링턴의 엔젤 여관에 묵으면서 프랑스혁명에 대한 에드먼드 버크Edmund Burke와의 논쟁에 반박하기 위해 『인간의 권리The Rights of Man』(1791)를 집필했다. 이 책은 그 당시까지의 모든 출판 기록을 갈아치웠다. 1791년 당시 소설의 평균 인쇄 부수는 1250부였고, 다른 일반 서적은 750부 정도였다. 하지만 『인간의 권리』는 3실링(출판업자가 정한 가격이다)이라는 비싼 가격에도, 출판한 지 두 달 만에 5만 부가 팔렸다. 당시 영국의 인구가 대략 1000만 명이었고, 글을 읽고 쓸 수 있는 사람은 전체 인구의 40% 정도인 400만 명 수준이었다. 페인이 이 책을 출간하고 나서 10년 사이에 영국에서만 40만~50만 부가 팔린 것으로 추산했다. 『성경』 이후에 전 세계 어떤 책보다 많은 사람들이 읽은 책이 된 것이다. 그뿐만이 아니라 이후에도 많은 사람들이 주기적으로 낭독하면서 『인간의 권리』의 명성과 논란은 더 커져갔다. 페인의 명성은 후에는 악명이 되었다.

당시 정부를 공개적으로 비판하면서 혁명을 부추겼던 페인의 저서 『인간의

---

4) J. Keane, *Tom Paine* (London, 1995) 참고.

권리』의 성공과 영향력은 정보와 의견의 자유화를 이뤘던 이전 시대의 영향을 받은 것이다. 17세기에 정부는 인쇄 산업을 허가제로 운영하면서 선동적인 서적이나 논설이 유통되지 못하게 엄격히 검열했다. 정부가 상업적인 의도를 가지고 만들어 배포하는 불법 복제물까지 막을 수는 없었지만, 인쇄물에 대한 강력한 검열과 감시를 유지함으로써 인쇄물을 통한 언론의 자유를 상당히 제약하고 있었던 것이다. 하지만 18세기 초가 되면서 인쇄물에 대한 이러한 중앙 집권적 통제를 유지하기는 점점 어려워졌다. 실제로 1792년에 윌리엄 피트William Pitt 정부는 영국 왕실의 세습 원칙을 공격하고 프랑스혁명을 찬양한 페인의 책이 인기를 얻는 것을 두려워하며 대중을 선동하는 글에 대해 선전 포고했다. 당시 정부의 스파이들과 관료들은 페인을 파리로 내쫓자는 캠페인에 동참하기도 했다. 페인을 선동적인 인물로 낙인찍는 피트 정부의 책략은 오히려 급진주의자들 사이에서 페인의 유명세를 높여주는 역풍으로 작용했다. 당시 정부는 페인을 영국에서 추방하는 데 성공했다. 하지만 그의 책『인간의 권리』를 영국인들이 계속 읽는 것을 막는 데는 실패했다. 도시로의 인구 집중이 이뤄지면서 문맹률이 크게 낮아진 데다 마차와 운하 운송 시스템의 발달에 따라 교통수단의 향상이 맞물리면서 커뮤니케이션 수단이 크게 활성화되었기 때문이다. 청교도 시대처럼 급진적인 생각들을 억누르게 하는 것은 더 이상 불가능했다. 정부의 성명이나 선전포고가 인쇄기를 멈추게 할 수는 없었다.

인쇄 문화에서 책의 저자나 학자의 익명성은 셀러브리티 문화 출현에 매우 좋은 환경적 요인으로 작용했다. 책과 팸플릿, 신문기사를 매개로 한 셀러브리티 문화의 확산은 사람들에게 수많은 참고점을 제공했고, 인정받고 모범 삼을 만한 롤 모델의 기준도 제시해줬다. 셀러브리티 문화는 유명인에 대한 대중의 욕구를 구현한 것이었고, 유명인과 대중의 관계를 바람직한 방향으로 이끄는 데 기여했다. 셀러브리티 문화는 개인의 열망과 내적 소망, 갈망 등이 무엇인지 분명히 깨닫게 했다. 정확히 말하면 유명인은 관객과 매력이라는 사슬로 연결된 관계이기 때문에, 셀러브리티 문화는 문화에서 일방적 사회관계의 중요성을 크게 증가시켰다. 유명인과 팬은 거대한 상상의 관계로 연결되어 있다. 이들의 관계가 사업적 이해관계에서 만들어졌다는 것은 의심할 여지가 없지만 그것을 떠나 유명인과 팬들의 관계는 깊어질 수도 있다. 그러나 핵심은 그 속에 있는 대중의 무의식적 욕구와 잠재의식적 욕구이다. 18세기에는 욕구를 구체화하고 소통하는 수단이 결정적으로 변화했다. 이러한 변화의 본질을 논하고 영국 극장의 변화 분석을 통해 그 중요성을 설명하기 전에 셀러브리티 문화와 대중의 무의식적이고 잠재적인 욕구가 어떻게 관련이 있는지 더 자세히 들여다볼 필요가 있다.

우리는 유명인이 일정 부분 대중의 무의식적·잠재의식적 욕구를 반영하고 있거나 표현하고 있다고 가정할 수 있다. 유명인의 공적인 얼굴(모습)은 대중문화 곳곳에서 나타나는 바람과 환상의 흔적을 포함하고 있다. 영웅이나 황홀한 경험, 범죄에 대한 잠재의식 안의 욕구는 셀러브리티 문화 안에서 자라난 유명인과 팬의 일방적 사회관계 안에서 받아들여진다. 저명하거나 악명 높은 유명인들이 바로 그 결과물이다. 구조주의자들은 유명인과 관련한 논의에서 이런 바람과 환상의 본질을 강조하면서 상업이 여론 조작의 중심에 놓여 있다고 말한다. 이 시점에서 무의식적이고 잠재의식적인 욕구가 갖는 충분한 활력을 다시 강조할 필요가 있다. 이러한 일방적인 사회관계는 일반적이고 상호적인 관계의 부속물이 된다. 상호적인 사회관계에서 유명인(배우)과 대중의 접촉은 가끔씩 파편적으로 일어날 뿐이다. 일상생활에서 우리는 축적된 신체 문화(신체 활동을 통해 만들어지는 모든 행위를 포함한 문화)의 집합체와 종종 마주치게 된다. 경찰, 법관, 상점 주인, 수많은 범죄자들, 거리의 여자와 확신에 찬 사나이까지. 이들은 모두 자신들의 공적인 얼굴을 세계에 드러내고 있지만, 사실그들의 얼굴은 모두 실제 자아를 감춘 채 가면을 쓰고 있다. 실제 자아에 대한사람들의 무의식적·잠재의식적 욕구와 환상은 이 상황에서 필수불가결한 조건이다.

18세기, 준사회적 관계의 보편적인 양상이 갖고 있는 전제 조건을 살펴보면이러한 분석이 딱 들어맞는다는 것을 알 수 있다. 사람들이 솔직한 동시에 가면을 쓰고 있다는 견해는 일반적인 흐름이 되었다. 물론 18세기가 이런 특징을발명해낸 것은 아니다. 니콜로 마키아벨리Niccoló Machiavelli의 저서『군주론The Prince』(1513)은 진실한 자아를 숨기는 기술에 훌륭한 지침을 제공해주고 있다.하지만 인쇄물을 통한 새로운 커뮤니케이션 구조가 도시 인구의 급속한 팽창,문맹률의 하락, 문화의 상업화, 궁정과 시민사회 사이의 힘의 균형의 변화 등과맞물려 진실한 자아에 대한 실용적인, 문서화된 가이드를 내놓은 것은 18세기에 이르러서다.

미학을 바탕으로 한 사회적 관습과 변화가 반영된 적절한 가이드 문서의 확산은 사람들의 올바른 사회적 관계 형성에 도움을 줬다. 미학화가 항상 삶을더 아름답게 만드는 것은 아니다. 상품 디자인이나 가구 디자인의 발달 과정은자본주의 팽창 과정과 유사하다. 한 치의 빈틈도 없이, 소비자 문화의 세계를꽉 채워줄 상품이 필요하다. 그 과정에서 기업은 대중을 유혹하기 위해 새로운형식의 광고와 오락거리를 개발해내려고 경쟁하다가 조잡한 결과를 내놓기도한다. 19세기에는 영국의 유명한 예술 평론가 존 러스킨John Ruskin의 미학 평론과 아우구스투스 푸진A. W. N. Pugin, 헨리 콜Henry Cole, 윌리엄 모리스William Morris가 등장하기도 했지만, 한편으로는 피니어스 바넘Phineas T. Barnum과 스트

립쇼를 탄생시키기도 했다. 하지만 이러한 발전은 대중문화 발달의 일반적인 순서일 뿐이고, 18세기 커뮤니케이션과 취향의 토대 위에 세워진 것이었다.

왜 이런 형식의 미학과 스타일이 18세기 문화에서 뚜렷해졌을까? 존 브루어 John Brewer는 취향의 대중화에 대한 최근 연구에서 유럽 사회의 취향 문화는 1660년부터 1760년 사이에 다양해졌다고 주장했다.[5] 산업의 성장과 도시 인구 집중화가 이런 변화의 중요한 요인이었다. 예술과 과학의 다양한 분야에서 일어난 기술 혁신도 취향 문화 변화에 한몫했다. 하지만 취향 문화의 다양화를 이끈 가장 중요한 핵심 요인은 궁정과 대중 사회 사이의 힘의 균형이 이동한 것이다. 이 시기에도 왕실은 여전히 건재했다. 궁정은 20세기까지도 대중문화에 영향을 미쳤다.

하지만 18세기는 대중사회에 대한 궁정의 영향력이 돌이킬 수 없는 쇠락의 길로 접어드는 결정적인 시기였다. 왕실 문화는 커피 하우스와 독서 모임, 토론 클럽과 마을 회관, 미술 갤러리와 콘서트홀에서 떠오른 새로운 취향 문화로 대체되었다. 셀러브리티 문화의 기원은 바로 이러한 위대한 변화에 뿌리를 두고 있다. 여기에서부터 대중 취향의 문화가 다양하게 태어나 확산되었다. 게다가 이러한 다양한 취향 문화를 만족시키고 확산하는 사업들이 큰 돈벌이가 되면서 취향 문화가 본격적으로 상업화·전문화되기 시작했다.

물론 고대의 성취한 셀러브리티들이 아예 알려지지 않은 것은 아니다. 가끔 하위 계층의 누군가가 유명세를 타는 경우가 있었다. 예를 들어 기원전 535년 첫 비극 경연 대회에서 수상한 이카리아의 테스피스Thespis of Icaria는 아테네 시대의 무대에서 탄생한 유명한 배우다. 키케로Cicero는 로마 귀족 사회를 지배하는 은행가로 지주 계급 사이에서 유명해졌다. 키케로는 유명한 배우 퀸투스 로스키우

---

5) John Brewer, *The Pleasures of the Imagination* (London, 1997).

스Quintus Roscius와 비극배우 이솝Aesop을 통해 연설 능력을 배운 것으로 알려졌다. 하지만 일반인들이 대중적 명성을 얻기는 상대적으로 쉽지 않았다. 귀속적 셀러브리티들이 지배적인 위치를 차지했고, 당시 사회에서는 성취한 셀러브리티들이 기득권 유지에 위협이 되지 않도록 지속적으로 감시하는 방법을 끊임없이 발전시켰기 때문이다.

영국의 극장

그렇다면 취향 문화의 대중화와 성취한 셀러브리티들이 주도적인 역할을 하는 셀러브리티 문화의 출현은 어떻게 가능했을까? 영국 극장의 역사를 살펴보면 그 이유를 알 수 있다. 연극은 당시 사회에 대한 표현이고 투영이기 때문에 대중 사회의 수사나 교훈, 성 문화와 코미디 등의 진화 과정을 살펴보는 데 매우 중요한 실험실 같은 역할을 한다. 로마 이전 시대부터 댄서나 팬터마임 배우, 엔터테이너들과 이야기꾼 같은 유명한 유랑 연예인들의 공연 내용은 사람들의 입을 통해 전해져왔다. 민속놀이는 계절 축제나 춤의 일부를 모방하는 형식으로 발전해왔다. 상당수는 교회의 예배 일정과 연계되어 있었다. 중세시대에는 대중 야외극과 『성경』의 역사를 무대에서 표현하는 종교극이 인기를 끌기 시작했다. 예배 드라마는 세속적인 도덕극 앞에서 빛을 잃었다. 전문적인 유랑 공연 업체와 팬터마임, 가면극에 귀족들이 지원을 하기 시작했다. 정부는 1494년 극장을 합법화하고 연극 공연의 내용을 규제하는 중앙 규제 시스템을 만들었다.

16세기가 되면서 여관의 앞마당이나 개인의 연회장에 가서 공연을 하는 전통이 확산되었다. 런던으로 인구가 집중되고 또 증가하면서 상시로 연극 공연을 하는 극장의 필요성을 주장하는 대중의 목소리가 커졌다. 예술가이자 배우 관리자였던 제임스 버비지James Burbage는 1576년 런던 쇼어디치에 첫 번째 대중 극장을 열었다. 이후 런던 뱅크사이드에 장미(1587), 백조(1595), 글로브(1599)가, 크리플게이트에 행운(1600)이 잇따라 문을 열었다. 이어 뱅크사이드에 붉은 황소(1614)와 희망(1614)이 생겼다. 런던에 극장이 급속하게 많아지면서 연극배우와 희곡 작가들이 대중적 명성을 얻을 수 있는 환경이 조성되었다. 당시 가장 위대한 희곡작가는 물론 말할 것도 없이 윌리엄 셰익스피어였지만 크리스토퍼 말로Christopher Marlowe와 벤 존슨Ben Jonson도 유명 인사였다. 하지만 희곡 작가들보다 더 큰 명성과 인기를 얻은 것은 연극배우들이었다. 엘리자베스 시대에 가장 위대한 익살꾼으로 유명한 리처드 탈턴Richard Tarlton이나 에드워드 앨린Edward Alleyn, 윌 캠프Will Kempe, 존 헤밍스John Hemmings, 리처드 버비지Richard Burbage와 같은 연극배우는 모두 당시에 큰 인기를 끌었던 유명인이다. 당시 연극이 군주제를 소재로 삼기 시작하면서 엘리자베스 시대와 제임스 시대의 희곡은 궁정의 약점과 허망함을 연극 내용에 반영했다. 당시의 극장 연극은 왕정과 귀족이라는 귀속적 셀러브리티들을 드라마를 이용해 비판하는 강력한 장치였다. 그 때문에 연극은 청교도주의자들과 왕정주의자들의 타깃이 되었다. 이들은 극장에서 공연되는 연극이 왕정과 귀족 사회를 비판하지 못하도록 더 강력히 규제해야 한다고 주장했다.

1642년 영국의 청교도혁명 이후 극장에서의 연극이 금지되면서 대중 극장들은 모두 문을 닫았다. 하지만 이런 조치가 무대 연극 문화와 전통의 불씨까지 끌 수는 없었다. 연극은 지하 세계로 스며들었다. 1660년 영국의 왕정이 복고된 이후, 대중 극장은 합법적인 대중 오락문화의 장으로 되살아났다. 찰스 2세는 토머스 킬리그루Sir Thomas Killigrew과 윌리엄 대버넌트Sir William Davenant에게 런던에서 1843년까지 극장을 운영할 수 있는 독점권을 줬다. 킬리그루는 킹스 컴퍼니를 세운 뒤 기븐스 테니스장에서 연극을 공연했다. 대버넌트는 듀크 회사를 세우고 링컨 여인숙 앞마당(이후 코번트 가든)에서 연극을 공연했다. 처음에 이 회사들이 내놓은 연극 공연은 예전 연극의 리바이벌이나 표면적인 변형에 불과했다. 하지만 이후에는 새로운 장르인 풍속 희극을 내놓는 등 독창적인 스타일을 발전시켜 인기를 끌었다. 윌리엄 위철리William Wycherley, 윌리엄 콩그리브William Congreve, 존 밴브루John Vanbrugh, 조지 파쿼George Farquhar 등이 쓴 희곡을 바탕으로 한 이러한 연극들은 셰익스피어의 작품만큼 인기를 끌지는 못했지만, 극장을 궁정 사회의 연장으로 보고 당시 유행을 잘 반영한 작품들로 평가받는다.

이러한 극장 문화의 재등장에서 가장 눈에 띄는 특징은 무대에서 여성의 공연이 처음으로 허용되었다는 것이다. 엘리자베스 배리Elizabeth Barry, 레베카 마셜Rebecca Marshall, 앤 브레이스거들Anne Bracegirdle, 프랜시스 마리아 나이트Frances Maria Knight, 메리 리Mary Lee 등이 대중의 열렬한 인기를 얻었다. 하지만 이들의 상대 배우인 콜리 시버Colley Cibber, 토머스 베터턴Thomas Betterton, 토머스 도젯Thomas Doggett, 헨리 해리스Henry Harris 등 남성들이 더 큰 인기를 얻었다. 여성이 연극 무대에 오르는 것에 대한 편견이 여전히 존재하고 있었으므로, 여성 배우들에게는 주연이 아닌 조연만 맡겼기 때문이다.

킬리그루와 대버넌트가 극장의 독점 운영권을 갖는 것이 합법임을 뒷받침하는 '사전허가법'이 1737년에 발효 이후에 무허가 연극 공연장에 대한 검열과 단속이 강화되었다. 하지만 도시 산업화 사회의 성장은 궁정의 통제 범위를 넘어선 상태였다. 왕정과 귀족을 다루는 풍자극에 대한 대중의 욕구가 넘쳐나면서 격식 없는 거리 공연이 곳곳에서 등장했다. 연극이나 춤, 광대극, 팬터마임과 노래 등 다양한 형태의 거리 공연이 주로 이뤄졌다. 지방 도시의 인구 증가도 연극의 지방 순회공연 확산에 한몫했다. 18세기의 가장 유명한 배우 관리자 데이비드 개릭David Garrick은 자연스러운 연기 스타일을 개발했으며, 극장을 열었다. 그는 셰익스피어의 연극에 초점을 맞춰 새 공연 양식을 개발했다. 또 자기 자신이 당시 주도적인 문학 평론가들과 어깨를 나란히 하는 취향과 안목을 갖춘 배우 관리자의 롤 모델이자 유명 인사라고 끊임없이 소개했다. 16세기부터 18세기 사이에 크게 확산된 인쇄 문화와 함께 무대 공연 문화의 중요성도 매우 커진 상황이었다. 이런 상황과 맞물려 개릭 자신도 당시의 유명인 가운데 한 사람이 되었다. 귀족 사회는 그를 미술계의 권위자이자 나무랄 데 없는 신사로 추켜세웠고, 개릭은 국가의 보물로 여겨졌다.

개릭은 탄탄대로를 달렸다. 그렇지만 그의 성공을 궁정과 대중 사회 사이의 분리가 완전히 사라진 증거라고 단정하는 것은 성급한 일이다. 그가 영국 극장 공연의 고전적인 상연 목록을 만들고, 영국 고전 문화의 부흥을 이끌 만큼 성공을 거둔 것은 사실이지만, 개릭의 극장과 공연은 기본적으로는 상류 문화를 숭배하고 재발명하는 수준에 머물러 있었기 때문이다. 여전히 힘과 권력의 주변부에 머물고 있었다는 얘기다. 그가 당시 사회의 규범에 순응하고 스캔들을 두려워했기 때문에, 그는 상류사회에서 인정을 받았다. 하지만 그가 받은 환영은 매우 제한적인 것이었고 개릭은 결코 부와 권력, 영향력의 끝자락에서 한 발도 더 떼지 못했다. 예술적 자유는 기존 권력에 의해 수놓아졌다. 가난한 사람들과 소외 계층들은 궁정의 눈 밖에 나서 스캔들에 휩싸인 예술가들의 운명을 보여준 빈의 모차르트Mozart를 보면서 고통을 느꼈다. 예술가들이 자신들의 경력이 훼손될지 모른다는 두려움을 개의치 않고 성에 대한 태도나 견해, 종교적 신념, 정치적 성향을 공개적으로 드러내기까지는 거의 200년의 시간이 필요했다.

19세기에 대중은, 고급문화 중심이던 개릭의 극장과는 크게 대조되는 새로운 형태의 대중적인 즐거움과 마주한다. 영국 중부 도시 레스터 광장 버퍼드의 파노라마에서는 새로운 볼거리를 제공했다. 뮤직홀과 선술집 문화가 인기를 끌면서 사회 풍자극과 비극을 새로우면서도 친숙하게 대중에게 전달하기 시작할 때였다. 1834년 '극장규제법'으로 드루리 레인Drury Lane과 코번트 가든의 극장 독점이 깨졌다. 검열은 1968년까지 계속 이어졌지만, 영국 극장은 이미 이때부터 조금씩 사회적·정치적 이슈를 건드리면서 더욱 도전적인 모습을 보이기 시작했다. 1800년대 후반에 등장한 오스카 와일드Oscar Wilde의 응접실 희극(응접실을 무대로 상류사회 인물들을 다룬 희극 _옮긴이)은 상류층의 풍습과 편견을 풍자했다. 하지만 오스카 와일드는 정치보다 미학에 항상 더 관심이 많았기 때문에 그의 연극은 비판극 중심으로 발전하지는 않았다. 그 대신 1900년대에 존 오스번John Osborne과 해럴드 핀터Harold Pinter, 데이비드 머서David Mercer 등이 계급 문제를 다룬 사회적이고 비판적인 노동자 연극(1950~1960년대 노동자 계급의 생활을 그린 연극 _옮긴이)을 많이 선보였다.

영국 극장의 발달은 일상생활의 미학화가 이뤄지는 과정을 잘 보여준다. 궁정이 원하는 내용과 형식만 다루던, 초기의 상류사회 극장 독점화가 깨지면서 문화적 취향은 산업화와 상업화, 여행과 도시 인구의 집중화 등을 통해 다양화되었다. 그러면서 취향 문화는 지역과 나라에서 전 세계적인 수준으로 확장되었다. (후에 전자 매스미디어로 발전하는) 인쇄 문화도 유명인과 물리적으로 멀리 떨어져 있는 팬들 사이를 하나로 이어주는 매력적인 연결고리 역할을 하며 다양한 방법으로 진화했다. 물리적으로 떨어져 있는 대상(유명인)에 대한 사람들의 욕망은 점점 커져갔고, 추상적인 모습을 띠게 되었다. 재현, 그리고 미디어 재현의 다양한 산업은 유명인을 인식하게 하는 중요한 수단으로 발전했다. 성취한 셀러브리티가 귀속적 셀러브리티를 대체한 것처럼, 공적 영역이 확대되고 취향 문화의 획일적이고 강압적인 표준화가 힘을 잃게 되면서 문화 자본에 대한 경쟁은 더욱 커지고 확대되었다. 사회는 공인들이 무대 위의 패션모델처럼 경쟁하는 장소가 되었다. 미학화된 문화는 아름다움과 놀이, 즐거움을 상품화하는 효과를 가져왔고, 자본 중심의 경제 발전은 아름다움에 대한 인식과 판단조차 '비쌀수록 좋은 것'이라는 양적 계층화의 모습을 띠기 시작했다.

자립과 유명인

일상생활의 미학화가 일반화되면서 일상 문화 속에서 유명인은 더욱 도드라지기 시작했고, 궁정의 실제적이고 상징적인 권력은 갈수록 약화되었다. 서민층과 임금 노동자 가운데 여러 명이 당대의 아이콘으로 떠올랐다. 나폴레옹은 코르시카 대소인(영국의 지방 법무사와 유사한 직종 _옮긴이)의 아들이었다. 증기 기관차를 발명한 조지 스티븐슨George Stephenson의 첫 직업은 기차 엔진에 석탄을 넣어 불을 때는 일꾼이었다. 과학자 마이클 패러데이Michael Faraday는 대장장이의 아들이었다. 영국의 유명한 소설가 찰스 디킨스Charles Dickens는 파산자의 아들이었고, 유년 시절 구두약 공장에서 일했던 것으로 유명하다. 화가 J. M. W. 터너J. M. W. Turner는 코번트 가든 광장의 이발사이자 가발 상인이었다. 유명한 정치가이자 세계주의를 주도한 벤저민 프랭클린Benjamin Franklin, 미국의 7대 대통령 앤드루 잭슨Andrew Jackson과 16대 대통령 에이브러햄 링컨 모두 성취한 셀러브리티이며 궁핍한 것까지는 아니지만 경제적으로 불안정한 상황에서 시작한 인물들이었다. 이들 모두 처음부터 금수저를 물고 태어난 선천적인 유명인들과는 달리 대중문화 속에서 그들의 에너지와 재능과 열정을 인정받은 사람들이었다. 이들이 어떻게 부와 명예, 존경을 얻고 영향력을 발휘하게 되었는지에 대해 대중이 지대한 관심을 갖는 것은 당연한 일이었다.

자기 수양에 뛰어난 도덕주의자 새뮤얼 스마일스Samuel Smiles는 1859년에 성취한 셀러브리티들의 이야기를 다룬 『자립Self Help』이라는 역사적 책을 출간했다. 이 책은 영국 빅토리아 왕조 중기의 인기 있는 치료서이자 상담서의 초기 사례로 볼 수 있다. 『자립』은 과학, 정치, 상업, 산업과 예술 전 분야의 성취한 셀러브리티들의 삶을 연구해 발굴한 그들의 일화와 삶의 교훈을 담고 있다. 이 책은 성취한 셀러브리티들을 사회적 신분 상승의 동력을 보여주는 살아 있는 교훈으로 묘사하고 있다. 『자립』은 게으름이나 이기심을 부분적으로 비판하고 있다. 이 책은 일이 자기 수양의 도구이자 도덕적 정직성의 잣대이며, 모든 도덕적·사회적 철학 가운데 소유적 개인주의(공유물에 개인의 노동이 더해지면 공유물은 곧 그 개인의 소유가 된다는 이론 _옮긴이)의 우월성을 보여주는 증거라고 주장한다. 『자립』은 또 국가의 발전은 결국 개인 기업과 에너지, 강직함의 총합이라고 말한다. 하지만 무엇보다도 성취한 셀러브리티들의 총합이 그 국가의 발전을 보여준다고 주장한다.

스마일스는 성취한 셀러브리티들이 공적 책임과 의무를 가진다고 말한다. 그는 쾌락적이고 포악한 유명인들을 비난했다. 이는 스마일스가 인간 숭배주의의 최악의 형태라고 주장한 '황제정치주의' 현상이었다. 그에 따르면 이러한 현상은 단순히 권력이나 부를 숭배하는 것과도 같았다.[6] 이런 현상에 반발해

---

6) S. Smiles, *Self Help* (London, 1859), p.21.

스마일스는 기독교적 맥락이 있는 정력적 개인주의를 주장했다. 개인의 노력으로 경제적·사회적으로 부족한 개인의 출신이나 배경을 극복할 수 있다는 내용이었다. 정력적 개인주의는 자기 개선 의무를 개인의 노력과 사회에 대한 기독교인의 존경과 의무에 기반을 둔다. 스마일스는 성취한 셀러브리티가 그 자체로 완성된 것이라는 전제에 반대한다. 성취했건 재능을 타고 났건 간에 유명인은 경제와 문화에 가치를 더하고 기독교의 도덕적 틀을 더 강화하는 데 도움을 줘야 한다는 것이다. 유명인에게 더 높은 민족주의적 책임을 강하게 강조한 것이다. 끊임없는 개인의 자기 개선 노력을 통해 국가의 발전이 이뤄지고 국가의 리더십이 공고해진다는 생각이 바탕이 된 주장이었다.

『자립』은 고급문화에 대한 공격은 아니다. 예를 들면, 스마일스는 이 책에서 선천적으로 타고난 계급의 타당성이나 귀족 사회의 위치와 존재를 인정한다. 그는 이 책의 결론에서 자립의 목표로 '진정한 신사'라는 귀족 사회 모델을 제시한다. 스마일스에 따르면 진정한 신사는 자기 존중의 자질과 너그러움, 정직함, 강직함, 명예심을 갖춘 인물이다. 일반적으로 이런 조건을 갖춘 인물은 선천적으로 타고난 귀족 계급의 사람들이 많았지만, 스마일스는 귀족 사회가 이를 독점해서는 안 된다고 주장했다. 오히려 귀족 사회에서 모든 계급으로 이러한 장점을 확산해야 한다고 말했다. 노동계급에게 사회적 신분 상승의 기회를 주고, 가난한 사람들에게는 신사다운 역량을 키울 기회를 제공해야 한다고 스마일스는 주장했다. 그는 저서 『자립』에서 귀족 문화의 미덕을 인정하면서도, 노동하는 대중을 과학·문화·예술의 위대한 선도자가 등장할 가장 중요한 집단으로 보고 있다.

『자립』은 몇 번의 개정판 발간을 거쳐 이른바 '노동의 복음'이 되었다. 이 책은 20세기까지 산업계에서 꾸준히 팔렸으며, 스마일스를 유명인으로 만들었다. 스마일스는 이 책을 통해 몇 가지 지속적인 이론적 제안을 하는데, 그것은 정력적인 개인주의가 사회체제와 번영을 가져오고, 성취한 셀러브리티는 완벽한 인간형을 대중에게 소개하고 사회적 경쟁 모델을 제시함으로써 인류의 가치를 한 단계 높인다는 것이다. 한편 토머스 홉스Thomas Hobbes는 그의 저서 『리바이어던Leviathan』(1651)에서 정치경제학의 전통적인 과정에서 사회체제와 번영이 어떻게 달성되는지 소개했다. 홉스는 자연의 본성은 모두가 모두의 적인 전쟁 상태라고 주장했다. 이런 상황에서 지배는 만족스러운 해결책이 될 수 없다는 것이 홉스의 주장이다. 지배 상황을 인정하게 되면, 지배 세력과 피지배 세력 사이에 뚜렷한 갈등이 생길 수밖에 없어 결국 충돌이 불가피하기 때문이라는 것이다. 홉스는 개인의 권리와 자유의 제한을 명시한 사회적 계약을 맺는 것이 이러한 전쟁 상태를 해소하는 올바른 해결책이라고 제안했다. 스마일스의 주장은 이러한 사회적 계약 이론의 한 유형이다. 『자립』은 사회적 개선의 책임을 개인의 어깨에 지우고 있으며, 노동이 예수 그리스도의 이름으로 행해진다고 이야기한다.

홉스와 스마일스는 모두 매우 보수적인 사상가였다. 두 사람 모두 세부적인 내용에 대해 따져 묻는 것을 원치 않았다. 부와 명예를 분배하는 경제적·사회적 원칙이 무엇인지, 적절하고 공평한 사회적 대안은 무엇인지 등에 대해 구체적인 논의를 꺼렸다. 성취에 대한 논의는 오로지 개인의 영역과 노력 안에서만 이뤄졌다. 스마일스는 성취한 셀러브리티들을 명확히 롤 모델로 묘사했다. 경쟁을 부추기기 위한 의도였다. 그리고 이런 경쟁을 통해 소유적 개인주의와 시장사회를 중심으로 한 사회체제 형성을 강화하려 했다. 스마일스는 유명인을 유용한 도구로 봤다. 그래서 스마일스는 창조와 기업가 정신, 학자 정신과 예술적 성취 등을 통해 경제적·사회적 구조의 가치를 높이는 유명인에 집중했다.

하지만 19세기 매스컴의 확산은 외설적인 관심 또한 확장했다. 영국 런던 서문에 있던 유명한 감옥 뉴게이트를 다룬 아서 그리피스 Arthur Griffith의 저서 『뉴게이트 연대기 The Chronicles of Newgate』(1883)는 유명한 도둑과 살인자, 위조범, 암살자, 사기꾼, 노상강도 등의 이야기를 다루며 사형장 교수대에 오르는 그들의 마지막 순간까지 상세히 묘사했다. 성적인 고백을 담아 큰 인기를 얻은, 익명의 작가가 쓴 책 『나의 비밀 생활 My Secret Life』(1888)의 성공은 도덕적·성적 일탈이 대중의 관심을 엄청나게 불러올 수 있다는 것을 보여주었다. 이제 셀러브리티 문화는 스마일스나 다른 학자들이 의도했던 것처럼 존경할 만한 인물의 경쟁에만 국한되지 않게 되었다. 게다가 도덕적·문화적 경계를 넘어설 준비가 되어 있는 사회 비평가와 개인이 이러한 컬트적 관심사의 독자가 되었다. 셀러브리티 문화는 점차 인성이나 사회적 관습, 모험적 충동, 열정, 도덕적 혹은 비도덕적 욕망, 행동 변화, 심리학적 충동 등을 반영하기 시작했다. 셀러브리티 문화의 부상은 개인의 성취에 대한 환상을 반영한 것이 아니다. 커져가는 사회 형태에 대한 환상이 반영된 것이다. 특히 성취한 셀러브리티의 개성적인 외모나 습관, 즉시 알아볼 수 있는 기쁨이나 고통, 축적한 부의 도덕적 결과, 재능의 변화나 쉽게 속는 대중 등이 셀러브리티 문화에서 중점적인 탐구 대상이 되었다.

연출된 유명인

제임스 보즈웰 James Boswell의 저서 『새뮤얼 존슨의 삶 The Life of Samuel Johnson』(1791)은 대중문화의 부속물로 살던 공인의 삶을 치켜세운 대표적인 작품이다.

보즈웰은 이 책을 통해 선천적인 유명인과 성취한 셀러브리티 모두의 허영심과 약점을 꽤 많이 폭로했다. 보즈웰 이전에도 성취한 셀러브리티에 대해 책을 쓴 작가들은 있었지만 대부분 성취한 셀러브리티를 칭송하기 위한 것이었지 책을 쓴 작가 자신을 공인으로 끌어올린 것은 아니었다. 그의 책에 나오는 새뮤얼 존슨은 의심할 여지없이 사회적 계약을 통해 존재하는 인물이었다. 존슨의 문화적 성취는 인간사에 대한 지혜를 주고받으며 이뤄졌다. 이는 보즈웰이 유명한 전기 작가로서 자신의 책을 위해 필요로 하는 이미지기도 했다. 존슨의 삶을 연대기로 정확히 기록함으로써 보즈웰은 존슨의 역사적 중요성을 일깨우는 동시에 작가 자신의 삶에도 중요한 가치를 부여했다. 보즈웰의 책은 명성의 민주화와 근대적인 팬덤의 탄생을 불러오는 신호가 되었다. 그의 책은 성취한 셀러브리티의 성과와 목표에 집중해 작가 자신과 대중에게 경쟁을 통해 성취한 셀러브리티처럼 이익을 얻을 수 있다는 것을 보여줬기 때문이다. 성취한 셀러브리티 문화의 부상은 사회 권력의 민주화도 가져왔다. 대중 속에서 탄생한 성취한 셀러브리티는 귀속적 셀러브리티의 권력과 명성의 쇠락을 반영하는 것이기 때문이다.

연출된 유명인은 축적된 기술과 행동 전략, 대중문화 속에서 기념비적 상태에 오르려는 자기 투영 등과 관련이 있다. 이러한 기술이나 전략이 성공적으로 이뤄지면 성취한 셀러브리티는 우상의 지위를 지속적으로 가질 수 있다. 민주주의는 모든 유권자들이 형식적으로 평등하다고 가정하기 때문에, 민주주의 체제의 지도자가 여론에 영향을 끼치려면 일반인보다 더 뛰어난 재능을 갖고 있어야 한다. 그래서 정치 지도자들은 곧 유명인 만들기에 익숙해진다. '국민을 위한' 정부를 천명하는 미국 링컨 대통령의 연설은 사실 자본과 당파의 이익을 감추기 위한 복화술에 불과하지만, 이런 기술이 대중에게 효과적으로 작용하면 지속적인 영도자를 만들어낼 수도 있다. 통나무집에서 백악관까지 링컨의 여행과 이어진 '국가의 통합을 위한' 링컨의 수난은 여기에 딱 들어맞는 좋은 사례다. 미국의 소설가이자 정치가, 미디어 전문가인 고어 비달Gore Vidal은 1984년 소설 『링컨Lincoln』을 출간했는데 당시 비달은 자신의 소설을 허구로 재분류하도록 강요당했다고 불평했다. 대통령의 일대기를 다룬 대부분의 소설이 감성적인 우상화로 빠지는 경우가 많기 때문에 허구로 분류해야 한다는 이유였다. 실제로 비달은 수십 년 동안 정치 전문가들과 열성적인 지지자들이 만들어놓은 상상의 궁전에서 링컨을 구출할 필요가 있다고 주장했다.

사실 링컨은 연출된 유명인의 대명사라고 할 수 있다. 링컨의 연설은 유권자의 지지를 얻기 위한 호소였고, 치밀한 정치적 계산과 노련함을 바탕으로 나온 것이었다. 남북전쟁에 대한 그의 생각은 항상 후세의 관점에 맞춰져 있었다. 링컨의 게티즈버그 연설은 단순히 남북전쟁 전사자들에 대한 숭고한 애도라기보다는, 링컨 자신이 상상하고 있던 국가 재건에 대한 기획적인 연설이었다.

하지만 링컨이 정치권력을 성취하는 데 연출된 유명인이 중요하다는 것을 보여준 첫 번째 대통령은 아니다. 어떤 문화 속에서 우상을 만들어낸다는 것은 매우 가치 있는 정치적 자산이다. 대중적인 인지도가 생기는 것은 물론이고, 문화적 권위와 귀티까지 뿜어져 나올 수 있기 때문이다. 앤드루 잭슨은 연출된 유명인의 기술과 전략을 대대적인 정치적 무기로 발전시킨 첫 번째 대통령이다. 여러 가지 측면에서 잭슨은 전형적인 19세기 모험가였다. 그는 미국 독립전쟁 당시 보병이었는데 영국군에 붙잡혀 옥살이를 하기도 했다. 잭슨은 내슈빌의 유명 인사로 경마에 빠져 있던 것으로 알려진 찰스 디킨슨Charles Dickinson과 결투를 벌여 그를 죽이기도 했다. 잭슨은 백인 우월주의자였고, 미국의 인디언들과 싸워 땅을 빼앗은 토지 수탈자기도 했다. 그의 권력은 결국 미국의 원주민인 인디언들을 내쫓고 땅을 빼앗은 데서 시작되었다. 1815년 뉴올리언스 전투에서 영국군을 상대로 한 잭슨의 승리는 그를 전국적인 영웅으로 만들어줬다. 실제로, 그 승리는 미국이라는 국가의 형성 과정에서 중요한 결정적인 계기가 되었다. 이 승리로 잭슨은 국가적 우월감과 자신감을 높인 영웅이 되었다. 잭슨의 대통령 선거 캠페인은 이러한 평판을 활용해 잭슨이 경쟁 후보자보다 더 두려움 없이 용감하고 의지가 굳은 사람이라고 강조하는 데 맞춰졌다. 잭슨은 자기표현이나 여론 형성에서 미디어의 중요성도 잘 이해하고 있었다. 그래서 그는 선거 기간 동안 신문사 ≪더 글로브The Globe≫를 중심적인 홍보 도구로 활용했다. 더 글로브는 민주당을 완벽히 통제하면서 전국적으로 영웅적 인기를 얻을 수 있는 플랫폼을 잭슨에게 제공했다.

링컨이 전 미국인들에게 불멸의 마법적인 존재가 되도록 한 기본적인 사회적·정치적 장치는 앤드루 잭슨의 임기 중에 계획되고 시행되었다. 잭슨의 재임 기간은 연출된 유명인을 최우선적인 정치 도구로 발전시켜 활용한 시기다. 잭슨 이후에 거의 모든 대통령 선거 캠페인이 언론을 활용해 캠페인에 유용한 유명인들의 가치를 높이려고 안간힘을 썼다.

셀러브리티 문화의 성장은 유명인 광고에도 새로운 기회를 열어줬다. 워런 하딩Warren Harding(1921~1923) 대통령의 재임 시기 이래, 대통령들은 영화배우들을 활용해 유권자들의 지지를 얻는 방법을 찾기 시작했다. 이런 현상은 존 F. 케네디 대통령 재임 시기에 절정에 이르렀다. 케네디 대통령은 그의 매제였던 영화배우 피터 로퍼드Peter Lawford를 이용해 프랭크 시나트라, 새미 데이비스 주니어Sammy Davis Jr, 매릴린 먼로 등 유명인들을 백악관으로 불렀다. 케네디 대통령과 먼로의 염문설은 정치판과 영화계가 셀러브리티 문화와 얼마나 밀접한 관계를 맺고 있는지 상징적으로 보여준다.

찰리 채플린, 험프리 보가트Humphrey Bogart, 에드워드 G. 로빈슨Edward G. Robinson 등 할리우드 스타들이 공개적으로 정부에 비판적이고 진보적 견해를 보였던 시기에 캘리포니아에서 자란 리처드 닉슨Richard Nixon 대통령은 상대적으로 유명인 광고에 무관심했다. 닉슨은 자신의 보잘것없는 배경과 외모 콤플렉스 때문에 호의를 거부하는 불안정하고 속 좁은 인물의 표상이다. 닉슨의 재임 동안 백악관에 초대받은 유명 영화배우는 존 웨인 등 극소수에 불과하다. 하지만 로널드 레이건이 대통령이 되면서 이런 상황은 급격히 바뀌었다. 그 자신이 전직 할리우드 영화배우였던 레이건 대통령은 셀러브리티 문화의 선전 효과가 상당하다는 것을 알고 있었다. 1981년 레이건 대통령의 취임식은 두 시간 반짜리 할리우드식 대형 쇼로 기획되었다. 유명 바이올리니스트 에프렘 짐발리스트 주니어Efrem Zimbalist Jr가 할리우드 스타들의 퍼레이드를 연출했고, 할리우드 유명 배우 찰턴 헤스턴Charlton Heston이 위대한 미국 문학을 낭독했다. 유명 토크쇼 호스트 자니 카슨Johnny Carson이 취임식 실황 중계방송을 했다. 도니 오즈먼드Donny Osmond는 척 베리Chuck Berry의 고전곡을 자유롭게 해석해 새롭게 이름 붙인 「고 로니 고Go Ronnie Go」를 불렀고, 에설 머먼Ethel Merman은 「에브리싱스 이즈 커밍 업 로지스Everything's Coming Up Roses」를 불렀다. 프랭크 시나트라는 새로운 퍼스트레이디가 된 낸시 레이건Nancy Reagan을 향해 「웃는 얼굴의 낸시Nancy With the Laughing Face」를 불렀다.

빌 클린턴은 영화 스타와 팝스타들을 자신의 정치적 이미지 향상에 잘 활용한 첫 번째 '로큰롤 대통령'으로 알려져 있다. 2000년 미국 대통령 선거에서 민주당 대선 후보로 나왔다가 낙선한 앨 고어Al Gore는 로버트 드니로, 해리슨 포드, 마이클 더글러스Michael Douglas, 잭 니콜슨Jack Nicholson, 케빈 코스트너, 톰 행크스, 니콜라스 케이지Nicolas Cage, 리처드 드라이퍼스Richard Dreyfus, 제임스

가너James Garner, 허비 핸콕Herbie Hancock, 올리버 스톤, 로브 라이너Rob Reiner, 데이비드 게펀David Geffen, 마이클 아이스너Michael Eisner, 스테판 스필버그 Stephen Spielberg, 기네스 펠트로Gwyneth Paltrow, 샤론 스톤Sharon Stone, 진 트리플 혼Jeanne Tripplehorn, 셰릴 크로Sheryl Crowe, 바브라 스트라이샌드Barbra Streisand 등 유명인들의 공개적인 지지와 재정적 지원을 받았다.

영국의 경우에는 정당 지도자들이 미국 스타일의 전략을 쓰는 데 익숙지 않다. 영국 총리를 두 차례 역임한 해럴드 윌슨Harold Wilson이 미국적 성공을 이끌어오기 위해 비틀스와 1960년대 연예·공연 사업자들을 대상으로 연 시상식은 지금 보면 어설프고 마음에 와닿지 않으며 당황스럽다. 1980년대 중반까지 전후 선거 캠페인은 상대적으로 후보자에 대한 적극적인 홍보를 억제하는 로우키 전략을 주로 사용했다. 마거릿 대처는 복지국가의 틀을 깨고 영국 개인주의에 새로운 생명을 불어넣은 종말론적 지도자로 평가받는다. 확실히 대처의 등장은 본질을 뛰어넘은 승리였으며, 영국인들은 대처의 재임 기간에 광범위하게 퍼진 사회적 불안과 모호한 경제 성과에 시달려야 했다. 그런데도 대처가 유권자들에게 인기가 높았다는 것은 의문의 여지가 없다. 대처는 선거에서 세 번 연속 승리해 영국 총리를 세 차례 역임했다. 대처는 자신의 정치적 영향력을 확대하기 위해 유명인들을 활용했지만, 이러한 움직임은 상대적으로 볼 때 과하지 않았다. 비록 디스크자키이자 코미디언인 케니 에버렛Kenny Everett이 1983년 영국 보수당 캠페인에서 "러시아에 폭탄을"이라고 저주를 퍼부은 악명 높은 연설을 하기는 했지만 말이다.

존 메이저John Major 총리 시절은 해럴드 윌슨과 에드워드 히스Edward Heath, 제임스 캘러헌James Callaghan 시절과 같은 로우키 리더십으로 돌아간 때다. 하지만 1990년대 들어 신노동당은 이런 전략을 폐기했다. 토니 블레어 총리는 신노동당 캠페인의 중심이라고 할 수 있다. 아마 블레어의 아내가 배우 앤서니 부스Anthony Booth의 딸이었기 때문에, 블레어는 공개적으로 유명인들과 만나는데 대해 부끄러움이 없었을 것이다. 노엘 갤러거Noel Gallagher와 리엄 갤러거, 그리고 여타의 영국 팝스타들이 총리실을 찾았다. 블레어는 대중과의 만남이나 선거 캠페인, 언론 인터뷰까지 모두 새뮤얼 스마일스가 박수를 보낼 만큼 그리스도적 개인주의를 잘 실현해 성공적인 정치인 반열에 올라섰다.

사진과 연출된 유명인

연출된 유명인이 사회에서 유명세를 얻게 된 중요한 요소 가운데 하나가 사진의 등장이다. 대중적인 이미지는 공적인 얼굴의 등장과 유포에 중요한 역할을 한다. 현대 문화에서 사진은 언제 어디에나 있는 것이기 때문에 사진의 발명이 채 200년이 안 되었다는 것을 잊기 쉽다. 1839년 프랑스의 화가이자 사진가인 루이 다게르Louis Daguerre가 프랑스 학술원에서 발명가 조제프 니에프스J. N. Niepce와 함께 개발한 사진 제작 공정을 전시했다. 잉글랜드에서는 윌리엄 헨리 폭스 탤벗William Henry Fox Talbot이 빛에 민감한 종이를 이용해 이미지를 포착하는 시도를 했다. 그는 1835년에 감산을 사용해 빛을 투과하고, 인쇄가 가능한 종이를 만드는 데 성공했다. 사진을 통한 문화 혁명의 가장 중요한 준비가 이뤄진 것이다.

1840년대 중반까지 루이 다게르 스타일의 갤러리가 파리와 런던, 뉴욕에 세워졌다. 사진은 뉴스 전달 수단으로도 유용하게 이용되었다. 로저 펜턴Roger Fenton의 크림 전쟁(1854~1856) 사진, 매슈 브래디Matthew Brady의 미국 남북전쟁

(1861~1865) 사진 등이 그것이다. 이 외에도 사진을 통한 인물 묘사는 유명인 연출에도 새로운 기회를 제공했다. 프랑스 사진작가 나다르Nadar(본명 가스파르 펠릭스 투르나숑Gaspard-Félix Tournachon)는 관객이 사진을 통해 사진 속 대상 인물의 습관이나 의견, 개성, 본질까지 모두 이해할 수 있다고 주장했다. 나다르가 당시의 유명 화가 오노레 도미에Honoré Daumier나 클로드 모네Claude Monet, 장 프랑수아 밀레Jean-François Millet, 장 바티스트 카미유 코로Jean-Baptiste-Camille Corot, 귀스타브 도레Gustave Doré, 콘스탄틴 기스Constantin Guys와 샤를 보들레르Charles Baudelaire 등을 모델로 출판한 초상 사진집은 유명인을 대중에게 드러낸 대표적인 통로였다. 이후 사진은 빠르게 초상화를 대체해갔다.

1894년에 제임스 포크James Polk는 사진을 찍은 첫 번째 미국 대통령이 되었다. 하지만 미국인의 상상 속에 자신의 위엄 있는 이미지를 사진으로 남긴 인물은 링컨 대통령이었다. 링컨은 국가를 국민의 집합으로 이뤄진 하나의 인격체인 것처럼 의인화해 자신의 존재를 굳건히 다지는 데 사진을 의도적으로 이용했다. 너새니얼 호손Nathaniel Hawthorne은 링컨 대통령이 남북전쟁 당시 "북군의 근본적인 대표"라고 선언하고 "본받아야 할 인성의 참된 본보기"라고 말했다.[7] 비슷한 시도가 워싱턴 대통령이나 제퍼슨 대통령, 잭슨 대통령 시절에도 있었지만 큰 성과를 거두지 못했다. 하지만 링컨 재임 시절에는 사진 기술이 발달하고 그 가격도 저렴해지면서 사진이 과거에는 상상할 수 없었던 기회로 다가왔다. 사진은 더 진실하고 친밀한 느낌의 초상화를 대중에게 제공할 수 있었기 때문이다. 1854년에 프랑스 초상 사진가 앙드레 디스데리André Disderi는 미세 초상화와 사인으로 구성된 명함을 선보였다. 링컨이 1861년 선거에서 승리하는 데는 사진가 매슈 브래디가 선거 캠페인을 위해 만든 링컨의 사진을 담

---

7) Nathaniel Hawthorne, in J. Mellon, *The Face of Lincoln* (New York, 1979).

은 명함도 한몫했다.

디스데리의 카메라는 하나의 유리판에 10장의 사진을 찍을 수 있었기 때문에 대량 생산을 통해 대중에게 사진을 공급할 수 있었다. 1860년대부터는 빅토리아 여왕Queen Victoria이나 헨리 워즈워스 롱펠로Henry Wadsworth Longfellow, 율리시스 그랜트Ulysses Grant와 같은 유명인들의 사진 명함을 수집하는 팬들이 생겨났다. 나다르는 발 빠른 선구자였다. 그는 발 빠르게 초상화 사진 사업의 수익 사업들을 개발해나갔다. 초상 사진 사업은 20세기까지 호황을 이뤘는데, 당시에는 유명한 운동선수나 영화배우로까지 그 범위가 넓어졌고 심지어 담뱃갑에 공짜로 실리기도 했다.

초상 명함은 셀러브리티 문화가 대중에게 확산되는 데 적지 않은 역할을 했다. 사진 이미지를 통해 유명인들이 더 대중에게 가깝게 다가갈 수 있도록 했기 때문이다. 사진을 통해 유명인의 모습을 언제 어디서나 볼 수 있게 되면서 셀러브리티 문화의 형식과 다양성은 대중문화에서 더 중요하고 확고하게 자리 잡았다. 하지만 사진이 단지 순기능만 한다고 가정하는 것은 잘못된 생각일 수 있다. 명함 사진은 포르노 사진 유통에 적합한 형식이다. 1850년 프랑스에서는 공적인 장소에 음란한 사진을 전시하는 것을 금지하는 법이 통과되었다. 음란한 사진을 소유하는 것만으로도 징역형을 받을 수 있었다. 다시 한번 사람들은 사회적 형태의 변형과 억압, 위반과 함께한 셀러브리티 문화의 환상에 매혹되었다. 포르노 사진은 원래 익명의 사람들이 찍어 유통했지만, 1850년 음란한 사진의 유통과 소지를 불법화한 뒤에도 대중 사이에서 불법 사진이 확산된 것은 불법적이고 암암리에 유통되는, 비도덕적인 문화의 매력에 대중이 높은 관심을 보인다는 것을 드러낸다. 새뮤얼 스마일스 같은 개혁가들이 사회를 합리적이고 발전적으로 이끌어간 과정도 주변적이고 억압된 변두리 문화에서 악명을 얻은, 성취한 셀러브리티들을 중심으로 이뤄진 것이었다.

경찰의 범죄 용의자 수배 전단도 이런 과정의 한 사례라고 할 수 있다. 그 뒤에 감춰진 의도는 주민들에 대한 감시와 모니터링, 통제를 더 향상시키기 위한 것이다. 하지만 법 밖에서 살아가는 악명 높은 범죄자들을 대중에게 공개하면서 그들은 사람들에게 매혹적이고 신화적인 존재가 되기도 한다. 1930년대까지 악한이자 갱이던 알 카포네Al Capone는 시카고의 랜드마크가 되었다. 수많은 배우와 시나리오 작가, 언론계 거물들이 알 카포네를 다뤘고, 경기장이나 식당, 여타 공공장소에 그가 등장하면 사람들은 환호했다. 대중은 알 카포네의 힘과 권력에 일정하게 반응했다. 1920년대 말까지 알 카포네는 시카고 남쪽에서 매춘과 도박, 주류 밀매를 하면서 시카고 북쪽에 자리 잡고 있던 갱단과 영역 다툼을 벌이고 있었다. 알 카포네와 갱단에 대한 이야기가 시카고 시민들의 일상의 절반을 차지할 정도로 그들은 집중적인 관심 대상이었다. 하지만 두려움과 공포는 알 카포네의 명성에서 극히 일부를 차지할 뿐이었다. 경제대공황의 충격에 빠져 있던 미국 대중에게 불법적인 술과 마약을 공급함으로써, 알 카포네는 사람들에게 감사와 존경의 대상이자 이해하기 어려운 인기까지 얻게 된 것이다. 알 카포네는 의적 로빈 후드Robin Hood는 아니었지만, 가난한 사람들에게 국가가 앗아간 삶의 강력한 즐거움을 제공하는 사람이었다. 그래서 당시 알 카포네는 많은 미국인들의 눈에 구체적으로 인식할 수 있는 긍정적인 세력으로 여겨졌다. 알 카포네의 유명세는 심각한 문제를 내포하고 있었지만, 금주령과 경제난으로 고통받던 대중에게 재미와 흥미를 줬다는 점은 부인할 수 없다. 1929년 벌어진 성 발렌타인 데이 학살 사건에서 알 카포네는 시카고 북쪽 갱단 두목 벅시 모런Bugsy Moran을 암살하려다 실패했다. 그 과정에서 모런의 부하 일곱 명이 살해되었는데, 이 사건은 전 세계적인 뉴스가 되었고, 알 카포네가 법 위에 있는 유명인이라는 평판은 더욱 커져갔다. 알 카포네는 1930~1940년대 할리우드 마피아 영화의 모티프가 되기도 했는데, 〈작은 시저 Little Caesar〉(1930), 〈스카페이스Scarface〉(1932), 〈갱스터The Gangster〉(1947) 등이 그런 영화들이다. 알 카포네, 찰리 루치아노Charley (Lucky) Luciano, 프랭크 코스텔로Frank Costello, 비토 제노비스Vito Genovese, 메이어 란스키Meyer Lansky, 벅시 시겔, 조이 아도니스Joey Adonis, 더치 슐츠Dutch Schultz와 같은 악한의 사진이나 영화는 이들을 단순히 나쁜 범법자로만 표현하지 않고 '인기 있는 악한'의 모습으로 낭만적으로 표현했다.

사진은 당시 셀러브리티 문화를 확산하는 중요하고 강력한 도구였다. 사진은 유명인과 대중이 소통하는 기존의 수단인 활자를 빠르게 대체하면서 가장 중요한 미디어로 급부상했다. 사진은 기존의 인쇄 문자 시대에는 불가능했던, 동시에 여러 곳에서 즉각적으로 명성을 얻을 수 있게 했다. 아일랜드의 유명한 소설가 오스카 와일드의 1882년 미국 방문은 그야말로 선풍적이었다. 당시 미국인들은 영국 런던에서 일어난 새로운 미학 운동에 관한 오스카 와일드의 강연에 매료되었는데, 오스카 와일드의 인기는 고대 그리스 미술이나 문화 부흥기에 대한 그의 성찰, 또는 월터 페이터Walter Pater나 존 러스킨John Ruskin의 미학에 대한 와일드의 지혜 때문이라기보다는 뉴욕의 유명 사진작가 나폴레옹 사로니Napoléon Sarony가 연출해 찍은 오스카 와일드의 사진 한 장 때문이었다. 사로니의 연출 사진은 오스카 와일드를 이국적인 아도니스로 만들었고, 미국 전역에 그의 강연을 홍보하는 데 쓰였다.

이와 유사하게, 1920년대 말부터 1930년대 어니스트 헤밍웨이의 놀라울 만한 성공도 일정 부분은 사진작가 헬렌 브리커Helen Breaker가 1928년에 찍은 헤밍웨이 사진 덕분이라고 할 수 있다. 그녀의 사진은 헤밍웨이를 유명 영화배우처럼 인기를 끌게 만들었고, 이후 헤밍웨이의 소설은 서점은 물론이고 신문사와 브로드웨이, 할리우드에서까지 인기가 높았다. 해럴드 하르마Harold Harma가 찍은 미국 소설가 트루먼 커포티Truman Capote의 사진도 비슷한 사례다. 이 사진은 트루먼 커포티의 첫 번째 소설 『다른 목소리, 다른 공간Other Voices, Other Rooms』(1948)의 책 표지로 쓰였는데, 잘 차려입은 커포티가 고급 의자에 나른하게 기대어 앉은 모습을 찍은 것이었다. 이 사진은 그의 소설 내용만큼이나 많은 언론의 관심을 끌었는데, 신문과 잡지들은 소설 내용에 대한 평을 실으면서 그 옆에 이 사진을 같이 실었고, 출판사인 랜덤하우스도 "이 사람이 트루먼 커포티입니다"라는 문구와 함께 서점 진열장마다 이 사진을 광고했다.

책의 저자는 의심할 여지없이 독자들이 환상을 갖는 대상이다. 19세기 문학의 거장 보들레르나 조지 샌드George Sand, 찰스 디킨스, 월트 휘트먼Walt Whitman, 앨프리드 테니슨Alfred Tennyson, 롱펠로 등은 모두 자신의 인물 사진을 찍었고, 출판업자들은 이들의 사진을 활용해 책을 홍보했다. 1920~1930년대까지 출판업자들은 스콧 피츠제럴드F. Scott Fitzgerald나 헤밍웨이, 에벌린 워Evelyn Waugh 같은 소설가들을 유명인의 아이콘으로, 이들의 외모와 스타일을 시대정신으로 의인화하면서, 이들이 내놓은 소설의 문학적 중요성과 동일시하는 광고를 냈다. 그런 측면에서 볼 때 해럴드 하르마가 찍은 커포티의 교묘한 사진은 그 이전의 낡은 방식을 한 단계 뛰어넘은 작품이라고 할 수 있다. 윌 셀프Will Self나 제이 매클러니Jay McInerney, 마틴 에이미스Martin Amis, 자넷 윈터슨Jeanette Winterson, 살만 루슈디Salman Rushdie, 브렛 이스턴 엘리스Bret Easton Ellis와 같은 요즘 작가들은 그러한 영역을 개인숭배로까지 넓혔고, 그래서 이들의 공적 이미지는 그들의 작품보다 더 유명하고 사회적으로 논란이 되기도 한다.

문화 기획자

오스카 와일드와 어니스트 헤밍웨이의 사진은 프로듀서이자 투어 매니저인 리처드 카테Richard Carte와 편집자 맥스웰 퍼킨스Maxwell Perkins가 기획한 마케팅 캠페인의 일부다. 와일드와 헤밍웨이는 대중 앞에 아무런 꾸밈없이 나타나지 않았다. 대중 앞에 보이는 그들의 외모는 홍보와 마케팅 전문가들로 꾸려진 전담 조직이 치밀하게 관리하고 연출한 결과물이었다. 19세기 말까지 공적인 무대에 등장한 유명인들의 외모는 '문화 기획자'들의 축적된 노동의 결과였다고 볼 수 있다. 연출된 유명인들이 전문적인 관리를 받는 것은 지금도 변함이 없다.

문화 기획자의 뿌리를 찾아가면 고대까지 거슬러 올라가야 한다. 로마 이전 시대 영사였던 이우니우스 브루투스 페라Iunius Brutus Pera는 그 최초의 사례 가운데 하나로 볼 수 있다. 그는 기원전 264년에 세상을 떠난 자기 아버지를 기리는 행사를 열면서 처음으로 황소 시장에서 검투사 게임을 선보였다. 이후 검투사 게임은 로마 시대의 가장 인기 있는 볼거리로 자리 잡았다. 하지만 문화 기획자들의 성공은 그냥 이뤄지는 것이 아니다. 치밀한 기획과 광고, 숙련된 프레젠테이션 기술의 발전이 필요하다. 문화 기획자의 기능은 단순히 즐기는 데 그치는 것이 아니라 대중을 끌어들이기 위한 행위를 연출하고 홍보하는 것이다.

중세 시대 유럽에서 순회공연을 하던 전통은 문화 기획자들의 역할을 극대화시켰다. 순회공연 관리자들의 역할을 소개하는 것이 문화 기획자들의 몫이었기 때문이다. 하지만 16세기까지 이런 전통은 사육제를 통해 대중의 관심을 끄는 방향으로만 발전했다. 특정한 유명 배우들의 카리스마에 의존하기보다 연출된 커다란 이벤트 무대에서 여는 공연 형식에 집중하면서 관객을 끌어들였다. 연출된 유명인이 대중의 주목을 제대로 받기 시작한 것은 엘리자베스 시대에 배우 관리자가 생겨나면서부터였다.

하지만 이미 언급한 것처럼 16~17세기 극장의 역사는 파란만장했다. 공연이 허가제였기 때문에 다룰 수 있는 주제나 소재가 매우 제한적이었다. 게다가 교통이나 통신도 그 범위가 제한적이었기 때문에 국가적·세계적인 공감이나 확산을 가져오기는 쉽지 않았다. 즉각적이고 세계적인 유명인의 등장은 18세기 산업과 통신, 교통의 혁신이 이뤄지면서 가능해졌다. 데이비드 개릭은 배우 관리자 전통을 되살렸고, 이는 곧 유명인 홍보의 중요한 수단으로 자리매김했다. 하지만 제대로 된 현대적인 문화 기획자의 등장은 1840년대에 접어들어 나타나기 시작했다.

이러한 발전은 아마도 현대 도시의 형성 및 사회 제도의 변화와 연관이 있다고 할 수 있다. 구체적으로는, 전국적이고 형식을 갖춘 근대적인 학교와 공장, 사업체, 병원, 정부 단체들이 모두 이 시기에 등장했다. 도시 산업화로 도시에 인구가 집중되면서 상업적인 오락이 거리 순회공연 등을 대체하기 시작해 체계적인 엔터테인먼트가 등장했고, 거기서 유명인들이 주연으로 활약하게 되었다.

당시 가장 중요한 문화 기획자는 피니어스 바넘이었다. 바넘은 사회적 형태에 대한 환상이 대중문화와 깊이 연관되어 있다는 것을 깨달았다. 이국적인 사회 형태의 사례로 개인들을 무대에 올림으로써 실제로는 아무것도 없는 배경에서 유명인을 만들어낼 수 있다는 것을 바넘은 알아챘다. 이런 기교는 문화 기획자의 프레젠테이션 기술에 따라 크게 좌우되었다. 실제로 바넘은 1835년 당시 80세였던 조이스 헤스Joice Heth를 데려와, 헤스가 미국 초대 대통령 조지 워싱턴George Washington(1732~1799)의 간호 노예였으며 현재 나이는 161세라고 대중에게 소개해 흥행에 크게 성공했다. 이러한 거짓말의 성공은 바넘이 연출된 유명인의 경제적 잠재력에 눈을 뜨는 계기가 되었다.

1841년에 바넘은 미국 브로드웨이의 실패한 미국박물관을 인수했는데, 당시 이 박물관은 조개나 박제한 새, 화석 등을 전시하는 형편없는 곳이었다. 바넘은 이곳을 '바넘의 미국박물관'으로 새롭게 꾸며 다시 문을 열었다. 바넘은 이 박물관 건물 지붕에 커다란 등대 모양의 조명을 설치해 브로드웨이의 밤거리를 환한 빛으로 오르락내리락하며 비출 수 있게 만들었다. 그는 건물 위쪽 몇 개 층의 창문 100여 개를 다양한 색깔로 칠해 외부 인테리어도 바꿨다. 그 결과 대중은 박물관 입구에서부터 북극곰과 코끼리, 사자, 독수리, 기린, 캥거루 등의 매력적인 이미지와 마주할 수 있었다. 바넘의 박물관은 '꿈같은 백화점'으로 변신했다. 그는 벤저민 펠럼Benjamin Pelham의 〈위대한 파가니니 휘슬러The Great Paganini Whistler〉나 중국 곡예사인 얀주Yan Zoo의 공연, J. 네이선스J. Nathans의 뱀 공연을 이 박물관에서 열기도 했다. 그는 박물관을 홍보하기 위해 공격적인 광고 캠페인을 벌였고, 그의 박물관은 1850년대 뉴욕에서 가장 유명한 볼거리가 되었다.

바넘의 미국박물관은 오락성뿐 아니라 교육적인 목적으로도 활용되었다. 바넘은 박물관 개장 초기에 방대하고 다양한 인류의 역사를 보여주는 인류학적 유물들을 전시하는 데 대해 우려했다. 1860년대 이 박물관의 카탈로그와 안내 책자를 보면 인간의 13가지 진기한 모습이라는 주제로 이 박물관에서 전시하고 있는 인류학적 유물을 설명해놓고 있다. 여기에는 백피증 가족, (소두증으로 고통받는 오빠와 여동생을 중심으로 한) 아즈텍족의 생활, 세 명의 난쟁이, 두 명의 백피증 아이와 흑인 엄마, 턱수염이 난 스위스 여성, 산악지대의 뚱뚱한 소년과 이건 무엇일까?(좀 더 정확히 얘기하면 뚱뚱한 소년은 소두증을 앓고 있는 지적장애 아동 해리 존슨Harry Johnson이다) 등의 주제가 포함되어 있다. 이런 종류의

'진기한 전시'는 사실 천박한 취향이다. 하지만 이런 전시를 통해 바넘은 연출된 유명인을 대중이 그대로 받아들일 것이라는 신념을 더욱 굳혔다.

바넘은 그의 미국 박물관과 이후에 스스로 기획해 떠난 서커스 여행을 자신의 가장 큰 성취로 여겼다. 하지만 바넘이 문화 기획자로 명성을 얻은 결정적인 계기는 난쟁이인, 이른바 '손가락 소년'으로 알려진 찰스 셔우드 스트래턴Charles Sherwood Stratton과 스웨덴의 나이팅게일로 유명해진 제니 린드Jenny Lind를 무대 위에 세운 것이다. 손가락 소년은 그야말로 온전히 바넘의 기획이었다. 바넘은 신장 25인치(약 63.5cm), 몸무게 15파운드(약 6.8kg)에 불과한 난쟁이 소년을 미국 코네티컷주 브리지포트에서 우연히 발견했다. 바넘은 이 소년에게 신화 속 혹은 역사적인 인물로 사람들에게 잘 알려진 큐피드와 삼손, 헤라클레스, 로빈슨 크루소, 케인, 로물루스, 프리드리히 2세, 나폴레옹 등을 흉내 내게 한 뒤 다양한 속임수를 쓰며 공연을 했다. 난쟁이 소년은 처음에는 뉴욕의 관객을 완전히 사로잡았고 이어 미국과 유럽을 휩쓸었다. 그러나 스트래턴이 차차 나이가 들고 뚱뚱해지자, 대중의 관심과 환호도 시들해졌다. 하지만 1863년, 그가 키가 32인치(약 81.3cm)인 여성 라비니아 워렌Lavinia Warren과 결혼하면서 스트래턴의 이력과 바넘의 명성이 되살아났고, 라비니아에 대한 관심까지 바넘의 명성에 더해졌다. 제니 린드는 바넘이 미국에서 150번의 콘서트를 여는 조건으로 15만 달러의 거액을 제안했을 당시에 이미 유럽에서는 잘 알려진 유명인이었다. 린드의 소프라노 목소리는 그녀가 천사라는 루머를 낳을 정도였지만, 그것말고도 린드는 꾸밈없고 자비로운, 순진무구하고 경건한 여성의 상징으로 존경받고 있었다. 바넘은 린드의 콘서트가 열리기 6개월 전부터 그녀의 공연을 대대적으로 홍보하는 캠페인을 벌였다. 바넘은 언론이 그녀의 유럽 공연 성과에 대해 리뷰 기사를 쓰도록 유도했고, 우승 상금으로 200달러를 내걸고 '제니 린드상 노래 경연대회'를 열기도 했다. 또 이 경연 우승자의 음악과 노래를 린드의 실제 공연에 오프닝곡으로 쓰겠다고 공언했다. 실제로 린드가 미국에 도착할 때 2만여 명의 군중이 그녀를 환영했다. 그 당시 바넘은 청중의 흥분을 극대화하기 위해서 자신의 직원들에게 검은 정장을 차려입은 채 붉은 장미 다발을 들고 군중 사이에 섞여 있도록 했다. 린드는 1851년 미국 콘서트 투어에서 계획했던 150회보다 크게 모자란 95회만 공연하고 돌아갔지만, 바넘은 채 1년이 안 되는 동안 린드의 공연으로 71만 2000달러가 넘는 수익을 올렸다.

그런데 매슈 브래디의 미니어처 갤러리가 브로드웨이에 있는 바넘의 미국 박물관 반대쪽에 자리를 잡았다. 대중과의 관계 맺음이 얼마나 중요한지 누구보다 잘 알고 있고 최신 기술을 활용해 대중을 매혹시키는 데 탁월했던 바넘은 브래디를 고용해 손가락 소년과 제니 린드, 백피증 가족, 샴쌍둥이 엥과 창Eng and Chang, 손가락 소년의 결혼식 등을 사진 찍도록 했다. 브래디는 손가락 소년 찰스 셔우드 스트래턴과 그의 난쟁이 아내 라비니아 워렌의 명함판 사진 제작도 도맡았다.

문화 기획자의 영향력이 갈수록 커졌지만 그렇다고 유명인이 문화 기획자에게 종속되는 관계가 맺어진 것은 아니었다. 이를테면 제니 린드가 미국에서 예정했던 공연의 3분의 2 정도만 마친 뒤 나머지 공연을 갑자기 취소했지만 바넘은 린드의 결정을 뒤집을 힘이 없었다. 반대로 모든 유명인들이 항상 운이 좋은 것도 아니다. 대중음악 분야의 유명한 가수였던 미국의 엘비스 프레슬리는 그의 매니저 콜로넬 톰 파커Colonel Tom Parker에게 사정없이 착취당했던 것으로 유명하다. 파커는 엘비스 프레슬리의 음반과 공연, 상품 수익 로열티의 많은 부분을 가져갔다. 파커는 또 1960년대 초반에는 예술가로서 큰 가치를 찾을 수 없는 주류 상업 영화에 프레슬리를 밀어 넣어, 타고난 가수였던 프레슬리를 대중에게 널리 소비되는 연예인으로 만들어 돈을 벌려고 시도했다.

영국의 전설적인 그룹 비틀스의 매니저는 브라이언 엡스타인Brian Epstein이었다. 그는 1967년 일찍 세상을 떠날 때까지 비틀스의 매니저로 활동했는데, 1961년 영국 리버풀의 카번 클럽에서 비틀스를 발견한 뒤 6년 동안 비틀스의 재무와 예산 관리, 콘서트 투어와 홍보 활동을 모두 도맡아 진행했다. 비틀스를 대중에게 알리고 유명인이 될 수 있도록 초석을 다진 것은 엡스타인의 공이었다. 예를 들면 비틀스가 1962년 콘서트 무대에서 처음으로 정장을 입고 등장한 것은 엡스타인의 아이디어였다. 그런데 비틀스가 1966년 콘서트 투어를 중단하기로 결정하면서부터 엡스타인의 영향력이 감소했다. 1967년 엡스타인이 갑자기 세상을 떠나자 비틀스는 대중적인 이미지 관리에 큰 어려움을 겪었다. 비틀스의 멤버 존 레넌과 폴 매카트니Paul McCartney는 마약 복용으로 팬들에게 많은 실망과 충격을 안겨줬고, 비틀스의 1968년 콘서트 투어 TV 스페셜은 비평가와 팬들에게서 혹독한 비판을 받았다. 존 레넌은 1969년 비틀스가 설립한 매스미디어 회사 애플이 자금난을 겪으면서 파산 위기에 처했다고 주장하기에 이르렀다. 비틀스 멤버 존 레넌과 조지 해리슨George Harrison, 링고 스타Ringo Starr는 파산 위기에서 벗어나기 위해 미국의 음악 사업가 앨런 클라인Allen Klein을 매니저로 고용했다. 하지만 다른 멤버인 폴 매카트니가 클라인을 매니저로 받아들이기를 거부했고, 이와 같은 비틀스 멤버들 사이의 갈등은 결국 비틀스의 해체로 이어졌다.

1970~1980년대 팝과 패션, 청소년 문화에 큰 영향을 미친 가수 가운데 한 명은 데이비드 보위였다. 보위는 이미지와 스타일을 정기적으로 바꾸는 카멜레온 같은 모습으로 유명했다. 1966~1970년까지 보위의 매니저로 활동했던 켄 피트Ken Pitt는 촌스러운 록 가수 보위를 영국 유명 가수 앤서니 뉴리Anthony

Newley가 그랬던 것처럼 번듯한 쇼 가수로 탈바꿈시키려 시도했고, 이는 당황스러울 만큼 참신했던 보위의 싱글 앨범 〈웃는 도깨비The Laughing Gnome〉 발매로 이어졌다. 피트의 관리를 받으며 보위는 프로그레시브 록 가수로 성장해나갔고, 〈스페이스 오더티Space Oddity〉로 첫 메이저 히트를 기록하며 영국 차트에서 5위를 차지했다. 하지만 보위의 앨범은 대중에게 큰 인상을 남기지 못했고, 보위는 피트와 헤어져 새로운 매니저인 토니 디프라이스Tony Defries와 계약을 맺는다.

디프라이스가 주도해 진행한 첫 번째 프로그레시브 록 앨범 〈세계를 판 사람The Man Who Sold the World〉(1971)이 저조한 판매를 기록하면서 보위는 다시 한번 위기를 맞는다. 하지만 이 무렵 디프라이스는 보위가 음악적 실험정신이 있고 대중문화를 바로바로 받아들이는 능력이 있다는 사실을 알아챘다. 보위는 대중음악의 영향을 곧바로 흡수해 문화적으로 독창성 있는 구성물을 만들어낼 수 있는 자신이 복사기인 제록스 같다고 말했다. 디프라이스는 보위의 이런 능력을 모호한 성 정체성을 표현하는 도구로 삼겠다고 결정하고 앨범 홍보 마케팅 전략을 여기에 맞춰 바꿨다. 디프라이스는 〈세계를 판 사람〉의 앨범 커버에 곧바로 여성 드레스를 입은 보위의 모습을 집어넣었다. 이는 사상 처음으로 양성애 록 스타를 전면에 내세운 것으로, 이성애 규범성의 한계에 도전해 대중의 큰 관심을 불러일으켰다. 앨범 〈헝키도리Hunky Dory〉(1971)에서도 보위는 앨범 표지 사진에 여성적인 모습으로 등장해 성 정체성이 불분명한 이미지를 드러낸다. 하지만 앨범에는 자신의 아이가 태어난 것을 아버지로서 기뻐하는 부성애를 노래한 곡을 실어 성적 모호성 전략을 이어갔다. 이 앨범은 상업적으로도 크게 성공했고, 보위가 인기와 유명세를 떨치는 데 기여했다. 하지만 보위를 세계적인 현상으로 만든 것은 그의 앨범 〈지기 스타더스트Ziggy

Stardust〉(1972)다.

앨범의 제목 〈지기 스타더스트〉는 보위가 "니진스키와 울스워스 사이의 십자가"라고 묘사한 어리석고 터무니없는 동성애자로, 가상 인물의 이름이다. 1960년대 전통적인 록 아이돌 스타들은 성적으로 일관성을 띠며 반항과 반란의 이미지를 가진 인물이었다. 믹 재거, 지미 헨드릭스, 짐 모리슨 등의 록 가수가 대표적이었다. 하지만 '지기 스타더스트'의 매력은 이들과는 반대로 비일관성에 있었다. 보위는 전형적인 스타일과 여성성, 남성성을 하나의 캐릭터에 혼합해 성별이나 성 정체성, 전통적인 스타일 등을 뛰어넘는 캐릭터를 보여주었다. 그 대신 대중이 자신의 성적 정체성이나 직장, 가족과 같은 평범한 일상에서 잠시나마 일탈할 수 있는 길을 열어줬다. 보위는 〈지기 스타더스트〉 앨범 공연을 통해 세계적인 록 스타가 되었다. 뒤이어 내놓은 앨범 〈알라딘 세인 Aladdin Sane〉(1973)과 〈다이아몬드 독스Diamond Dogs〉(1974)도 상업적으로 엄청나게 성공했다.

하지만 1975년, 보위는 매니저인 디프라이스와 그의 회사 메인맨Mainman과 불화를 겪는다. 보위는 디프라이스가 매니저를 맡기 시작한 1970년 이후부터 노예 계약을 맺고 아무런 수익도 나눠주지 않았다고 주장했다. 하지만 보위와 디프라이스의 결별은 전적으로 디프라이스에게 유리했다. 1982년 9월 이들 사이의 법적 분쟁이 종결되었을 때 디프라이스는 보위의 앨범 〈헝키도리〉(1972)부터 〈데이비드 라이브David Live〉(1974)까지의 앨범 로열티의 50%, 그 외 모든 총수익의 16%만 보위에게 지급했다. 보위는 이날 디프라이스와 만나고 나서 미국 뉴욕에 있는 자신의 아파트에 돌아와 일주일 동안 울부짖으며 괴로워했던 것으로 알려졌다.

1970년대 중반 펑크 문화가 부상하면서 문화 기획자들에게 새로운 기회가 찾아왔다. 펑크는 히피족의 가치인 비폭력성을 내세웠는데, 이는 1960년대 가수들의 자기만족이나 1970년대 글리터 록(반짝이는 의상이나 괴상한 분장을 한 가수의 록 음악 _옮긴이) 세대의 록 음악과는 정반대였다. 펑크 록은 우드스탁 록 페스티벌에 가지 않고 좁은 숙소에서 적은 임금을 받으며 일해야 했던 노동자 계층 젊은이들의 좌절감을 분명하게 표현했다. 분노와 억눌린 폭력성을 그대로 드러냈던 것이다. 하지만 펑크 록은 한편으로는 상업적인 운동이기도 했다. 그리고 그 중심에는 영국 록 그룹 섹스 피스톨스Sex Pistols가 있다. 섹스 피스톨스를 뒤에서 관리한 문화 기획자는 맬컴 매클래런Malcolm McLaren인데, 그는 영국 런던에서 성 관련 용품 전문점을 운영했던 인물이다. 매클래런은 일상의 파괴를 주장했던 프랑스 상황주의의 신봉자였다. 그는 대중문화에서 볼거리가 있는 공연이 큰 역할을 차지한다고 생각하면서 "지루함은 반혁명적이다"라는 상황주의자들의 슬로건을 내세웠다. 그는 1977년 자신이 운영하는 가게에 섹스 피스톨스 멤버들을 모은 뒤 멤버들에게 괴상한 이름을 지어주고 연습할 공간도 내줬다. 그리고 일상적인 것과 맞서는 대결의 힘과 자발성을 섹스 피스톨스의 가치로 내세워 대중 앞에 나서게 했다. 매클래런의 접근 방식은 당시까지 당연하게 여겼던 문화적인 것과 문화적인 교양의 기준이 타당한지에 대해 공개적으로 의문을 제기하는 것이었다. 특히 그는 1960년대부터 1970년대 초반까지 인기를 끌며 백만장자가 되어 자기도취에 빠져 있던 록 그룹과 솔로 연주자들을 강하게 비난했다. 섹스 피스톨스는 생생한 거리의 목소리를 반영하기 위해 탄생했다. 가난한 음악가들의 반항적인 음악 스타일은 오히려 섹스 피스톨스의 진정성을 높여주는 역할을 했다.

후일 섹스 피스톨스와 결별하게 된 매클래런은 언론을 통해 "섹스 피스톨스는 완전한 사기고 돈을 벌기 위한 수단이었을 뿐"이라고 주장했다. 그 자신이 섹스 피스톨스라는 허상을 만들어 매스미디어와 대중을 성공적으로 속인 문화 기획자였다는 것을 강조하기 위한 발언이었다. 매클래런은 팝 음악은 그 자체로는 아무런 가치가 없으며, 미디어와 대중을 어떻게 조작하느냐에 따라 성공 여부가 결정된다고 주장했다. 매클래런이 주도해 줄리언 템플Julian Temple이 만든 영화 〈위대한 로큰롤 사기The Great Rock 'n' Roll Swindle〉(1979)는 매클래런의 이런 주장을 잘 보여주는 사례다. 하지만 그의 주장은 일면 설득력이 있는 부분도 있지만 전체적으로는 수긍할 수 없는 부분이 더 많다. 섹스 피스톨스가 단순히 대중과 매스미디어를 속이기 위해 만들어진 속임수에 불과했다면 그들의 노래, 특히 「아나키 인 더 유케이Anarchy in the UK」, 「갓 세이브 더 퀸God Save the Queen」, 「프리티 베이컨트Pretty Vacant」와 같은 곡들의 성공을 설명할 수 없기 때문이다. 섹스 피스톨스로 대표되는 펑크 록은 열심히 공부하고 미래를 준비했는데도 경제성장률이 감소하면서 일자리를 제대로 얻을 수 없게 된 전후 베이비 붐 세대의 좌절을 제대로 표현하고 있었다.

기업형 기획자

문화 기획자는 이익을 남기기 위해 공연자와 대중 사이에서 매력의 사슬을 만들어 관리하는 문화적 중개자라고 할 수 있다. 문화 기획자들은 유명인들의 매력을 극대화하기 위해 유명인들을 선정적인 방식으로 대중에게 소개한다. 반짝 인기를 얻은 셀러토이드는 이 문화에서 액세서리에 불과하다. 이들의 공적인 얼굴을 만들고, 열망의 대상으로 둔갑해 대중에게 소개하는 과정의 중심에는 문화 기획자들이 있다. 반대로 셀러브리티들은 좀 더 지속적인 형식으로 대중에게 매력을 발산한다. 20세기가 되면서 셀러브리티들에 대한 경력 관리나 홍보는 개인의 매니지먼트 차원을 뛰어넘어 기업화되는 경향이 나타나기 시작했다.

할리우드 스튜디오 시스템을 생각해보자. 그 뿌리는 무성영화 시절로 거슬러 올라간다. 하지만 1930~1940년대 어빙 탈버그Irving Thalberg, 루이스 B. 메이어Louis B. Mayer, 데이비드 셀즈닉David Selznick, 새뮤얼 골드윈Samuel Goldwyn, 잭 워너Jack Warner 등 영화계 거물들이 할리우드 스튜디오 시스템을 새로 정비했다. 영국은 알렉산더 코다Sir Alexander Korda과 아서 랭크Arthur Rank가 미국과 비교하면 조금 더 빈약한 스튜디오 시스템을 발전시켰다. 할리우드 시스템은 스튜디오를 하나의 사업체로 보고 프로듀서에게 막강한 권한을 줬다. 스튜디오의 프로듀서들은 돈을 받고 자신의 스튜디오에 소속된 계약 전문가들을 다른 스튜디오에 잠시 양도해줄 수도 있었고, 영화 대본을 폐기하거나 고쳐 쓸 수도 있었다. 스튜디오와 계약한 스타 연예인이 고른 영화나 프로젝트를 거부할 수 있는 권한도 갖고 있었다. 탈버그는 특히 무례할 정도의 완고함과 냉철한 사업적 결정으로 유명했다. 스콧 피츠제럴드의 소설 『마지막 거물The Last Tycoon』 (1941)의 주인공은 탈버그를 모델로 한 것이다. 탈버그는 기업(스튜디오)을 가장 최우선적인 가치로 생각했다. 그가 스튜디오를 운영할 당시 가장 중요시했던 것은 스튜디오의 이익을 높이는 것이었고, 유명인들의 이익은 부차적인 것에 불과했다. 유명인들을 대중에게 소개하는 문화 기획자는 유명인의 공적 얼굴을 만드는 모든 요소를 더는 결정할 수 없게 되었다. 이미 1930년대 영화 산업의 규모와 비용은 기업형 제작과 배급, 유통이 필요한 상황이었다. 문화 기획자의 역할이 조금씩 변하기 시작했다. 바넘과 같이 모든 것을 결정하던 역할에서 고객(유명인들)의 관심에 맞춰 스튜디오와 계약을 맺거나 경쟁 스튜디오의 프로젝트에 따라 유명인들을 넘겨주고, 전문적인 홍보를 하는 등 유명인들을 상품처럼 파는 사업가로 바뀌어갔다. 따라서 스튜디오 프로듀서와 유명인을 관리하는 에이전트 사이의 관계가 유명인의 경력 관리에서 핵심적인 역할을 차지하게 되었다. 이러한 스튜디오 시스템은 1960년대 중반까지 유지되었는데, 이 때문에 예술가들의 자유는 심각하게 제약을 받았다.

스튜디오 시스템은 1960년대 말 독립 영화 제작자들이 부상하면서 도전을 받게 되었다. 하지만 독립 영화의 혁명은 오래가지 못한 채 1970년대 중반쯤 흐지부지되었다. 그리고 에이전트와 기업형 스튜디오의 관계를 통한 유명인 통제 시스템이 이 산업에서 다시 우세해졌다. 〈플래시 댄스Flashdance〉(1983), 〈비버리 힐스 캅Beverly Hills Cop 1〉(1984), 〈비버리힐스 캅 2〉(1987), 〈탑 건Top Gun〉(1986), 〈천둥의 날들Days of Thunder〉(1990), 〈크림슨 타이드Crimson Tide〉(1995), 〈위험한 마음Dangerous Minds〉(1995), 〈더 록The Rock〉(1996) 등을 제작해 이름을 날린 악명 높은 문화 기획자 돈 심프슨Don Simpson은 시나리오 선택과 영화배우 캐스팅은 물론이고, 스타일과 영화의 사운드트랙까지 모두 결정하는 영화 산업의 지배자가 되었다. 하지만 이와 같은 영향력을 가진 문화 기획자는 스튜디오와의 연락을 통해 결정을 내렸는데, 이들이 소속된 스튜디오는 결국 디즈니나 유니버설의 소유주인 씨그램, 타임워너, 소니 등 그들의 모회사에 결정 과정을 모두 설명해야 했다. 결국 문화 기획자들이 발휘한 영향력의 배후에는 스튜디오와 그 모회사가 있었던 셈이다.

심프슨은 영화 산업에서 하이 콘셉트 영화(영화의 주제, 스타, 마케팅 등의 가능성을 결합해 막대한 수익을 올릴 수 있는 영화 _옮긴이)를 고안한 것으로 유명하다. 1970년대 배리 딜러가 ABC의 프로그램 제작자로 있을 때 하이콘셉트 영화를 발명했다거나, 디즈니의 전 대표 마이클 아이스너Michael Eisner가 파라마운트사에서 일할 때 이를 고안했다는 주장도 있다. 하이 콘셉트는 복잡한 이야기 구조와 내용을 대중이 즉각적으로 관심을 가질 수 있는 하나의 단순한 아이디어로 바꾸는 것이다. 영화 〈탑 건〉의 시나리오 작업에 참여했던 극작가 칩 프로서Chip Proser는 심프슨의 하이 콘셉트는 단순화 그 자체라고 회상했다. 그는 당시 심프슨이 "가죽 재킷을 입은 두 남자가 선글라스를 쓰고 난생처음 본 가장 크고 빠르고 멋진 전투기 앞에 서 있는 것"이라고 〈탑 건〉의 하이 콘셉트를 설명했다고 말했다.[8] 실제로 이 영화는 심프슨의 이런 아이디어를 충실히 반영해 만들어졌다. 전투기 조종사들의 경쟁과 탑 건 트로피를 차지하기 위한 격렬한 공중전이 영화의 중요한 부분을 차지하고 있다. 이러한 일차원적인 캐릭터 설정은, 실제로 '속도'와 '위험성'이 영화에서 주된 역할을 하도록 하는 직물 짜기 기법의 일부라고 할 수 있다. 실제로 탑 건의 하이 콘셉트는 외모와 태도 같은 주인공들의 육체적인 측면을 극대화하기 위해 주인공의 캐릭터를 최대한 단순화하는 전략을 썼다. 그리고 영화에서 음악은 주인공의 존재감과 동기, 스타일을 부각시키는 효과적인 장치로 쓰인다. 예를 들어 폴 슈레이더Paul Schrader의 〈아메리칸 지골로American Gigolo〉(1980)에서 조르지오 모로더Giorgio Moroder와 블론디Blondie의 노래 「콜 미Call Me」는 남성 고급 성 산업 종사자 줄리앙 케이(리처드 기어Richard Gere 분)의 일상을 설명하는 데 사용된다. 이를테면 줄리앙이 값비싼 옷을 사거나 몸치장을 하고 메르세데스벤츠를 타고 여성 고객을 만나러 갈 때 배경 음악으로 나온다.

심프슨은 상품을 어떻게 배치하느냐에 따라서 가치가 달라진다는 것을 잘 이해한 인물이었다. 그는 자신의 하이 콘셉트 영화 속 적재적소에 히트할 것이라 짐작되는 곡들을 사용했다. 예를 들어 글렌 프레이Glenn Frey의 「더 히트 이

8) C. Fleming, *High Concept* (London, 1998), p.64에서 인용.

즈 온The Heat is On」은 영화 〈비버리힐스 캅〉의 사운드 트랙에서 인기를 끈 곡이다. 아이린 카라Irene Cara의 노래 「왓 어 필링What A Feeling」은 영화 〈플래시댄스Flashdance〉의 주제곡으로 큰 히트를 기록했다. 조르지오 모로더와 톰 휘틀록Tom Whitlock의 노래 「테이크 마이 브레스 어웨이Take My Breath Away」는 영화 〈탑 건〉의 최고 히트곡이다. 심프슨은 뮤직비디오와 MTV의 가치와 잠재력을 미리 예상했으며, 한편으로는 그 분야의 영향도 받았다.

네트워크 텔레비전에서는 심프슨의 하이 콘셉트 전략을 적용해 다양한 프로그램을 선보였는데, 〈블라인드 데이트Blind Date〉, 〈누가 백만장자가 되기를 원하는가?Who Wants to be a Millionaire?〉, 〈나머지 절반The Other Half〉 등의 퀴즈쇼가 그것이다. 이 가운데 〈누가 백만장자가 되기를 원하는가?〉는 영국에서 제작했는데 방송 이후 큰 인기를 끌며 전 세계로 수출되었으며, 지금까지 가장 성공한 퀴즈 프로그램 형식 가운데 하나로 여겨지고 있다. 이 퀴즈쇼는 참가자가 100만 파운드를 받기 위해 연이은 문제에 답하는 단순한 규칙으로 진행된다. 라운드가 진행될수록 문제는 더 어려워지고, 참가자는 스튜디오에 있는 청중이나, 친구에게 전화를 걸어 물어볼 수 있는 기회가 주어지기도 한다. 하지만 이런 기회는 제한적이기 때문에 찬스를 다 사용하면 참가자 스스로 문제를 해결해야 한다.

하이 콘셉트는 문화 기획자의 신화적 사례다. 심미적이고 서사적인 콘텐츠를 영화 시장의 흥행 기준에 맞춰 단순화한다. 단순하고 선정적인 아이디어를 극대화해 확산할 뿐 그 내용에 대한 논평이나 개혁, 문화나 사회에 대한 관심은 빠져 있다. 그래서 하이 콘셉트는 숙고가 결여된 대중오락이라고 정의할 수도 있다.

예를 들어 돈 심프슨의 옛 동업자 제리 브룩하이머Jerry Bruckheimer가 제작한

〈아마겟돈Armageddon〉은 1998년 박스 오피스 1위에 오르며 2억 2000만 달러의 흥행 수입을 올렸다. 줄거리는 그야말로 하이 콘셉트 그 자체다. 거대한 유성이 지구 궤도로 빨려 들어오면서 지구와 충돌해 세계가 종말을 맞이할 위기에 처하는 내용이다. 이 단순하지만 눈을 떼기 힘든 설정에 석유 시추 사업 분야에서 일하는 폭발물 전문가 해리 스탬퍼(브루스 윌리스 분)의 이야기가 더해진다. 스탬퍼와 그의 팀이 유성을 파괴할 수 있는 유일한 존재로 확인되면서 미 항공우주국NASA은 그들을 훈련시켜 우주로 내보낸다. 몇 차례 실수를 반복한 뒤 스탬퍼는 자신을 희생해 유성을 폭파하고 세계를 구한다.

〈아마겟돈〉과 같은 하이 콘셉트 영화에서 흥미로운 점은 이런 영화 대부분 완전한 보수주의에 기반을 두고 있다는 것이다. 〈아마겟돈〉은 환경 운동 단체인 그린피스 관계자들이 스탬퍼의 오일 시추에 대해 항의 시위를 벌이는 장면으로 시작한다. 스탬퍼는 전형적인 할리우드 영화에서 볼 수 있는 꽉 막힌 개인주의자로, 미국 정부가 유성과의 충돌을 막기 위해 취한 모든 조치가 실패했을 때 유일하게 세상을 구할 수 있는 인물로 설정되었다. 스탬퍼와 그의 팀이 유성을 폭파하기 위해 타고 간 우주선의 이름은 '자유'와 '독립'이다. 스탬퍼와 딸 사이의 이야기는 전통적인 가족의 가치를 강조하기 위한 장치다. 지구를 위한 스탬퍼의 순교는 스탬퍼처럼 고집불통인 개인주의자 동료 프로스트를 자신의 딸과 더 가깝게 만들었고, 마침내 두 사람은 결혼한다.

한편, 할리우드의 기업화·합병화에 반발하는 움직임도 나타나기 시작했다. 적은 투자로 큰 수익을 올린 〈블레어 마녀 프로젝트Blair Witch Project〉(1999)가 성공을 거두자 독립 영화 전성기가 다시 돌아오는 것 아니냐는 기대가 커졌다. 하지만 2001년과 1960년대의 차이는 기업화한 할리우드와 그곳의 스튜디오가 1960년대와 달리 위기 상황에 처해 있지 않았다는 것이다. 2000년대 초 할리우드 영화는 예술적으로나 정치적으로 대중적인 취향을 놓치는 실수를 저지르지 않았다. 그래서 독립 영화들이 할 수 있었던 것은 할리우드 영화가 아직 점령하지 않은 부분에 겨우 발을 들여놓는 수준에 머물 수밖에 없었다.

할리우드의 기업은 독립 영화사를 흡수하는 방법으로 이 문제에 대응했다. 디즈니는 미라맥스, 씨그램은 옥토버, 타임워너는 뉴 라인 시네마를 인수했다. 영화평론가들은 할리우드의 거대 회사에 인수된 독립 영화사들을 '인디우드Indiewood'라고 불렀는데, 창조적인 작품을 제작하면서도 흥행 실패에 따른 위험 부담은 모회사인 할리우드의 거대 영화사들이 지원해주는 방식으로 운영되었기 때문이다. 하지만 이런 방식의 합병은 이상적이라고 할 수 없었다. 이윤을 추구하는 기업의 상업 논리상 영화사는 제작자에게 결국에는 이익 창출을 요구할 수밖에 없는데, 독립 영화 제작자들은 이러한 기업 논리와 정반대로 예술성에 최우선 가치를 두고 영화를 만들기 때문이다. 이렇게 사업 논리와 예술적 가치가 서로 상충되는 경우 대부분 사업 논리를 따라가는 경향이 강하다. 결국 인디우드에서 창출한 미학적·예술적 가치는 기업의 대차대조표에 종속될 가능성이 높다는 것이다. 즉, 할리우드의 거대 영화사들이 영화 배급과 마케팅을 주도하고 있다는 것은 독립 영화 제작사들이 할리우드 시스템에서 벗어나 자율적으로 독립 영화를 부흥하기 어렵다는 뜻이다. 이럴 경우 독립 영화는 대중문화의 변두리에서만 존재할 가능성이 크다.

제 4 장

셀러브리티와 범죄

24살의 엔지니어 데이비드 코플랜드David Copeland는 2000년 6월, 법원에서 런던 폭탄 테러로 세 명을 숨지게 하고 139명을 다치게 한 혐의로 종신형을 선고받았다. 언론은 그를 "소호 못 폭탄범Soho Nail Bomber"으로 불렀는데, 코플랜드가 못 폭탄 세 개를 설치했기 때문이다. 그가 심어놓은 못 폭탄 세 개 가운데 하나가 임산부 한 명을 포함해 세 명의 무고한 시민을 숨지게 했고, 100명이 넘는 사람들을 다치거나 불구가 되게 하면서 1999년 4월 영국 런던의 시민 수천 명을 공포의 도가니로 몰아넣었다. 폭탄 세 개 가운데 두 개는 흑인과 아시아인들을 목표로 브릭스터와 브릭레인에 설치했고, 가장 큰 피해를 일으킨 세 번째 폭탄은 소호 거리 게이들이 즐겨 찾는 구역에 있는 던컨 제독 술집에서 터졌다.

그런데 코플랜드는 체포되어 재판을 받는 과정 내내 자신이 언론을 통해 대중에게 어떻게 비치는지에 대해 큰 관심을 가졌다. 경찰은 그가 경찰에 체포되었을 때 매우 신나했다고 묘사했다. 그는 경찰서에서도 자신의 범행을 바로 자백하면서 "오랫동안 유명해지기를 바랐어요"라고 말했다고 한다. 코플랜드는 경찰에서 "오랫동안 이런 상황을 꿈꿔왔다. 내가 꿈꿔온 일을 하고 붙잡혀서 법정에 가는 것이 내 운명이다. 아무도 내 존재를 기억하지 못한다면, 그것은 존재하지 않는 것과 같다"라고 말했다. 경찰 심문 과정 내내 코플랜드는 자신이 어떻게 폭탄을 제조해 폭탄 상자 세 개를 만들었는지 일체의 과정을 경찰에게 상세히 진술했다. 그는 폭탄 테러범으로 체포된 뒤 자신의 범행을 숨기려고 노력하기는커녕 온 세상을 자신의 범행을 드러내고 과시하는 무대로 생각했다. 코플랜드는 재판을 통해 폭탄 테러 혐의에 대해 유죄를 받을 것이라는 전망에 기뻐했으며, 다른 단체들이 그가 저지른 폭탄 테러에 타인의 책임이 있다는 주장을 내놓으면 "사실이 아니다"라고 하며 오히려 불평했다.

모든 자살이 그런 것처럼 살인 사건의 경우도 일정 부분 풀리지 않는 수수께끼가 있다. 겉으로는 살인 동기가 명확해 보이는 사건도 자세히 들여다보면 매우 복잡한 요소의 결합으로 이뤄진 경우가 많다. 코플랜드의 재판 과정에 대한 언론 보도에 따르면 그는 동성애 공포증과 인종차별주의적 성향을 띠고 있었다. 언론은 그가 우파 국가사회주의 운동 단체의 회원이었다는 사실을 밝혀냈다. 경찰은 코플랜드의 집을 수색하면서 나치기 두 개, 폭탄 사건과 피해자들의 사진을 모아놓은 콜라주를 발견했다. 경찰 심문 과정에서 코플랜드는 소수 민족이나 동성애를 증오한 데 대해 사죄하지 않았다. 그는 폭탄 테러로 숨진 동성애자들에게 일말의 가책도 느끼지 않았다. 단지 자신의 범행으로 사망한 임신부에게만 유감을 표시했다. 전문가들은 코플랜드의 동성애 공포증은 그의 억눌린 동성애 성향이 뒤틀린 방식으로 표출된 것일 수 있다고 분석했다. 그렇기는 하지만, 코플랜드가 백인 우월주의자에 동성애 혐오자라고 볼 만한 충분한 증거가 있었다.

그러나 이렇게 마무리한다면 그것은 매우 부족한 분석이다. 경험적으로 볼 때 코플랜드는 사이코패스이자 소시오패스이기 때문이다. 정확한 진단을 내리려면 그의 이상 행동을 사회적·문화적 맥락에서 분석해야 한다. 전 미국 대통령 존 F. 케네디John F. Kennedy나 마틴 루서 킹Martin Luther King 목사의 암살을 설명하기 위해 '고독한 너츠 이론Lone Nut Theory(미치광이 이론)'을 사용했던 것처럼 코플랜드 역시 그 자신이 더 나은 삶을 살기 위해 인종이나 성적인 문제에 대해 병적인 망상을 가진 외톨이 부적격자의 한 유형으로 분류할 수 있다. 따라서 코플랜드는 정상적인 세계 규칙에서 떨어져 나간 괴물이나 도착 환자의 유형으로 볼 수 있다. 인간이 아닌 다른 종족에 속하는 악마라는 것이다. 그의 행동은 정상이 아니라 병적이며, 일상생활과 그의 행동 사이에서 좀처럼 정상적인 관련성을 찾아보기 어렵다.

살인자들은 외계인이 아니다. 반대로 후기 구조주의자들이나 포스트모더니즘주의자들의 견해에 따르면 인간의 마음은 조각조각 흩어져 있고 움직이는 것이기 때문에 특정한 환경이나 외부 자극을 받아 새롭게 조합되면 다른 사람을 죽이기까지 할 수 있다. 마찬가지로, 테드 번디나 존 웨인 게이시John Wayne Gacy, 이언 브래디Ian Brady, 미라 힌들리Myra Hindley, 피터 서트클리프Peter Sutcliffe 같은 연쇄살인범들이 살인을 저지른 뒤 다시 평범하게 사회생활을 하는 것은 쉬운 일이다. 따라서 평범한 사람과 살인마를 이분법적으로 나누는 것은 그다지 도움이 되지 않는 일이다.

코플랜드는 자신을 미치광이라고 생각하지 않았다. 그는 자신이 다른 사람들보다 자신의 진정한 자아와 더 잘 교류하고, 결과와 관계없이 그것을 잘 표현했다고 믿었다. 코플랜드는 신문 ≪미러The Mirror≫를 통해 공개된 편지에서 "나는 괴물이 아니다. 자신이 믿는 일을 실현하기 위해 행동하는 일종의 테러리스트이다"라고 주장했다. 이러한 코플랜드의 행동은 유죄 판결을 두려워하지 않고 자신의 범행을 정당화하려 하는 반영웅의 자아상이라고 할 수 있다. 이런 점에서 코플랜드는 그 자신이 대다수의 일반인들보다 일관적이고 정직하다고 생각한 것이다.

경찰 조사 결과 그의 정치적·종교적 견해는 불완전한 것으로 드러났다. 코플랜드는 히틀러나 사담 후세인Saddam Hussein처럼 잘못된 파시스트 지도자들을 우상화하고 이들과 스탈린, 미국의 연쇄살인마 헨리 리Henry Lee를 한데 묶어 생각했다. 이 과정에서 논리적인 정치적 분석이나 코플랜드의 관점에서 본 타당한 변형 전략은 찾아볼 수 없다. 결국 코플랜드는 정치적인 성향이나 극단주의에 사로잡혀 범행을 저질렀다고 보기 어렵다. 비인간적인 행동으로 명성을 얻은 악명 높은 인물들은 환상에 휩싸여 있는 경우가 많다. 코플랜드는 자신을 몽유병 환자와 위선자들이 가득한 사회에서 주의 깊고 진실한 사람이라고 생각했으며, 세상 사람들은 너무 소심하고 용기가 없어 자신을 그렇게 인정하지 않는 것이라고 여겼다. 그는 또 평범한 사람들은 너무 소심해서 스스로 거머쥐지 못하는 것, 그것이 명성이라고 생각했다.

≪미러≫는 코플랜드가 재판 과정에서 쓴 개인적인 편지를 여러 차례 신문을 통해 보도했기 때문에 사람들은 코플랜드가 유명세에 얼마나 집착했는지 자세히 알 수 있었다. 코플랜드는 자신의 여성 펜팔 친구라고 생각한 ≪미러≫의 기자에게 편지를 계속 보냈는데, 실제로 코플랜드의 편지를 받은 사람은 그의 편지를 받아 ≪미러≫에 팔아먹은 남성 사기꾼이었다. 코플랜드가 6개월 동안 이 남자에게 보낸 편지를 보면 그가 유명세에 대해 얼마나 병적으로 관심을 쏟았는지 알 수 있다. 코플랜드는 자신에 대해 보도한 웹사이트 뉴스나 비평이 얼마나 있는지 반복적으로 물었다. 코플랜드는 자신과 여기자(사실은 남

성 사기꾼)가 현대판 보니와 클라이드(미국 경제공황 시기, 각종 범죄로 유명해진 범죄자 커플. 그들의 일화는 영화 〈우리에게 내일은 없다〉로 만들어지기도 했다 _옮긴이)라는 환상에 사로잡혀 있었다. 그는 자신의 사진이 신문 1면에 나왔을 때는 자랑스러워하며 편지를 썼다. 코플랜드의 편지를 보면 그의 모든 관심은 영국 대중에게 그가 얼마나 유명한 인사인지를 확인하는 데 쏠려 있었음을 알 수 있다. 코플랜드는 편지에서 "너무 많은 사람들이 지루한 삶을 살아가고 있다. 일하기 위해 매일 일어나고 아무도 그들을 그리워하지 않는 상태로 죽어간다. 이런 것은 내 삶이 아니다"라고 썼다.

폭력과 셀러브리티 부류

셀러브리티 부류가 어디에나 있다는 점을 고려하면 코플랜드가 저지른 범죄에는 명성을 얻기 위한 동기가 일부 있었다고 분석하는 게 적절하다. 성취한 셀러브리티의 일반적인 패턴은 대중의 찬사와 대중의 인정, 연대감의 관습화 과정을 포함한다. 하지만 셀러브리티가 되기 위한 욕구를 정상적인 방법으로 이루기 어려울 때 어떤 사람들은 악명을 통해 명성을 얻는 수단으로 폭력을 이용하는 경향을 보이기도 한다. 이러한 폭력의 사용은 사회적으로 명성을 얻고 싶지만 사회가 그 개인을 특별한 인물로 인정해주지 않을 때 하는 일종의 보복 행위로 해석할 수 있다. 실제로 민주주의 문화는 우리에게 모든 것이 중요하고 특별하다고 생각하도록 독려한다. 그런데 한 개인의 삶이 이런 기대에 이르지 못하면 개인은 좌절감과 거부감, 자신은 아무것도 아니라는 감정을 강하게 느낄 수 있다. 이런 감정은 그 사회를 대표하는 사람들, 즉 유명 인사에게

옮아갈 수 있다. 따라서 셀러브리티는 이른바 세간의 이목을 끄는 묻지마 범죄나 스토킹의 원인을 탐구할 때 한 가지 참고 요소가 될 수 있다. 하지만 모든 테러나 연쇄살인이 유명인들처럼 대중적인 환호를 받지 못하는 누군가의 좌절감 때문에 발생했다고 단정할 수는 없다. 모든 사건은 각각의 행동이 왜, 어떻게 일어났는지에 관해 치밀하게 조사할 필요가 있다. 폭력적인 행위는 가족이나 성, 정치적 성향과 직업, 사회생활 등이 모두 포함된 심리적인 요인의 복잡한 상호작용의 결과이기 때문이다. 이 책이 말하고자 하는 것은 셀러브리티들을 폭력적인 행동을 유발하는 하나의 요인으로 인정해야 한다는 것이다. 코플랜드의 폭탄 테러를 단순히 대중의 찬사를 받기 위한 시도로 볼 수는 없다. 폭탄 테러 이후 언론과 대중은 그를 악마로 여겼기 때문이다. 코플랜드의 편지 내용을 보면 그는 폭탄 테러를 통해 자신이 특별하고 대단한 인물이라고 인정받기를 원했던 것으로 보인다. 현대 사회의 역동성 때문에 사실 현대인들은 모두 어느 정도 유명인이 되고 싶다는 생각에 사로잡혀 있다. 공리적으로 보면 소수의 사람만이 대중의 찬사와 인정을 받는 유명인의 지위에 오르는 게 바람직하다. 유명세를 얻지 못해 패배감과 좌절감에 시달리는 다수의 사람들이 있다고 해도 이들은 각자 사회질서에 위협이 되지 않는 방식으로 그런 감정을 내면화하는 것이 공공의 사회적 이익에 부합한다. 이 장에서는 개인의 패배감이나 무력감을 사회적으로 인정받는 유명인에게 전가하거나, 자신의 감정을 억제하지 못하고 사회를 향해 표출하는 일부 사람들에 대해 탐구하려고 한다.

지크문트 프로이트Sigmund Freud는 창조적인 예술가들의 경우 명성과 부, 성적인 성취를 이루려는 욕망이 주된 예술적 동기라고 주장했다. 일반적으로 셀러브리티는 일반인보다 더 부유하고 매력적인 상대방과 성적인 관계를 가질 수 있는 기회가 더 많다. 또 법망을 피해갈 수 있는 힘도 더 많이 갖고 있으며 사회 대부분의 영역에서 손쉽게 원하는 것을 이룰 수 있다. 이것이 셀러브리티에 대한 대중의 인식이며, 많은 사람들이 셀러브리티가 가진 이런 지위와 특권에 환상을 갖고 연구하는 이유 가운데 하나다. 셀러브리티에 대한 이런 욕망은 일정 부분 사회적 관습의 반증이기도 하다. 범법 행위는 유명인의 본질적 속성이기도 하다. 그들의 삶 자체가 평범하고 관습적인 생활에서 벗어나 있기 때문이다.

어느 회계사에게 물어봐도 고통 없는 이익은 없다고 말할 것이다. 일반인들의 부러움을 사는 부와 정치적 관계, 성적 관계를 이룰 가능성은 있지만, 셀러브리티들이 안고 있는 지위에 따른 부담 역시 그만큼 크다. 파파라치의 스토킹과 사인을 받으려는 대중의 괴롭힘을 견뎌야 하고, 그들의 명성에 걸맞게 낯선 사람들의 끊임없는 불평과 조롱도 견뎌야 한다. 셀러브리티들의 가정불화나 이혼율 등도 평균보다 높다. 정신 질환, 사망률도 마찬가지다. 셀러브리티가 된다는 것은 독일의 사회학자이자 철학자인 게오르크 지멜Georg Simmel이 말한 개인의 "방사성"을 강화하는 일이며, 셀러브리티의 지위에 오르면 얻을 수 있는 이익만큼 치러야 할 비용도 만만치 않다. 하지만 셀러브리티가 되기 위한 경쟁에서 승리하는 비율이나 이런 경쟁을 통해 셀러브리티가 된 사람들에게 돌아가는 엄청난 물질적 이익과 지위 등을 생각해보면, 왜 많은 사람들이 브리트니 스피어스나 윌 스미스Will Smith와 같은 셀러브리티가 되기 위해 노력하는지 이해할 수 있다. 대중은 셀러브리티를 둘러싼 막대한 부와 인기를 즐기는 셀러브리티들의 모습, 화려한 삶에 대한 환상으로 밤잠을 설치며 그들을 좇는다. 셀러브리티에 대한 대중의 욕망은 사회적 책임과 규칙에 매여 있는 일반인들의 갈증을 해소해주는 대리만족의 측면으로 이해할 수 있다.

그러나 이렇게 누구나 셀러브리티를 갈망하지만 실제로 성취한 셀러브리티가 되어 이런 기회를 거머쥐는 경우는 매우 제한적이다. 셀러브리티들에게 허락된 범법 행위 혹은 탈선의 기회를 이들이 어떻게 이용하는지에 대해서는 여기서 다루지 않겠다. 여기서는 일상생활과 문화 속에서 셀러브리티의 지위를 얻기 위한 욕망과 범법 행위의 관계에 대해서만 살펴보려 한다.

성취에 대한 굶주림과 그 결과

대부분의 사람들은 성취에 대한 굶주림이나 심리적 불만으로 고통받는다. 타고난 부자나 셀러브리티의 물질적 성취 또는 로맨틱한 사랑을 보면서 좌절하기 때문이다. 개인의 노력으로 남들보다 비범하고, 특별하거나 독보적인 사람이 되고 싶은 민주주의적 이상은 개인을 표준화하고 일상화하려는 관료주의적 성향과 배치된다. 로버트 머튼Robert Merton은 책 『범죄와 미국의 꿈Criminality and the American Dream』에서 미국 사회의 물질적 불평등에 대한 비판적 관점의 일부를 설명하는 대목을 통해 개인의 욕망이 자신에게 주어진 합법적인 기회를 훨씬 넘어서면 개인은 불법적인 수단을 동원해서라도 자신의 욕망을 실현하려 한다고 분석했다. 하지만 성취에 대한 굶주림이 모든 폭력적 반응이나 낮은 자존감의 원인이 되는 것은 아니다.[1] 대부분의 사람들은 성취에 대한 굶주림을 가족이나 직장 동료, 친구들과의 관계를 통해 해소하고 만족을 찾는다.

하지만 역설적으로, 팬들의 소원 성취 대상인 셀러브리티가 때로는 성취에 따른 피로감이나 성취의 신기루로 여겨져 희생양이 되기도 한다. 성취에 따른

---

[1]   R. Merton, *Social Theory and Social Structure* (New York, 1968).

피로감이란 대중적인 인기를 얻은 셀러브리티가 자신에 대한 환호와 찬사를 부담스러워하거나 인기가 조금씩 떨어지면서 겪는 정신적인 상태를 말한다. 성취의 신기루란 성취한 셀러브리티는 깊이가 얕고 뭔가 옳지 않을 것이라는 대중의 인식을 일컫는다. 미국의 유명한 록 가수 커트 코베인은 1990년대 초 언론과 대중에게서 무차별적인 비난을 받자 "나는 처음부터 이런 것(대중의 관심과 주목)을 원하지 않았다"라고 불평했다. 1994년, 그의 자살은 그가 셀러브리티 문화에서 소외된 결과라는 것이 일반적인 해석이었다. 이것이 성취의 신기루를 보여주는 극단적인 사례다. 셀러브리티가 스스로 인기와 명성에서 멀어지려고 하는 것은 드문 일이 아니다. 그레타 가르보Greta Garbo나 도리스 데이 Doris Day, 론 체니Lon Chaney, 다니엘 데이 루이스Daniel Day Lewis, 하워드 휴스 Howard Hughes 등도 스스로 셀러브리티로서의 삶을 포기했다. 자신의 실제 자아를 다시 찾거나 지키기 위해서였다. 비틀스의 존 레넌도 둘째 아들이 태어난 뒤 가족과 시간을 보내고 셀러브리티의 굴레에서 벗어나 쉬기 위해 음반 녹음을 중단한 것으로 유명했다.

물욕 사회에서 개인은 부와 사회적 지위를 얻기 위해 경쟁한다. 부와 지위가 그 사회에서 자신의 계급을 나타내는 표시이기 때문이다. 성취에 대한 굶주림은 물욕 사회에서 나타나는 당연한 결과다. 유명인이나 유명세를 얻는 배우가 갈수록 많아지면서 사소하고 평범한 사건만으로도 일반인들은 셀러브리티 문화에 빠지게 되고 그들의 성취에 대리만족을 느껴 스스로 성취하려는 마음을 잠시 잊을 수 있다. 수도 이벤트pseudo-event(꾸며낸 사건)에 언론의 대대적인 보도와 전문가들의 견해가 쏟아지는 사회에서 대중의 눈앞에 나서는 유명인의 범위는 다양하고 끊임없이 변한다. "누구나 15분이면 유명해질 수 있다"는 앤디 워홀Andy Warhol의 말은 수도 이벤트와 셀러브리티의 시너지 효과를 말하고 있다.

이런 점을 고려하면 유명인이나 유명 배우는 대중문화에서의 손실이나 결핍에 대해 심오한 감각을 드러내는 것으로 해석할 수도 있다. 조직화된 종교나 공동체의 쇠퇴가 부분적으로 이러한 상실감의 원인이기도 하다. 막스 베버의 사회학 이론에 따르면 종교적 신념은 미래의 삶에 대한 정의로운 구원을 약속함으로써 성취에 대한 굶주림의 치료제로 작용할 수 있다. 조직화된 종교가 쇠퇴하면서 진하고 로맨틱한 사랑이나 물질적인 성공이 성취의 표상이 되었다. 하지만 이러한 성취는 사회 전반이 아니라 소수의 사람에게 매우 불균형하게 주어진다는 점에서 현대 문화에서 성취에 대한 굶주림은 일반 사람들에게 널리 퍼진 일반적인 정신 상태라고 할 수 있다.

성취에 대한 굶주림을 물욕 사회의 일반적인 현상으로 보는 관점에서 성취에 대한 굶주림이 성취한 셀러브리티들이 저지른 살인 범죄의 명백한 동기라는 전제로 옮겨가는 것은 큰 비약으로 보일 수도 있다. 하지만 성취에 대한 굶주림이 셀러브리티 살인 범죄의 명백한 동기라는 주장은 관련 사건에 대한 문헌에서 논쟁의 여지가 없이 뚜렷하게 드러난다. 잭 카츠Jack Katz의 범죄 현상 연구는 딱 들어맞는 사례다.[2] 그는 박탈감과 범죄 사이의 전통적인 상관성에 대한 비판으로 연구를 시작했다. 범죄학자들과 사회 이론가 세대들은 폭력 범죄는 불만족스러운 가정환경이나 낮은 사회적·경제적 지위 때문에 일어난다는 로버트 머튼의 분석을 바탕으로 폭력 범죄를 이해해왔다. 하지만 카츠는 이러한 분석은 범죄자 자신의 용어로 범죄를 해석하는 데 실패한 것이라고 비판했다. 예를 들면 훔친 물건은 버려지거나 파손되는 경우가 많기 때문에 이런 범죄의 지배적인 동기가 훔친 물건의 소유라고 보는 것은 정확하다고 할 수 없

---

[2] J. Katz, *Seductions of Crime* (New York, 1988).

다. 사회의 규칙이나 규범을 어기고 싶어 하는 욕구는 청소년기 초기에 명확하게 드러나는데, 이 시기는 무언가를 소유하려는 열망이 아직 내면화되기 전인 상태다. 범죄자들은 종종 다른 사람들과 전혀 다르고 독창적이고 전적으로 탁월한 형태의 스타로서 명성을 얻고 경계를 깨는 인물이 되고 싶다는 강박관념에 시달린다. 이런 주장은 범죄가 박탈감이나 결핍, 죄의식을 내포하고 있는 것이 아니라 셀러브리티에게서 볼 수 있는 흥분과 즐거움, 대담함 등의 의미를 명확히 담고 있다고 보는 것이다. 범죄는 일정 부분 다른 사람들보다 한발 앞서려는 표현이며 다른 사람들을 압도하려는 욕망이자 자신의 교묘한 기술을 확인하려는 욕망의 표현이다. 그렇다고 이런 주장이 오랫동안 당연한 것으로 여겨져 왔던 낮은 사회적·경제적 지위와 절도 범죄의 상관성을 전적으로 부인하는 것은 아니다. 다만 일탈 범죄의 의미를 단순히 사회경제적 데이터를 토대로 양적으로만 분석하는 것이 아니라 구체적으로 어떤 이탈 행동을 했는지 그 유형을 살펴 연구해야 한다는 것이다.

이런 관점에서 보면 많은 범죄 행위가 더 지능적인 것이었다고 볼 수 있다. 1920년대에 일어난 유명한 사건 레오폴드와 러브Leopold and Loeb 살인 사건을 예로 들어보자. 이들은 미국 시카고대학교 동창생으로 두 사람 모두 좋은 성적과 뛰어난 경력으로 장래가 유망해 존경받는 인물들이었다. 하지만 이들은 14살짜리 소년 보비 프랭크스Bobby Franks를 살해한 뒤 늪지대에 묻어놓고 가족들에게 몸값을 요구했다. 이들의 범죄는 전통적인 '2인조 정신병'으로 기억되고 있다. 레오폴드와 러브는 자기중심적인 동성애자였는데, 서로 떨어져 있었다면 결코 살인을 저지르지 않았을 것이다. 하지만 두 사람이 함께 있으면서 각각의 특성이 결합되어 참을 수 없는 살인 충동을 불러일으킨 것이다. 이들에게는 몸값도 필요 없었다. 이들의 목적은, 슈퍼맨은 일반적인 도덕적 규범을 뛰어넘는 삶을 산다는 철학자 니체의 하위 이론을 실험해보기 위한 것이었다. 이를 위해 유괴·살인을 저지르고 자신들이 경찰과 사법 당국을 따돌릴 수 있는지 시험해 보는 '벼랑 끝 전술'을 쓴 것이다. 이들은 누가 유괴범인지 대중이 결국 알지 못 하는 것이 자신들에 대한 대중의 찬사라고 생각했다. 일반적으로 대중에게 자 신들의 범죄 행위를 과시하며 유명세를 얻으려는 유형과는 반대로, 이들은 대 중적 익명성을 기쁨의 원천이자 완벽한 지위에 오르는 것으로 생각했다(덧붙여 말하자면, 영국의 연쇄살인범인 해럴드 시프먼도 사법 당국을 피해 도망 다니면서 만족 감과 우월감을 느꼈던 것으로 보인다). 재판 과정에서 레오폴드와 러브는 자신들 의 지적 우월성을 강조하는 데 병적으로 집착했다. 두 사람 모두 집중적인 언론 의 보도 대상이 되었고, 대중의 관심을 받았으며, 검찰보다 한 수 위인 모습을 보였다. 하지만 결국은 범죄가 모두 드러났고, 배심원단은 이들에게 유죄판결 을 내렸다.

1948년 앨프리드 히치콕 감독이 촬영한 패트릭 해밀턴Patrick Hamilton의 연극 〈밧줄Rope〉은 레오폴드와 러브 사건에서 많은 부분을 가져왔다. 이 연극은 두 명의 조숙한 학생과 그들이 다닌 학교의 전직 사감으로 출판업자인 루퍼트 캐 델(제임스 스튜어트James Stewart 분) 사이의 '고양이와 쥐' 게임에 대한 이야기다. 두 학생은 완전 범죄를 저지를 수 있는 자신들의 우월한 능력을 과시하기 위해 동료 학생을 죽인 뒤 죽은 학생의 가족과 친구들의 저녁 뷔페 식사 자리에 놓 아둔 트렁크 안에 시체를 유기한다. 하지만 캐델이 범죄를 저지른 학생들과 식 사를 하면서 이들의 범죄 행각을 점점 밝혀낸다. 히치콕 감독은 레오폴드와 러 브 사건에 매료된 것이 틀림없다. 그는 영화 〈기차의 낯선 사람들Strangers on a Train〉(1950)에서도 비슷한 주제를 영화로 만들었기 때문이다.

더 최근을 생각해보면 잘 교육받은 연쇄살인범 테드 번디도 이러한 벼랑 끝

전술을 쓰며 사법 당국과 줄다리기를 했다. 1989년에 사형이 집행된 번디는 자신의 범죄 행위 일체를 자백하지 않았지만 경찰은 그가 20~40명의 여성을 살해한 것으로 추정하고 있다. 희생자들은 대부분 중산층 또는 중상층의 여대생이었다. 그의 범행 동기는 의문의 여지없이 성적인 것이었지만, 그 역시 중산층 가정에서 자랐다는 점은 여전히 논쟁거리가 되고 있다. 번디는 어렸을 때 심각한 상태불안으로 고통받았던 것으로 보인다. 경찰은 번디의 정신 감정 결과 그의 중요한 범죄 동기가 범행을 저지른 뒤 붙잡혀서 사법 당국 관계자와 얼굴을 맞대고 재판을 받기 위해서였다고 결론 내렸다. 실제로 재판 과정에서 그는 자신의 변호사인 것처럼 행동했다고 한다. 한 정신과 보고서는 번디가 영화 〈스릴러Thriller〉에서 봤던 권위 있는 인물의 대중 조작에 사로잡혀 있었으며 그가 벌인 범죄의 대가로 자신의 삶이 끝날 수 있다는 것을 인지할 능력마저 부족했다고 주장했다. 번디는 살인을 저지르고 나서 대중 앞에 자신감을 과시하기 위해 셀러브리티가 되기를 열망한 허세 가득한 나르시시즘적인 인물로 볼 수 있다.

연쇄살인범이 즐거움과 명성을 얻기 위해 살인을 저지른다는 주장을 가장 잘 뒷받침해주는 논문 가운데 하나가 엘리엇 레이턴Elliott Leyton의 연구다.[3] 그는 연쇄살인범을 단순히 미친 사람으로 묘사하는 의학적·정신의학적 분석은 오해의 소지와 한계가 있다고 주장했다. 레이턴은 대신 연쇄살인범들이 종종 덫에 걸려 있는 듯한 절망적 생활과 구속에서 벗어나기 위해 방법을 찾는 사람들이라고 가정했다. 성취에 대한 굶주림에 만성적으로 시달리고 있는 연쇄살인범이나 대량 학살자들이 범죄를 통해 성취감을 채우려고 한다는 것이다. 자신이 저지른 범죄를 온 세상이 다 알게 될 것이라는 환상도 이들의 성취감을

---

3) E. Leyton, *Hunting Humans* (Toronto, 1995).

채우는 데 한몫한다.

일반적으로 살인을 '의로운' 것으로 여기는 잭 카츠의 연구에 주목하면서 레이턴은 살인이 종종 승리나 성취로 인식된다고 주장했다. 〈굿펠라스Goodfellas〉, 〈유주얼 서스펙트The Usual Suspects〉, 〈람보The Rambo〉, 〈리쎌 웨폰Lethal Weapon〉, 〈다이하드Die Hard〉 시리즈 같은 영화, 〈NYPD 블루NYPD Blue〉, 〈모스 경감 Inspector Morse〉, 〈더 빌The Bill〉 등의 TV 프로그램, 범죄 소설들은 현대 사회를 '모두에 대한 모두의' 냉담한 전쟁으로 묘사하면서 영국의 유명한 철학자 토머스 홉스가 주장한 '사회 계약설'[4]을 정면으로 뒤집고 있다는 것이다. 이는 사회적 질서 안에 숨어 있는 기본적인 문화 코드가 서로 경쟁하는 개인주의, 성취욕, 인정받고 싶어 하는 자기애적인 욕망이라는 것을 명확히 보여준다. 그래서 레이턴은 현대 사회 살인 사건의 강력한 동기가 셀러브리티라는 지위를 얻기 위한 욕망이라고 주장했다.

물론 이런 욕망이 유일하고 최우선되는 살인 동기라고 단정하기는 어렵다. 현대 사회의 물욕 문화의 추한 모습을 사회학적으로 강조한 레이턴의 주장은 적절하다. 하지만 정신과 의사들은 살인마들의 통제할 수 없는 살인 욕구는 정신병리학적 현상이자 자아 불안정, 낮은 자존감 때문이라고 분석한다. 이와 함께 가정 폭력이나 가정불화, 가족이나 친지의 죽음 등에서 그 원인을 찾는 경우도 적지 않다. 따라서 살인과 같은 불법적인 수단을 동원해 인정을 받으려는 욕구는 가족이나 경제적 상황에 대한 불만을 보상받으려는 심리에서 불거지기도 한다. 연쇄살인범 데이비드 코플랜드의 경우는 청소년기에 가족이 동성애를 조롱하는 것 때문에 고통을 받았고, 이 때문에 동성애에 대해 적대적인 태도를 갖게 되었다. 이런 접근이 성취한 셀러브리티 문화가 살인 동기의 한 요

---

4) 자연 상태에 있던 개인이 계약을 통해 국가의 통치를 받아들이게 되었다는 이론.

소라는 주장을 깎아내리려는 것은 아니다. 오히려 성취한 셀러브리티가 대중 문화에서 일반적인 욕구의 대상이라는 점을 명확히 해주면서 일부의 살인이나 인성적 문제의 원인이 가족과 연관된다는 것을 말하는 것이다.

실제로 유죄가 확정된 많은 살인자들이 유명 인사가 되기 위한 도구로 살인을 이용했다고 고백했다. 1957~1958년까지 11명을 살해한 찰스 스타크웨더 Charles Starkweather는 법정에서 정신병 때문에 저지른 살인이 아니라고 스스로 주장했다. 이 정신이상의 연쇄살인범은 사회가 자신을 기억해주지 않는다는 것을 살인의 이유로 들었다. 스타크웨더는 당시 반항아 이미지로 유명했던 영화배우 제임스 딘과 자신을 동일시하면서 자신이 저지른 살인이 합법적인 방법으로는 자신이 유명세를 얻기 어려운 사회 시스템에 대한 복수라고 주장했다. 몇 년 뒤 아서 브리머Arthur Bremer는 미국 앨라배마 주지사 조지 월리스 George Wallace에게 총을 쏜 뒤 셀러브리티가 되기 위해 범죄를 저질렀다고 실토하면서, 주지사 월리스가 총격을 받은 사실이 신문 1면과 방송 톱뉴스로 다뤄질 만큼 월리스가 유명한지를 걱정했다. 비틀스의 멤버 존 레넌을 죽인 마크 데이비드 채프먼Mark David Chapman은 미국 TV 유명 인터뷰 쇼 진행자 바버라 월터스Barbara Walters에게 "존 레넌을 죽이면 존 레넌의 명성을 내가 가질 수 있을 것이라고 생각했다. 존 레넌을 죽이기 전까지 난 아무개였지만, 그를 죽이고 난 뒤 난 지구상에서 가장 큰 누군가가 되었다"고 말했다.

흥미롭게도, 매스미디어는 종종 셀러브리티가 되고 싶은 살인자들의 욕구를 충족시키는 역할을 한다. 한 예로 1976년 미국에서 사형 선고를 받고 이듬해 사형이 집행된 개리 길모어Gary Gilmore 사건은 10년 만에 해당 주에서 처음 집행한 사형이었다. 총살형이 집행되기 전까지 14개월 동안 길모어는 사형 선고를 종신형으로 감형해주려는 법률적 지원을 거부해 매스미디어의 주목을 받으면서 한편으로는 미디어를 농락했다. 길모어는 사형 집행 부활로 생길 부작용을 우려해 길모어에 대한 사형 집행을 막아야 한다던 자유주의 법률가들의 주장을 받아들이려 했던 연방법원 판사의 노력을 보기 좋게 물거품으로 만들었다. 그리고 길모어가 주장한 '사형 집행당할 권리'로 그는 전 세계적인 셀러브리티가 되었다. 노먼 메일러Norman Mailer는 길모어의 사례를 토대로 『사형집행자의 노래The Executioner's Song』라는 책을 냈는데, 이 책은 뒤에 토미 리 존스Tommy Lee Jones와 로잰 아르케트Roseanne Arquette가 출연하는 영화로도 제작되었다.

　메일러는 살인 혐의로 유죄가 확정된 잭 헨리 애벗Jack Henry Abbott이 1981년 교도소에서 풀려나는 데 일조했다. 애벗은 폭력과 교도소 생활을 주제로 메일러에게 편지를 보냈다. 메일러는 애벗이 쓴 편지가 문학적인 가치가 있다고 보고 이를 칭찬하는 기사를 썼다. 그리고 메일러가 쓴 글은 ≪뉴욕 북 리뷰The New York Review of Books≫에 실렸다. 그 덕분에 애벗은 출판사 랜덤 하우스로부터 책을 출판하는 조건으로 1만 2000달러를 제안받는다. 그리고 메일러와 랜덤 하우스가 적극적으로 도움을 주면서 애벗은 가석방으로 풀려나 출판 계약을 맺을 수 있었다. 곧이어 애벗의 책 『야수의 뱃속에서In the Belly of the Beast』가 출판되자 그는 맨해튼 문학 엘리트들에게 환영을 받았다. 『챈스Being There』의 저자로 셀러브리티들에 대한 풍자를 즐겼던 저지 코진스키Jerzy Kosinski는 나중에 피터 셀러스Peter Sellers와 영화를 제작하면서 애벗의 문학적 재능을 칭찬하고 그의 소설 내용을 주요 내용으로 활용했다. 애벗의 책은 4만 권 이상 팔리면서 저자에게 50만 달러가 넘는 수익을 안겨줬다. 하지만 애벗은 미국 유타주 교도소에서 석방된 지 불과 1개월 만에 뉴욕의 한 식당에서 화장실 사용 문제를 놓고 벌인 사소한 시비 끝에 웨이터를 칼로 찌르고 도망쳤다. 그는 2개월 반 뒤에 붙잡혀 살인 혐의로 유죄판결을 받았다. 결국 애벗도 개리 길모어처럼 세계적인 셀러브리티가 되었다. 어떤 사람들은 애벗이 성년 시절의 대부분을 감옥에서 보내면서 정부 당국에 의해 정신적 고통을 받은 시련의 천재라고 주장했다. 하지만 한편에서는 그를 채울 수 없는 살인 욕구를 충족시키기 위해 뉴욕 문학계를 농락한 도덕관념이 없는 확신범으로 치부했다.

　셀러브리티 범죄에 대한 언론 보도에서 한 가지 흥미로운 점은 단독 인터뷰의 발전 과정이다. 1995년 4월 미국 오클라호마시티의 앨프리드 P. 뮤러Alfred P. Murrah 연방정부청사 앞에서 트럭으로 폭탄 테러를 일으켜 168명을 희생시킨 티머시 맥베이는 단독 인터뷰로 시사주간지 《뉴스위크》의 표지를 장식했다. 인터뷰를 통해 자신에게 유리한 방향으로 사회적 분위기를 조성하기 위해 그의 변호사와 전략을 짰던 것이다. 맥베이는 유명한 인터뷰 쇼 진행자 ABC 방송국의 바버라 월터스와 다이앤 소어Diane Sawyer, NBC의 톰 브로코Tom Brokaw, CBS의 댄 래서Dan Rather 가운데 한 명을 선택해 한 시간짜리 TV 인터뷰 프로그램에 출연할 수 있게 해달라고 법원에 탄원서를 내기도 했지만 받아들여지지 않았다. 그 대신 법원은 맥베이의 사형 집행 모습을 피해자 가족들이 볼 수 있게 CCTV로 생중계하는 데 동의했다.

　맥베이처럼 논란의 중심에 서서 유명해진 악인들이 적지 않다. 이른바 유나바머unabomber로 잘 알려진 우편물 폭탄 테러범 시어도어 카진스키Theodore Kaczynski는 《뉴욕타임스》에 자신의 성명을 실으라고 최후통첩을 보내면서 그렇지 않으면 다시 사람들을 죽이겠다고 위협했다. 카진스키는 그러면서 자신에 대한 평판이 정당하게 다시 이뤄져야 한다고 주장했다. 맥베이나 카진스키처럼 유명인 행세를 하는 살인범들을 소재로 닐 개블러Neal Gabler는 영화를 만들었다.[5] 영화에서 그는 이들이 어떻게 대중적인 유명세를 얻게 되었는지 먼저 설

5) N. Gabler, *Life: The Movie* (New York, 1988).

명한 뒤에 살인범들의 '영웅적인' 행동이 어떤 것이었는지 상세히 설명하는 데 중요 부분을 할애했다.

개인주의적인 컬트 문화가 미국보다 약한 영국에서는 살인자 셀러브리티가 미국처럼 언론의 주목을 받지는 못한다. 하지만 영국에서 유명한 살인자들이 언론에 노출되지 않는다든가, 살인자들이 유명세를 얻기 위해 살인을 저지르지 않는다는 얘기는 아니다. 1960년대 영국 컬트 문화를 기반으로 한 셀러브리티는 악명 높은 쌍둥이 형제 론 크레이Ron Kray와 레기 크레이Reggie Kray를 중심으로 발전했다. 이들의 범죄 왕국은 영국 런던의 동쪽 끝에 자리 잡고 있었다. 이들은 자신들을 노동자 계급의 영웅이라고 불렀다. 이들이 자라온 환경에서 범죄와 복싱은 부와 명예를 얻는 가장 빠른 길이었다. 크레이 형제는 런던 영화계의 유명 인사들과 인기 가수, 운동선수, 권투선수 등과 인맥을 꾸준히 쌓았다. 그들은 화려함을 폭력이나 강요와 뒤섞었다. 크레이 형제는 스스로를 신화적인 인물인 것처럼 포장했다. 자신들의 범죄를 다룬 기사를 권투 경기에서 승리한 내용과 함께 업적처럼 스크랩북에 담아 보관했다. 론 크레이는 시카고 갱단의 터프가이 이미지에 반해 복장과 행동을 그대로 따라 하려고 애썼다. 런던 동쪽 끝에서는 그들의 영향력과 권위가 경찰보다 더 컸다. 크레이 형제 조직은 런던 동쪽 끝 지역의 삶을 전형적인 동지와 우정이 있는 삶으로 상징화하면서 노인과 약자, 가난한 사람을 보살피라고 사람들에게 요구했다. 크레이 형제가 통치하는 이곳이 그 어느 때보다 안전하다는 신화가 만들어졌다. 물론 이는 으름장이나 위협, 공격과 같은 폭력의 네트워크를 무시한 이야기다.

조지 오웰은 자신의 유명 에세이 『영국식 살인의 쇠퇴The Decline of the English Murder』에서 고전적인 영국식 살인이 다른 나라들의 살인과 다르다고 주장했다.[6] 그는 영국식 살인은 일반적으로 사전에 계획한 경우가 많기 때문에 그 세

심한 부분까지 주의해서 들여다봐야 한다고 주장했다. 살인 동기도 전형적으로 성욕이나 재물에 대한 탐욕 사이의 어딘가에 있다고 했다. 살인자는 대부분 남성인데, 정부와 함께 있기 위해 아내를 죽이거나 저택이나 예금, 현금이나 보험금 등을 노린 살인이 대부분이라고 분석했다. 그러면서 오웰은 영국인들이 불륜보다 살인을 덜 수치스럽게 생각한다는 다소 우스꽝스러운 분석을 내놓기도 했다. 살인자의 정체가 드러나는 것은 일반적으로 더딘 과정을 거치는데 예측하지 못했던 상황에서 드러나는 경우가 많다. 이렇듯 디테일이 갖춰졌을 때 살인은 그에 필요한 드라마틱하고 비극적인 요소를 가지면서 대중에게 기억되고 희생자와 살인자 모두에게 연민을 불러일으킨다고 오웰은 주장했다. 오웰에 따르면 영국식 살인의 황금기는 1850년부터 1925년 사이였다. 윌리엄 파머 William Palmer나 잭 더 리퍼Jack the Ripper, 닥터 크리펜Dr. Crippen, 닐 크림Neill Cream과 에디스 톰프슨Edith Thompson, 프레더릭 바이워터스Frederick Bywaters 등이 이 시기의 유명한 살인자들이다.

오웰의 이러한 주장은 사실 섬나라인 영국의 고립성과 중산층의 위험성에 대한 비판이자 미국화에 반대하는 풍자라고 할 수 있다. 오웰은 계획적인 영국식 살인이 즉흥적인 폭력과 즉각적인 만족을 가치로 하는 미국식 살인의 확산 때문에 늪에 빠져 죽을 위험에 처했다고 비꼬았다. 한 예로 오웰은 당시 있었던 이른바 '쪼개진 턱' 살인 사건을 들었다. 이는 1944년 10월 미군 탈영병이 영국 스트립 댄서를 우발적으로 살해한 사건이다. 당시 영국 언론은 미국화의 위협에 민감하게 반응하던 상황이었는데, 이 사건으로 제2차 세계대전(1939~1945)이라는 민감한 상황에서 영국과 미국 관계가 긴장 상태에 놓이는 것을 원

---

6) Orwell's essay, first published in *The Tribune* in February 1946, can be found in the Penguin edition of *The Decline of the English Murder and Other Essays* (London, 1965).

하지 않았다. 그래서 영국 언론은 이 사건의 살인자를 즉각적인 욕구 충족에 목매는 소비문화 확산에 의한 도덕성 상실의 산물로 치부했다.

살인 방식에 있어서 전통적인 가치를 보존하려는 관점에서 쓴 오웰의 에세이는 그가 얼마나 짓궂은지 보여준다. 그럼에도 그가 책에서 주장한 이론은 전후의 주요 살인 사건 양상과 어긋나는 것이었다. 실제로 영국과 미국 모두에서 즉흥적인 살인은 상대적으로 매우 드물게 일어났기 때문이다.

이와 유사하게 불특정 다수를 상대로 한 대중 공격인 헝거포드(1987)와 덤블레인(1996), 소호(1999)의 학살 범죄가 잇따라 터지자 언론은 도덕적 공황 상태를 새롭게 수정했다. 현대 사회와 문화가 완전한 무질서와 비도덕성의 단계로 흘러가고 있다는 것이다. 하지만 살인의 광범위한 유형 속에서 보면 여전히 이런 현상은 무시해도 좋을 정도로 드물다. 여전히 대부분의 살인자와 희생자는 친척이나 결혼 관계로 연결되어 있다. 그런데도 레이턴은 대중을 대상으로 한 무차별 테러나 연쇄살인이 계속 증가하고 있고, 셀러브리티 문화가 이런 추세에 중요한 역할을 하고 있다고 언급했다. 현대 사회의 살인자 종족은 대중적 인지와 악명을 얻기 위해 살인을 저지른다는 것이다.

물론 모든 연쇄살인범이나 테러범이 악명을 얻기 위해 범죄를 저지른다고 단정하기는 어렵다. 하지만 이런 요인이 현대 사회의 살인을 이해하고 해석하는 데 도움을 준다는 점이 중요하다. 대중에게 인정받을 수 있는 성취에 목마르지만 결코 이룰 수 없는 사람들에게 연쇄살인 등으로 얻을 수 있는 악명을 좇는 것이 대중적 인지도를 얻을 수 있는 전략으로 악용된다는 것이다. 악명은 "부정적인 셀러브리티"로도 정의할 수 있다. 비록 부정적인 종류이기는 하지만 범죄자의 삶을 택함으로써 성취에의 갈증에서 벗어나는 방식이다. 하지만 어떤 사람들은 악명을 열망한다. 악명을 통해 즉각적으로 대중의 인지와 명성을 얻을 수 있다고 보기 때문이다.

반영웅

악명은 반드시 자신의 권력을 강화하는 방식을 추구할 필요는 없다. 현재 사회에서 불만족스러운 부분을 드러내는 전략으로도 부정적인 셀러브리티가 될 수 있기 때문이다. 이런 전략은 서구 문화의 반영웅들에게 흔히 찾아볼 수 있는 속성이다. 반영웅에게는 전통적인 영웅적 특성이 결여되어 있는데, 이들은 사회에서 낙인찍힌 인물들이어서 전통적인 영웅들처럼 사회로부터 어떤 보상을 받지 못하고 있다. 반영웅에 대한 사회적 낙인은 이들이 낮은 사회적 지위에 있거나, 이들이 표현하는 가치가 사회에서 혐오하는 것들이기 때문에 생겨난다.

마크 데이비드 채프먼이 존 레넌을 총으로 쐈을 때 채프먼은 J. D 샐린저J. D. Salinger의 유명한 소설 『호밀밭의 파수꾼Catcher in the Rye』(1951)을 따라 했다고 주장했다. 채프먼의 황당한 주장 이후에 『호밀밭의 파수꾼』은 거의 반세기 동안 독자들의 인기를 다시 끌었다. 소설을 쓴 샐린저의 철저한 은둔 생활도 소설에 신비성을 더하는 요소가 되었다. 샐린저는 아주 드물게 신작을 발표하면서 사진도 공개하지 않고 철저히 은둔하며 대중이나 언론을 모두 피해 생활했다. 샐린저는 대중적 인기를 갈구하는 다른 소설가들과는 정반대였다. 존 업다이크John Updike나 사울 벨로Saul Bellow, 샐먼 루시디Salman Rushdie, 필립 로스Philip Roth, 자넷 윈터슨Jeanette Winterson, 마틴 에이미스Martin Amis, 피터 게리Peter Carey, 톰 울프Tom Wolfe나 제이 매클러니Jay McInerney 같은 다른 인기 소설가들은 정기적으로 언론과 인터뷰를 하고 간담회나 토론회에 참석하는 것은 물론 자신들의 책을 공개적으로 읽어주는 자리를 마련하기도 했다. 이와 대조적으로 샐린저는 이런 활동을 멀리하며 작품을 통해서만 대중에게 자신의 목소리를 전달하려 했다.

『호밀밭의 파수꾼』의 주인공으로 나오는 홀든 콜필드는 전후 문학에 나오는 전통적인 소설 속의 반영웅이다. 콜필드는 주류 사회의 가치에서 떨어져 있다. 그는 주류 사회의 가치들이 진실성이 없다고 생각했다. 진실한 감정에 따르기보다 사회적 책임감에 따른 기계적인 필요에 순종한다는 것이다. T. S. 엘리엇T. S. Eliot의 시 「텅빈 사람들The Hollow Men」(1925)은 지푸라기로 만든 머리를 서로 맞대고 고통스러워하는 사람들의 집합체로 사회를 그리고 있다. 샐린저의 소설은 사회적·문화적 질서를 무너뜨릴지라도 정직성이 중요하다고 강조하고 있다. 『호밀밭의 파수꾼』이 반영웅을 다룬 가장 영향력 있는 소설 가운데 하나라고 본다면 샐린저가 셀러브리티 문화에 반기를 들면서 현대 소설가들 사이에서 그 스스로 주도적인 반영웅의 자리에 올랐다고 할 수 있다.

켄 키지Ken Kesey의 소설 『뻐꾸기 둥지 위로 날아간 새One Flew Over the Cuckoo's Nest』(1962)의 주인공 랜들 P. 맥머피Randle P. McMurphy는 정신병원에서 반란을 일으킨 또 다른 예언자적 반영웅으로, 1960년대 대항문화와 반정신의학운동의 지지를 받았다. 주인공 맥머피와 권위주의적 간호사 래치드 사이의 갈등은 이성적인 조직에서 벌어지는 비이성적인 결과로 적절하게 그려지고 있다. 소설에서 맥머피는 비정상적이고 철저하게 무자비한 시스템에 붙잡힌 정상인으로 부각된다(1975년 밀로스 포먼 감독의 영화에서 잭 니콜슨이 맥머피 역할을 맡아 연기했는데, 이 영화는 반영웅을 가장 잘 표현한 영화 가운데 하나로 인정받고 있다).

시장 사회는 성취에 대해 존경과 부로 보상한다. 하지만 이러한 것들의 가치가 마르크스나 베버, 프로이트가 언급한 것처럼 모두 허상에 불과한 것이라면 자본주의 문화에서의 열망과 꿈은 모두 환영일 뿐이다. 반영웅은 결국 주류 사회와 문화의 가치나 보상이 사실은 환영에 불과하다는 인식을 갖고 있는 개인으로 정의할 수 있다. 폭력은 반영웅이 이러한 환영의 구조를 부수기 위해 자주 사용하는 수단으로 등장한다. 영화 〈택시 운전사Taxi Driver〉(1976)에서 주인공 트래비스 비클은 자신을 탐욕으로 뒤덮인 뉴욕에 유일하게 남은 고상한 사람이라고 여긴다. 트래비스는 어린 매춘부를 구하려다 매춘 조직과 그 두목을 전멸시키면서 도덕성을 되찾는다. 영화 역사학자 데이비드 톰프슨David Thomson은 트래비스가 가죽끈으로 총과 칼을 몸에 차고 인디언처럼 머리를 면도하는 장면을 '수난의 성인'에 비유했다. 트래비스가 정의로운 학살자가 되어서 매춘 업소의 악당들과 포주들을 모조리 해치우는 영화의 마지막 15분은 확실히 강렬한 인상을 심어준다. 하지만 톰프슨이 결론 내린 것처럼 압권은 이 영화의 마지막 장면, 트래비스가 매춘 조직과의 전쟁에서 살아남아 영웅으로 돌아온 뒤에도 여전히 자신의 택시 안에서 불안한 얼굴로 백미러를 바라보는 장면이다.[7] 그래서 반영웅은 우리 사회를 되돌리기 위해서 어두운 전투를 기꺼이 치르는 인물이다. 사회가 즉각적인 욕구 충족이나 쾌락주의, 물욕주의로 흐르는 것을 되돌리기 위해 노력하는 인물이다. 하지만 그런 저항은 결국 쓸모없다. 진실성에 대한 추구는 소비자 문화의 끊임없는 상업주의와 인공적인 선정주의의 포로가 되어 도덕성이 사라진 사회에 대한 몸짓이다.

반영웅은 할리우드 영화에서 자주 다뤄지는 주제다. 제임스 딘의 〈이유 없는 반항Rebel Without a Cause〉(1955), 말론 브란도의 〈위험한 질주The Wild One〉(1953), 워렌 비티Warren Beatty의 〈우리에게 내일은 없다Bonnie & Clyde〉(1967)

---

7) D. Thomson, *A Biographical Dictionary of Film* (London, 1994), p.678.

와 알 파치노의 〈형사 서피코Serpico〉(1973) 등이 그런 영화다. 클린트 이스트우드는 〈황야의 무법자A Fistful of Dollars〉(1964), 〈석양의 무법자The Good, The Bad, and The Ugly〉(1967), 〈황야의 스트렌저High Plains Drifter〉(1973), 〈무법자 조시 웰스The Outlaw Josey Wales〉(1976)와 〈용서받지 못한 자Unforgiven〉(1992) 등 다양한 서부 영화에서 주인공을 맡았다. 반영웅의 콘셉트는 정의로운 학살자의 콘셉트와 밀접하게 연관되어 있다.

정의로운 학살자

범죄 살인은 또 다른 형태의 선을 구현하기 위해 희생양을 만들려는 열정적인 시도라는 논쟁과 관련해 잭 카츠는 미학적인 수준에서 '정의로운 학살'이라는 개념을 가져와 구체적인 사회적 관계에 적용시켰다.[8] 카츠는 이성적인 정의가 종종 폭력적인 범죄의 계기가 된다는 전제를 옹호했다. 이런 전제는 언론 보도나 일반적인 대중의 인식에서는 자주 무시되었는데, 폭력적인 행동은 무작위적이고 미친 것이라는 생각에 빠져 있는 경향이 컸기 때문이다. 카츠의 주장은 살인자들은 일반적으로 어떤 이유가 있어서 살인을 하는데, 자신들이 굴욕적인 일을 겪었거나 부당하다고 생각하는 것에 대한 복수로 살인을 저질렀다고 생각한다는 것이다.

엘리엇 레이턴Elliott Leyton은 여기에 새로운 요소를 추가했는데, 그는 대량학살이나 연쇄살인자들의 정의로운 학살은 유명세를 얻으려는 시도라고 주장했다. 이런 형태의 살인은 종종 언론을 통해 보도될 때 떠들썩하고 영화적인

---

8) Katz, *Seductions of Crime*, p.12.

형태로 다뤄지는 경우가 많다. 이는 실제 범인들의 마음가짐의 일부이기도 하다. 데이비드 코플랜드와 테드 번디의 사례에서 볼 수 있는 것처럼 살인자들은 그 자신이 영화 속 주인공 역할을 하고 있다고 여기면서 대중적인 유명세를 얻고 대중 앞에서 자존심을 시험하기 위해 붙잡히기를 바라는 경우도 적지 않다.

반영웅 신화의 또 한 부분은 그들이 고수하는 가치가 일반적인 사회가 추구하는 것에서 크게 벗어난 극단적인 것들이어서 다른 사람들과 소통하거나 다른 사람들이 이해하기 어렵다는 것이다. 사회가 망상에 가까운 신념이나 습관에 시달리는 사람들로 가득하다고 인식한다는 점을 고려하면 반영웅이 선택할 수 있는 유일한 방법은 밀렵 사냥꾼이 되는 것뿐이다. 게다가 이들이 사냥 본능을 억누른다면 세상이 자신을 알아준다는 보장이 없다. 반영웅들은 정의로운 학살이 병리학적이거나 의미 없는 것이라는 판단을 받게 되면 자살을 선택하는 경우가 많다. 실제로 몇 가지 사례에서 연쇄살인범이나 대량 살인범의 자살로 상황이 최고조에 이르기도 한다. 헝거포드의 살인마 마이클 라이언Michael Ryan이나 덤블레인의 살인자 토머스 해밀턴Thomas Hamilton이 이런 경우다. 한편으로는 잠재적인 대량 학살 혹은 연쇄살인자들이 사회에서 오인을 받는 것보다 자살하는 게 낫다는 결론을 내리기도 한다. 이런 살인자들은 자신이 모욕과 부정의에 맞서 정의로운 복수를 하는 비극적인 반영웅이라고 생각하면서 사회에서 그들을 단순한 살인마로 오인하는 것은 운명적이라고 믿기 때문이다.

이와 관련해 레이턴은 대량 학살범인 마크 제임스 로버트 에식스Mark James Robert Essex의 사례를 언급했다. 당시 언론 보도에 따르면 에식스는 뉴올리언즈 도시를 상대로 '1인 전쟁'을 벌여 8일 동안의 대혼란을 가져온 사회 부적응자였다. 사실관계를 보면 명확해 보인다. 새해 전날인 1973년 12월 31일부터 1974년 1월 7일까지 8일 동안 에식스는 10명을 총으로 쏴 죽이고 23명을 다치게 했으며 수백만 달러의 재산 피해를 입혔다. 희생자 가운데 그가 아는 사람은 단 한 명도 없었다. 에식스는 무작위로 대상을 골라 총을 겨눴다. 강간이나 도둑질을 한 것도 아니다. 백인 중심의 언론들은 에식스를 무차별적인 살인자의 전형이라고 보도했다. 하지만 레이턴이 앞서 언급한 것처럼 사실관계들을 유심히 들여다보면 그와는 전혀 반대의 사실을 이끌어낼 수도 있고, 더 그럴듯한 해석을 할 수도 있다. 첫 번째는 인종차별이 에식스의 명백한 살인 동기 가운데 하나라는 것이다. 에식스는 흑인이었기 때문이다. 처음에는 실수로 흑인을 죽이기도 했지만, 그의 타깃은 백인이었다.

두 번째로 에식스는 일반적인 무차별적 살인자와 달리 주요 인물이나 지역을 범행 대상으로 삼았다. 에식스의 첫 번째 공격 대상은 뉴올리언즈 경찰서 중앙 유치장이었다. 그는 경찰들을 공개된 곳으로 끌어내기 위해 시 창고에 불을 질렀다. 이 시도가 실패에 그치자 이번에는 도시의 호텔에 들어가 백인 경비원을 총으로 쏴 죽이고 18층의 호텔 방에 불을 질렀다. 큰불이 나자 소방관과 경찰관들이 현장에 모였다. 루이지애나와 텍사스, 미시시피 지역의 경찰과 FBI, 군인들까지 600명이 넘는 공무원들이 이곳에 모였다.

세 번째로 에식스는 언론이 자신의 범죄를 전국적인 이벤트 이상으로, 그러니까 전 세계적인 사건으로 다뤄주기를 바라는 의도를 가지고 행동했다는 것이다. 그는 의도적으로 불가능한 상대와 대결하기 위해 찾아다녔다. 전투가 아니라 공개적으로 자살하기 위한 장소를 찾는 듯한 행동이었다. 에식스는 자신이 저지른 살인과 자신의 죽음을 통해 상징적인 중요성을 남기려는 것이 분명했다. 그는 죽었고, 죽였다. 자신의 정당함을 주장하기 위해서였다.

에식스의 유년 시절을 보면 그가 대량 학살자가 된 이유를 찾아보기 어렵다. 레이턴은 에식스가 '사려 깊고', '진보적'이며 폭력 성향이 없고 인종차별주의자도 아닌 상태로 자랐다고 묘사했다. 에식스의 아버지는 가족이 경영하는 작은 회사에서 현장 감독관으로 일했다. 에식스와 형제들에게 아버지는 사회적 신분 상승을 꿈꾸며 살라고 북돋았다. 하지만 에식스는 운명적인 사건에 맞닥뜨리고 만다. 1969년 그가 미국 해군에 자원입대한 후 벌어진 일이었다. 베트남전쟁 참전을 피하기 위해서 감행한 입대였다. 기초 군사 훈련 과정에 에식스는 뛰어난 군인으로 평가받았다. 해군에서 에식스는 치과 전문가 훈련을 받기를 원했고 성공적으로 훈련을 마쳤다. 에식스를 담당한 교관은 그를 '전도유망한' 훈련생이라고 평가했다. 에식스는 치과의사가 되기 위한 전문 과정에 들어가는 것을 꿈꿨다.

하지만 에식스의 이런 모습은 실은 깊게 상처 입은 그의 실제 자아를 가린 것이었다. 그는 그곳에서 모욕과 박해 같은 인종차별에 시달렸으며 이것은 에식스가 대량 학살범이 되는 불씨가 되었다. 에식스는 인종차별에 저항했다. 백인 하사관과 말다툼을 벌였다. 이를 계기로 그는 해군 재판에 회부되었지만 무단으로 불출석했다가 나중에 자발적으로 재판에 참석했다. 레이턴은 에식스의 재판을 부조리하고 음울한 카프카적 재판이라고 묘사했다. 에식스는 인종차별적 괴롭힘에 저항했다는 이유로 유죄판결을 받고 2개월 치 급여를 몰수당했다. 또 해군 막사에 구금된 채 급여도 삭감되었다. 그리고 얼마 지나지 않아 해군에서 계속 근무하기에 부적합하다는 이유로 전역 신청을 하라는 권고를 받았다.

그 뒤로 잠시 동안 에식스의 행적이 묘연해진다. 에식스는 전역을 하면서도 모욕당한 것으로 알려졌다. 또한 그는 집으로 돌아와 가끔 뉴올리언즈와 뉴욕으로 옛 해군 친구를 만난다며 불가사의한 여행을 다닌 것으로 알려졌다. 그리고 흑인 혁명 관련 글들을 모으기 시작했다. 경찰 조사 결과에 따르면 에식스는 흑인 과격 단체인 흑표범 운동Black Panther movement 등과 접촉했다. 그러면 서 그는 점차 자신의 이미지를 인종차별에 맞서는 전사로 발전시켜나갔다. 에 식스는 갈수록 자기 자신에게 빠져 사회와 스스로 격리되면서 자신의 총명함 과 성취에 더 빠져들어 갔다. 에식스는 처음에는 화가 났지만 갈수록 분노를 주체할 수 없었다. 자신이 해군에서 퇴출되고 지금 벼랑 끝 상황까지 온 것은 백인들의 부당한 인종차별 때문이라고 결론짓게 된 것이다.

자기도취와 분노에 빠진 사람은 진실한 자아가 성취에 굶주린 상태이기 때 문인 것이 문제라고 결론짓는 경우가 많다. 진실한 자아를 다른 사람이 제대로 알아주는 것은 쉽지 않기 때문에, 어떤 사람들은 진실한 자아라는 것이 어떤 의미에서는 가치가 없다고 얘기한다. 어떻게 보면 합리적인 견해다. 진실한 자 아라는 것 자체가 현실에서는 너무 이상적인 것이거나 다른 사람들과 소통하 기 불가능한 것이기 때문이다. 이런 상황이 되면 분노는 자기 내부로 향하게 되고, 자신을 스스로 소멸시킬 결심을 하기에 이른다. 이것이 에밀 뒤르켐Emile Durkheim이 얘기한 그 유명한 '이기적 자살'이다.

에식스는 신중하고 감성적인 젊은이였던 것으로 알려졌다. 그가 해군에서 쫓겨난 뒤 대량 학살을 하기까지, 그 사이에 몇 가지 그의 행동 특성들을 살펴 보면 자살할 의도를 가지고 있었던 것으로 보인다. 에식스는 고립되어 있었고, 무기력했으며, 실패로 인해 큰 좌절을 겪고 있었다. 하지만 그는 이러한 원인 이 자신에게 있다고 생각하기보다 백인 인종차별의 결과라고 생각했다.

에식스가 대량 학살을 저지른 1974년 당시까지 그는 백인이 세상을 지배한 다는 생각을 갖고 살았다. 그가 이런 상황을 벗어날 수 있는 신분을 상승시킬 통로도 에식스에게는 막힌 것처럼 보였다. 그리고 에식스는 신분 상승을 한 흑 인이 된다는 것은 근본적인 문제 해결책이 아니라 문제의 일부일 뿐이라는 결론을 내렸다. 그리고 무기력하던 에식스는 흑인 문화를 일으켜야겠다고 생각했다. 에식스는 자신이 해군에서 겪은 굴욕과 수모를 사회 저항과 인종 선동의 방식을 통해 극적으로 드러내겠다고 결정했다. 이러한 관점에서 볼 때 그의 죽음은 '이타적인 자살', 즉 집단의 이익을 위해 자신을 스스로 없애는 사례로 해석할 수 있다. 실제로 에식스는 자신이 무장한 백인 국가의 억압적이고 비인도적 지배에 도전해 자신을 희생했다고 믿었다. 에식스가 공개적으로 보인 마지막 태도는 그의 죽음을 통해 셀러브리티로 세상에 알려지려 했던 의도가 엿보인다. 하지만 그것은 개인적인 유명세를 원했다기보다는 억압받는 흑인에 대한 인식의 제고를 원했던 것이다.

미국 콜로라도주 덴버의 콜럼바인 고등학교 학살 사건도 에식스 사건과 유사한 사례다. 1999년 4월 20일 18살이던 에릭 해리스Eric Harris와 17살 딜런 클리볼드Dylan Klebold는 12명의 학교 친구들과 한 명의 선생님을 총으로 쏴 죽이고 23명을 다치게 한 뒤 자살했다. 이들은 어떤 유서나 설명도 남기지 않았다. 두 사람 모두 안정적이고 상대적으로 부유한 가정의 아이들이었다. 다른 사람의 자동차에 무단으로 침입해 1년 동안의 보호관찰 처분을 받은 것을 제외하면 폭력이나 범죄 전과도 없었다. 보호관찰 기간 이들은 감독 기관의 교육을 성실하고 긍정적인 태도로 이행한 것으로 기록되어 있다. 그래서 처음에 이들이 왜 학살을 저질렀는지 그 이유를 놓고 수사는 미궁에 빠졌다.

경찰은 수사 과정에서 이들이 '트렌치코트 마피아'라고 불리는 교내의 작은 갱단에 소속되었다는 사실을 찾아냈다. 이 갱단은 이른바 다크 웨이브 스타일을 본떠서 만든 것이었는데, 다크 웨이브는 우익 음악으로 죽음에 대한 집착과 검은 장례식 복장에 대한 선호, 하얀 화장과 검은 립스틱을 바르는 것을 즐겼다. 해리스와 클리볼드는 테크노 음악과 전자 음악을 좋아했으며, 노랫말을 통해 신나치주의의 가치를 공개적으로 지지해 비난받던 독일 록밴드 램스타인 Rammstein의 팬이기도 했다. 이들은 또 백인우월주의를 찬양하고 폭력과 인종 증오 등의 내용을 담은 가사로 비난을 받던 고딕 록 그룹 스크류드라이버 Skrewdriver, 레이저스 엣지Razors Edge, 노르딕 선더Nordic Thunder, 브루털 어택 Brutal Attack 등을 좋아했다. 게다가 다른 트렌치코트 마피아 멤버들과 함께 이들은 나치즘에 관심을 보이지 않는 학교 친구들을 조롱하고 비난했던 것으로 드러났다. 언론들은 이들이 대량 학살을 저지른 4월 20일이 히틀러의 생일이라고 보도했다.

반대로 트렌치코트 마피아를 비웃고 조롱하던 교내 학생들은 주로 운동부 학생들이었다. 학살 당시 목격자들에 따르면 이들은 총을 들고 몇몇 학생들이 운동부 소속인지 아닌지 물어 죽일지 살려줄지를 결정했다고 한다. 언론은 이들의 학살이 정상적인 사회 가치에 저항하는 일종의 복수라는 추측을 내놨다.

에릭 해리스가 운영하던 웹 사이트를 보면 그가 기존 사회와 얼마나 동떨어져 있었는지 알 수 있다. 거기에는 악마와 총, 해골 더미 그림이 그려져 있다. 그가 쓴 시 가운데 하나는 해리스가 생각하는 다크 웨이브의 이미지가 분명히 그려져 있고 기존의 평범한 문화에 대한 심오한 적개심이 담겨 있다.

나는 너의 세상을 흔들 것이다
나는 너의 믿음을 흔들 것이다. 적그리스도.
나는 내 자리를 차지하러 왔다. 나는 너의 의식 불명. 나는 억제할 수 없고 불안하고 지나치고 변태적이다. 나는 네가 예기치 않은 존재다. 너의 종말이다. 나는 거대하고 완전한 존재이고 너의 믿음이다.
나는 폭풍 신의 사생아다.

대규모 공격. 원자 폭탄.

총의 아들이 혼돈의 공황으로 돌아왔다.

저항하지 않는다.

지금 세상의 종말 앞에서 폭발

불꽃의 벽에 소용돌이치는 연기

누가 책임질 것인가.

젠장, 타고난 머리는 다 똑같아.

차별 금지. 총의 아들

간단한 방정식. 총의 아들

운명의 문제

신이나 왕국, 국가에 맹세하지 마라.

총의 아들, 조심해.

슈퍼 히어로 1번

네가 좋아하지 않는다면, 음 …… 무엇을 해야 하는지 알지.

내가 싫어하는 건, 젠장

하지만 이 시는 대량 학살 사건 이후에 읽어야 무슨 뜻인지 더 잘 알 수 있다. 데이비드 코플랜드 역시 영국 사회에 종말론적인 변화가 오기를 꿈꿨다. 하지만 이러한 어려움에 직면한 대부분의 젊은이들은 이를 어른이 되기 위한 통과의례로 여겼다. 그리고 앞서 겪은 그들의 부모처럼 이런 장애물을 뛰어넘었다.

해리스와 클리볼드, 코플랜드가 이러한 단계를 거치지 못한 채 살인자가 된 결정적인 이유는 무엇일까. 사건 후에 '에릭과 딜런을 위한 눈물'이라는 웹 사이트에서는 이들을 괴물이나 살인자가 아니라 밝고 명랑하지만 오해받고 이해받지 못한 아픈 청춘으로 묘사했다. 그러면서 학교에서 괴롭힘을 당하고 선생님들의 편견에 시달렸다고 주장했다. 해리스와 클리볼드는 비정한 살인자가 아니라 사회의 희생양이라는 것이다.

하지만 교내 괴롭힘에 대한 저항 방법으로 대량 살인 말고도 많은 방법이 있다는 것은 더 말할 필요도 없을 것이다. 살인에 열광하고 학교 운동장에 폭발물을 설치해놓은 컬럼바인 고등학교 학살 사건의 방식을 보면 해리스와 클리볼드는 이 사건을 언론을 통해 세계적인 이슈로 만들려던 의도를 가지고 있었던 것으로 분석할 수 있다. 이들은 도덕적 폭력 사건의 주연으로 자신들을 캐스팅한 것이다. 현대 미학에 대한 교묘한 표현 가운데 하나로 여겨지는 앙드레 브르통André Breton의 저서 『두 번째 초현실주의 매니페스토The Second Surrealist Manifesto』는 가장 단순한 초현실주의적인 행동은 손에 권총을 쥐고 거리로 나가 대중을 향해 가능한 한 많이 무차별적으로 총을 쏘는 것이라고 단언했다.9) 해리스와 클리볼드가 초현실주의 미학에 대해 알고 있었을 수도 있다. 하지만 이들이 초현실주의자인 앙드레 브르통이나 살바도르 달리Salvador Dali, 트리스탄 차라Tristan Tzara의 제자일 리는 없다. 이들은 영국과 아르헨티나 사이에 벌어진 포클랜드 전쟁을 전후한 시기에 태어난 세대로, 이들이 처음 알게 된 세계 전쟁은 사람을 고통 없이 순식간에 죽이는 '스마트 폭탄'이 등장한 걸프전(1991)이다. 이를 통해 그들은 스펙터클한 참상의 가치를 이해했을 것이다. 이들은 사회의 희생양으로서 살인을 저지른 것이 아니라 세계적인 셀러브리티가 되겠다는 열망을 가지고 폭력을 이용해 극단적인 상황을 만들었다. 하지만 '에릭과 딜런을 위한 눈물'이라는 웹 사이트가 사람들에게 심도 깊게 전달한 것은

---

9)　Quoted in S. Cohen and L. Taylor, *Escape Attempts* (London, 1976), p.177.

역설적으로 이들의 허점이다. 해리스와 클리볼드는 자신의 행동이 백인 우월주의를 향한 반영웅적인 정의로운 복수라는 망상에 빠져 있었다. 이들은 학교에서 교내 운동부 학생들의 위협에 시달렸고 정의로운 복수를 영웅시하는 문화 속에서 자라왔기 때문이다. 남자였기 때문에 카운슬러나 심리치료사의 도움을 받아 이런 문제를 드러내놓고 치료하기도 쉽지 않았다. 그 대신 이들은 서로의 좌절감을 털어놓았고, 사람들의 이목을 집중시키는 범죄 행위(대량 학살)를 벌이면서 그들이 저지른 범죄의 엄숙한 이유가 자신들이 받은 고통 때문이라고 포장했다.

여기서 범죄 행위는 악명을 얻는 방법이다. 범죄는 성취에 대한 목마름을 겪은 개인이 언론의 관심을 받고 사회적 인물로 조명받게 해준다. 반영웅의 관점에서 보면 악명은 합법적인 목표다. 사회의 기존 가치는 망상에 불과한 것이라고 이미 생각하고 있기 때문이다.

연쇄살인이나 대량 학살 범죄는 계속 늘어나고 있다. 누군가는 탁월한 성취를 부러워하는 문화 속에 성취에 대한 목마름과 굶주림이 일반화된 사회적 환경이 근본적인 원인이라고 분석할 수도 있다. 이런 관점에서 볼 때 악명은 점점 더 대중적 인지를 얻는 일반적인 수단이 되고 있다고 할 수 있다. 어떤 면에서는 대중매체가 꾸며낸 사건과 셀러브리티를 대중의 주목을 받는 관심사로 포장해 내놓으면서 이런 현상을 더 부추기고 있다. 합법적인 방법으로 성취를 얻지 못하는 사람들은 결국 대중의 관심을 끌고 인지도를 얻기 위해 불법적인 방법을 동원하는 경향이 있다는 것이다.

이 논의를 통해 '정의로운 복수'에 대한 사회의 태도가 모호하다는 점을 알 수 있다. 어떤 사회든 살인을 비난하는 것은 옳은 일이다. 동시에 서구 사회의 법률은 개인의 범죄 행위에 대해 판결할 때 정신적 불안정 상태나 자극에 의한 것인지에 따라 형량을 경감해주는 경향이 있다. 잉글랜드와 웨일즈에서는 1843년 이른바 '맥노튼 룰'이 만들어져 정신병과 같은 정신장애를 가진 사람이 살인을 저지를 경우 면죄부를 줄 수 있게 했다. 대니얼 맥노튼Daniel McNaughton은 당시 총리였던 로버트 필 경Sir Robert Peel의 개인 비서였던 에드워드 드럼먼드Edward Drummond를 총리로 착각해 권총으로 쏴 살해하려 한 혐의로 법정에 섰다. 하지만 그는 정신이상이라는 점이 인정되어 무죄를 선고받았다. 이후 영국법에서 정신병이 있을 경우 법적 책임을 경감해주는 경향으로 이어졌다. 이러한 책임 경감은 형사 법정에서 정신병이 합법적인 피고인 방어 수단으로 쓰였음을 의미한다. 물론 반영웅의 시각에서 볼 때 연쇄살인이나 대량 학살을 정신병으로 치부하는 이러한 사회의 관점은 핵심에서 벗어난 것이다. 그들이 폭력적인 행동을 하는 목적은 대중적 인지를 성취하고자 지배적인 사회 가치의 허황됨을 드러내기 위함이다. 하지만 이런 범죄자들의 법적 책임을 경감하도록 법적으로 허용하는 것은, 정의로운 복수가 범죄의 원인을 분석하는 병인학에서 문화적으로 매우 중요하다는 가설과 맥을 같이한다. 왜냐하면 폭력적인 범죄에 대한 비난은 범죄를 저지를 당시의 정신적·정서적 환경을 고려해야 하기 때문이다. 물론 살인을 유발하는 요인은 정확한 생화학적·심리적·사회학적 요인이 얽히고설킨 복잡한 문제다. 하지만 현대 사회의 문화 역시 어떤 범죄의 책임을 경감할지 말지를 결정할 때 합법적으로 고려해야 할 요소다.

레이턴의 주장을 뒷받침할 만한 증거는 아직 확실하지 않다. 성취에 대한 굶주림이나 정의로운 복수라는 조건이 충족되었을 때 어떤 사람들은 악명을 얻기 위해 폭력적인 범죄를 이용하는 경향이 있다는 정도의 주장은 가능할 것이다. 하지만 반대로 말하면 성취에 대한 굶주림이 있다고 해서 자동적으로 당연히 폭력적 범죄라는 결과로 이어지는 것은 아니라고 할 수 있다. 게다가 대

량 학살이나 연쇄살인 가운데 성취에 대한 굶주림이 범죄의 원인이었다고 인
과 관계를 인정할 만한 사례도 극히 적다. 그렇다고 성취에 대한 목마름이 사
람들의 일상에서의 행동에 미치는 상징적인 중요성을 폄훼하는 것은 아니다.
직장이나 가족 관계에서 인정받지 못해 생기는 좌절이나 분노의 사례는 현대
사회에서 점점 더 많아지고 있다. 하지만 비교해서 말하자면 이런 조건에서
생기는 인지 부조화가 자살이나 다른 사람들에 대한 폭력적인 공격으로 나타
나는 경우는 매우 드물다.

거꾸로, 정의로운 복수의 개념은 자주 살인을 정당화하는 방어 수단으로 쓰
인다. 〈데스위시Death Wish〉(1974)와 〈택시운전사〉(1976), 〈다이하드Die Hard〉
시리즈 같은 할리우드 영화와 연계된 정의로운 복수 문화는 불법적인 방법으
로 대중적 인지도를 올리는 데 대해 지지하는 견해를 갖게 한다. 하지만 반드
시 기억해야 한다. '살인할 권리'는 동기가 될 수 없고, 이것이 합법적으로 인정
받으려면 의학적·정신학적·사회학적으로 상세한 설명과 근거가 마련되어야
한다는 것을 말이다.

악명의 매력

악명과 범죄 사이의 연관성은 보헤미안 문화에서 오랫동안 폭넓게 연구되었
다. 어빙 고프먼은 부정적인 셀러브리티들이 대체로 비난받는다는 견해가 지
배적일 때, 일탈이 유명세를 얻는 데 긍정적인 전략이 될 수 있다고 주장했
다.10) 고프먼은 사회질서를 거부하는 것이 사회적 특징을 내포하고 있으며,

---

10) E. Goffmann, *Interaction Ritual* (New York, 1967).

특히 보헤미안 문화에서 두드러진다고 생각했다. 한 예로, 그는 범죄자와 재즈 음악가, 쇼 공연자와 도박꾼들의 명단을 정리했다. 왜 이런 부류의 사회적 배우들이 존경을 받아야 할까?

사회적 일탈은 일상적인 사회적 상호작용의 경계를 뛰어넘는 것을 포함한다. 이런 행동은 종종 법을 어기고 자기 자신과 다른 사람들에게 정신적·육체적 해를 끼치게도 한다. 미국의 유명한 흑인 재즈 연주자 마일스 데이비스Miles Davis는 자신의 자서전에서 디지 길레스피Dizzy Gillespie와 찰리 파커Charlie Parker 같은 재즈 연주자들에게 빠져 지냈던 자신의 청소년 시절을 회상했다. 결국 헤로인 중독자가 된 데이비스는 자유와 마약, 자유로운 섹스를 강조하는 보헤미안 재즈식 라이프스타일에 빠졌다. 하지만 그를 가장 사로잡은 것은 대중 앞에서 음악을 연주하는 재즈 음악가들의 혁신적인 역량이었다. 그는 찰리 '버드' 파커에게 이렇게 썼다. "당신이 색소폰을 입에 대는 순간 모든 것이 변했습니다. 아래를 바라보며 색소폰을 부는 순간부터 당신에게서 강력한 힘과 아름다움이 뿜어져 나왔습니다. 당신이 연주를 시작하면 놀라운 변화가 일어납니다."[11] 자기 자신을 넘어 일상적인 사회생활의 책임과 통제를 벗어나는 능력은 굉장히 매혹적인 일이다. 술과 마약은 일탈의 일상적인 수단이다. 데이비스는 파커가 자주 술이나 마약에 취한 채 연주했다고 적었다. 일상적인 사회 상호작용의 제한된 범위에서 벗어나는 방법으로 술이나 마약을 일삼는 '중독된 천재들'은 로맨틱 문화에서 매우 강력한 모티프가 된다. 하지만 일상적인 사회적 가치가 너무 많은 것을 제약한다며 술과 마약을 일삼는 문화적 일탈자들은 일반 사회에서는 유명하기도 하지만 많은 이들에게 비난의 대상이 되기도 한다.

18세기 프랑스 소설가 마르키스 드사드Marquis de Sade는 계몽주의 시대에 매우

---

11) Miles Davis, *Miles* (London, 1989), p.48.

중요한 퇴폐적인 인물이다. 그는 성적인 학대를 통해 악명을 얻은 귀족 호색한이었다. 19세기 독일의 신경학자 리처드 크라프트 어빙Richard von Krafft-Ebing은 다른 사람에게 고통을 주는 데서 성적 쾌락을 얻었던 마르키스 드사드의 이름을 본떠 사디즘이라는 용어를 만들었다. 사람들은 마르키스가 단순히 사디스트라고 생각하지만 그렇지만은 않다. 마조히즘은 그의 성적 취향에서 사디즘과 똑같이 중요한 요소였기 때문이다. 마르키스는 프랑스혁명이 요구한 모든 국민의 평등한 권리 확보는 국민들의 하향평준화와 표준화를 불러온다고 주장했다. 그래서 성도착자로 여겨졌던 그의 평판은 관료주의 사회에 대항하는 반영웅의 이미지와 뒤섞이게 되었다.

바이런 경Lord Byron도 사드만큼은 아니지만 자유주의자이자 반란자로서 비슷한 평판을 얻었다. 원래 바이런은 그의 삶을 둘러싼 스캔들, 즉 매춘과 간통, 근친상간과 남색 때문에 악명이 높았다. 하지만 그가 주류 사회에 반기를 들고 그리스 독립 전쟁에서 숨지면서 낭만적인 전설의 인물로 재탄생했다. 바이런이 죽은 뒤 그에 대한 회고록을 낸 출판업자 존 머리John Murray는 책을 내기 전에 바이런이 남긴 두 권의 회고록을 가져가 태워버렸다. 바이런을 둘러싼 스캔들은 그의 죽음을 추앙하기에 너무 수치스러운 내용이었기 때문이다.

앞서 살펴본 바이런과 사드는 모두 귀족이며 타고난 지위를 가진 인물들이다. 이들은 도덕적·문화적 일탈을 통해 얻은 악명 때문에 그들이 귀속적 셀러브리티라는 사실이 가려졌다. 둘 가운데 누구도 대중적인 계급 전사라고 볼 수 없었다. 두 인물 모두 자신의 글과 삶의 방식으로 대중의 도덕성을 비난하며 명성을 얻은 독불장군들이었다. 19세기에 들어서면서 성취한 셀러브리티가 될 수 있는 기회가 늘어났다. 더불어 성취한 악명 문화도 대중 사회의 지배적인 도덕 질서에 반기를 드는 미학적·성적·정치적 반군들이 속속 등장하면서 점차 성장해갔다. 예를 들면 프랑스의 유명 시인 보들레르는 보헤미안 멋쟁이의 페르소나를 잘 만들어나간 사례다. 그는 머리를 녹색으로 물들인 채 사람의 피부를 이용해 제본한 책을 소유하려고 했다. 보들레르는 또 유아 식인의 영향을 받았고 귀족들의 방탕한 쾌락에 취해 있었다고 고백하기도 했다. 이런 내용을 담은 보들레르의 시집 『악의 꽃Les Fleurs du mal』은 결국 1857년 모두 몰수되었고, 보들레르는 대중의 도덕성에 반하는 시를 썼다는 이유로 기소되었다. 법원은 보들레르가 쓴 시 가운데 여섯 편에 대해 유죄판결을 내렸고 이 시들은 시집에서 삭제되었다. 그리고 보들레르에게는 300프랑의 벌금이 부과되었다. 당시 검찰은 보들레르가 반영웅으로서 악명을 얻는 데 기여했다. 흥미롭게도, 보들레르는 예술적인 창조를 위한 영감을 자극하기 위해 해시시나 아편과 같은 마약을 하는 것에는 비판적이었다. 그는 마약이 상상력을 불러일으킬 수도 있지만, 반대로 상상력을 저하시킬 수도 있다고 믿었다. 그래서 마약에 취해 글을 쓴 것으로 유명한 영국의 시인 새뮤얼 테일러 콜리지Samuel Taylor Coleridge와 영국의 비평가이자 소설가 토머스 드퀸시Thomas De Quincey의 작품은 진정한 예술 세계에서는 암묵적으로 저급한 것으로 간주된다. 하지만 마약에 대한 보들레르의 적대감의 일부가 거짓말임이 드러났다. 그가 환각 술로 알려진 압생트에 의존했기 때문이다. 오스카 와일드 역시 파리에서 불명예스러운 망명 생활을 하면서 이 술에 의존했던 것으로 전해진다.

영국 에드워드 왕조를 당혹스럽게 한 악명 높은 시인이자 마술사, 포르노 작가이기도 한 헤로인 중독자 알레이스터 크롤리Aleister Crowley도 전통적인 도덕과 문화의 기준을 따르는 것은 너무 제한적이라며 컬트를 개발했던 인물 가운데 하나다. 크롤리의 마법은 당시 유명했던 '황금 새벽' 집단의 마술과 동양의 심오한 기술, 성적인 마법을 한데 모은 '텔레마 법칙'을 추구했다. 텔레마의 법칙은 20세기에 악명을 떨쳤던 유명인들 사이에서 근본 원리로 여겨졌던 두 가지 원칙을 바탕으로 만들어졌다. 첫 번째는 '모든 남자와 여자는 스타(유명인)이다'라는 것이고, 두 번째는 '당신이 실행하면 그것이 곧 율법이 된다'는 것이었다. 크롤리의 마법은 모든 남자와 여자를 중요한 존재로 보고 투자를 아끼지 않았으며, 그들에게 과도하게 제한된 사회의 도덕적·문화적 교훈에 대해 의문을 품고 위반할 수 있는 권위를 부여했다.

전반적으로 범법 행위와 삶의 전략으로 악명을 얻어 키워가는 것은 여자보다 남자에게 더 쉬웠다. 황후 조세핀은 공개적으로 정부를 데리고 파리에서 일련의 성적 스캔들을 벌여 나폴레옹을 바보로 만들었다. 나폴레옹은 결국 그녀와 이혼했고, 조세핀은 나폴레옹으로부터 재정적인 지원을 받기는 했지만 사회적인 불명예를 감수해야 했다.

무성 영화 시절의 인기 배우 루이즈 브룩스Louise Brooks는 스콧 피츠제럴드가 언급한 1920년대 '재즈 시대'를 풍미한 자유주의 신여성이었다. 그녀는 당시 사회의 도덕적 규범을 고수하려는 스튜디오의 출연 금지 명령에 반기를 들었다. 그녀의 태도는 성적으로 치밀하게 계산된 것이었다. 그녀는 '모든 남자들이 여자를 미워한다'고 믿고 다음과 같이 썼다.

살면서 꽤 일찍 나는 사람들이 내가 생각하는 것보다 내가 행동하는 것에 더 눈길을 준다는 것을 알았다. 난 술에 취하지 않을 것이고, 항상 내 지갑을 가득 채울 것이다. 난 내게 달콤한 말을 속삭이는 남자와 데이트를 할 수도 있을 것이다. 언젠가 그에게 욕설을 퍼부을 것을 미리 연습하면서.12)

---

12) Quoted in B. Paris, *Louise Brooks* (London, 1991), pp.393, 395~396.

행동과 생각에 대한 브룩스의 구별을 페미니스트들이 진작 읽었어야 했다. 남성중심주의 사회는 여성들에게 진실한 자아와 공적인 얼굴을 분리하도록 강하게 압박한다. 여성 셀러브리티의 경우 자신의 실제 자아에 대한 압박이 이중 소멸 증후군으로 이어지기도 한다. 여성 셀러브리티는 성별 구분에 따른 사회적 의무와 자신에 대한 대중의 기대 때문에 자신의 진실한 감정을 표현하지 못하고 점점 실제 자아와 분리된다. 그래서 여성 셀러브리티는 진짜 자신의 모습과 정복 욕구에 사로잡힌 남성이 생각하는 자신의 모습, 대중이 생각하는 자신의 모습이라는 세 가지 얼굴로 인생을 살아갈 수밖에 없다.

브룩스에게 난잡한 남자관계는 이러한 이중 소멸의 감정을 다스리기 위한 방법이었을 것이다. 그녀의 연인은 당시 모든 남자 스타 배우들 거의 전부라고 할 정도로 많았다. 하지만 똑같은 상황에 대해서도 차별이 존재했다. 남자 배우들의 문란한 여자관계는 대중의 큰 비난 없이 용인된 반면 브룩스에 대해서는 문란하고 비도덕적이라는 혹평이 쏟아졌다. 할리우드의 한 프로듀서는 그녀의 지적 능력을 멸시하고 그녀의 영화 경력도 하찮은 것으로 치부했다. 브룩스는 알코올중독과 가난, 매춘에 빠져 나락으로 떨어졌고 거의 생을 마감할 즈음이 되어서야 영화 애호가들에 의해 재발견되고 재평가를 받았다.

미국 영화배우 프란시스 파머Frances Farmer가 1930년대 후반에 브룩스의 공적인 책임을 그대로 물려받았다. 하지만 인기 영화배우로서 그녀의 공적인 삶은 1936년부터 1941년까지 6년여 동안 이어졌다. 워싱턴의 시애틀대학교 학생이던 파머는 하워드 호크스Howard Hawks 감독의 영화 〈컴 앤 겟 잇Come and Get It〉(1936)에 출연하면서 큰 인기를 얻었다. 이 영화는 호크스 감독이 해고되면서 윌리엄 와일러William Wyler 감독이 완성했다. 인기가 시들해진 뒤에도 파머는 잘 알려지지 않은 영화에 출연했는데 이런 상황이 그녀의 알코올중독을 더욱 악화시켰고, 남자관계를 더욱 복잡하게 만들었다. 파머의 행동은 갈수록 예측 불가능해졌고, 우울함과 불안감이 더욱 심해졌다. 결국 그녀는 치료 시설에 들어갔고 넋을 잃은 채 멍해졌다. 페미니즘 영화계에서 그녀는 당대의 랜들 맥머피로 추앙받는다. 파머는 1950년대 후반 몇 편의 TV 영화에 다시 나왔지만 차츰 세상 사람들에게서 잊혀갔고, 1970년 56세의 나이에 일찍 세상을 떠났다. 미국 영화배우 제시카 랭Jessica Lange은 1982년 그레임 클리퍼드Graeme Clifford 감독의 영화 〈여배우 프란시스Frances〉에서 프란시스 파머 역할을 맡아 오스카상 후보에 올랐다.

악명은 종종 미학 문화의 변화와 관련이 있다. 영국의 비평가 존 러스킨John Ruskin은 화가 제임스 휘슬러James Whistler의 작품 〈녹턴Nocturnes〉에 대해 "대중의 얼굴에 물감 통을 엎질러 놓았다"며 자신의 비평에서 휘슬러의 작품을 강한 어조로 비난했다. 이는 휘슬러의 작품이 러스킨이 믿어왔던 순수 예술의 전통적인 가치를 위반했다고 생각했기 때문이다. 이 소식을 전해들은 휘슬러는 러스킨을 출판물에 의한 명예훼손으로 곧바로 고소했다. 이 소송에서 휘슬러는 승소했지만, 배상금은 고작 1파딩(4분의 1 페니)을 받았다. 이는 법적으로는 러스킨이 휘슬러의 명예를 훼손한 것이 맞지만, 내심 러스킨의 작품 평이 틀리지 않았다는 배심원들의 생각이 반영된 결과라고 할 수 있다. 어쨌든 이 사건은 그동안 당연하게 여겨졌던 순수 예술 가치의 권위를 불안정하게 만들었고, 예술의 본질에 대한 논쟁을 불러일으켰다.

프랑스 미술가 마르셀 뒤샹Marcel Duchamp의 일생은 '예술은 무엇인가?'라는 질문에 대한 탐구로 해석할 수 있다. 그의 작품 〈계단을 내려오는 누드Nude Descending a Staircase〉가 1913년 근대 미술 국제 전시회에 등장하자 사람들의 불신과 분노가 터져 나왔다. 이 그림은 사람의 형상과 관련이 없는 것처럼 보였고, 뒤샹이 큐비즘의 궁핍함을 내보인 것 아니냐는 의심 섞인 목소리가 나왔다. 하지만 이는 뒤샹이 1917년 독립 예술가 쇼 전시회에 남성용 소변기를 뒤집어 알 머트R. Mutt라는 가명으로 사인한 뒤 〈샘Fountain〉이라는 제목으로 작품을 냈을 때 일어났던 격분에 비하면 아무것도 아니다. 뒤샹은 순수 예술 비평가들의 답답한 엘리트적 가치에 일정 부분 반기를 든 것이다. 하지만 뒤샹도 브르통이나 달리, 맨 레이Man Ray와 같은 초현실주의자들이 받아들여 발전시켜 온 사상, 그러니까 일상생활 속에 미학은 곳곳에 존재한다는 점을 강조하고 동의했다. 이 주제는 현대 예술에서도 계속 이어져 오고 있다. 미국 사진작가 로버트 메이플소프의 성적으로 노골적인 사진들, 특히 동성애를 담은 에로틱한 사진이나, 예수를 오줌 속에 넣어 사진을 찍은 안드레 세라노Andres Serrano의 〈오줌 속의 예수Piss Christ〉, 캐런 핀리Karen Finley의 행위 예술 등은 그들이 변태라는 비난을 이끌어낸다. 이런 작품들은 품위와 현실의 의미가 무엇인지 질문을 던지지만, 한편으로는 현대 사회의 예술가들이 악명을 키우고 배양하는 역할을 하고 있다는 것을 반영한다.

그래서 악명은 개인적으로 유명해지는 수단이 되기도 하고, 기존 문화의 변형을 통해 대중의 인지를 얻는 도구가 되기도 한다. 때로는 두 가지가 하나로 합쳐지기도 한다. 오스카 와일드가 1870~1890년 사이에 새로운 미학 운동의 선구자로 나선 것은 확실히 그를 대중적인 유명 인사로 만드는 데 중요한 수단이 되었다. 달리도 1920~1930년대에 초현실주의 운동을 벌이면서 오스카 와일드와 비슷한 길을 걸었다. 로버트 메이플소프와 안드레 세라노는 최근에 있었던 유사한 사례라고 할 수 있다. 성취한 셀러브리티가 악명을 이용해 쌓은 경력은 지속하기 어렵다. 그러한 경력을 지속하려는 개인의 욕망은 다른 사람에 대한 분노를 일으키기 때문에 결국은 그 효과는 갈수록 떨어질 수밖에 없다.

이 장에서는 셀러브리티들이 본질적으로 범법 행위와 탈선을 저지른다는 점을 살펴봤다. 여기에는 세 가지 이유가 있다. 첫째, 셀러브리티는 자기 자신을 평범한 사회생활에서 분리하기 때문이다. 유명해진다는 것은 대중의 시각에서 볼 때 무엇인가 달라야 한다는 것이다. 선택할 수 있는 기회가 많아지고 삶이 유연해진다는 것은 매력적이기도 하지만 한편으로는 문제가 될 소지가 다분하다. 셀러브리티들은 일반인들보다 돈과 재산이 더 많고 성적인 기회나 사회적 기회도 더 많다. 하지만 이들은 종종 자신들이 붙잡혀 있다고 느끼고, 성공만을 좇는 '성취 신기루 증후군'에 빠져 있다며 불만을 늘어놓는다.

여기서 두 번째 이유가 나온다. 셀러브리티는 자신의 실제 자아를 대신할 공적인 얼굴의 집합체에 기반을 둔다. 영국 브리스틀 출신의 캐리 그랜트(본명은 아치 리치Archie Leach)는 자신의 공적인 얼굴과 진정한 자아 사이에서 끊임없이 고민했다. 그는 활동 기간 중 상당한 시간을 본래 자신이 겪고 있는 깊은 근심을 '캐리 그랜트'라는 공적인 얼굴 속에 숨겨왔다. 그는 "몇 년 동안 많은 문제들이 있었는데, 그건 아치 리치의 문제이지 캐리 그랜트의 문제가 아니다"라고 말했다.[13] 1950년대 말 그랜트가 강력한 환각제인 엘에스디LSD를 복용한 것은 두 명의 자아 사이에서 고민을 해결하기 위한 수단이었을 것으로 보인다. 당시에 엘에스디 치료는 정부에서 허가한 실험이었다. 그랜트는 3년 동안 100번 넘게 이 실험에 참석했다. 그리고 엘에스디 처방은 그에게 어느 정도 치료 효과가 있었던 것으로 보인다. 그랜트는 이 치료를 자신의 공적인 얼굴과 진정한 자아 사이의 간격을 좁히는 계기로 여겼다. 그랜트는 후에 "나는 내 삶의 대부분을 아치 리치와 캐리 그랜트 사이를 떠다니며 허비했다"며 "어느 것도 확실치 않았고 양쪽을 다 의심했다. 이제 나는 이 둘을 한 사람으로 통합하기 시작

13) G. McCann, *Cary Grant* (London, 1996), p.176에서 인용.

했다. 그러면서 평화와 안식을 찾을 수 있었다"라고 회상했다.[14]

　세 번째는 셀러브리티가 되고 싶은 욕망과 이런 욕망을 이루기 위한 수단이 제한된 상황 사이에서 사람들은 불법적인 방법을 동원해서라도 유명세를 얻고 싶어 하는 경향이 커진다는 것이다. 물론 모든 사람들이 유명인이 되기를 바라는 것은 아니다. 하지만 성취한 셀러브리티에게 따라오는 명성에는 높은 문화적 가치가 있다는 것이 명백해 보이는 것도 사실이다. 민주주의 문화는 어쩔 수 없이 성취 문화다. 이론적으로 민주주의는 군주주의의 원칙을 폐기하고 법 앞에 모든 시민은 평등하다는 점을 내세운다. 공교육과 복지 국가를 통해서 민주주의는 개인에게 사회적 신분 상승의 기회를 제공한다. 이론적으로만 보면 민주주의는 개인의 능력에 따라 성공 여부가 정해지는 사회다. 그렇다면 사람들이 유명세나 악명을 얻기 위해 노력하는 이유는 일정 부분 민주주의의 이상과 현실의 차이에 근거하는 것은 아닐까? 그렇다면 셀러브리티나 악명은 민주주의 문화의 현실적인 한계와 종교의 부재에 대한 산물이 아닐까? 이 책의 첫 부분에 언급한 것처럼 셀러브리티 문화는 평범한 사람들의 시대에 태어났다. 공공 문화 속에서, 봉건주의와 공산주의에 대한 민주주의 인식 속에서 성취한 셀러브리티가 탄생했다. 이러한 인식을 바탕으로 이 책의 마지막 장에서는 평범한 사람들의 시대(민주주의)와 변하지 않는 셀러브리티화 과정(구별) 사이의 관계를 다루는 것이 적절해 보인다.

---

14) In McCann, *Cary Grant*, p.177.

제 5 장

셀러브리티와 셀러브리티화

민주주의는 약속한 내용을 언제나 지키지 못하는데, 이런 실패는 선출한 지도자들의 한계에서 극명하게 드러난다. 여기에는 여러 가지 이유가 있지만, 특히 두 가지 이유가 서로 밀접히 관련된다. 첫째, 민주적으로 선출된 지도자는 전통적인 권위나 군사적인 명령과 같은 힘을 갖지 못한다. 하지만 이들은 대중의 자유의지로 뽑혀 대표성을 띤다. 국민이 뽑고, 국민을 위해 집무실에 앉아 일하는 대통령과 총리는 군주제나 전체주의를 뛰어넘는 민주주의의 우월성에 의해 부여받은 명성을 구현한다. 그래서 민주주의 체제 아래의 지도자들은 언론의 영원한 감시 대상이자, 대중과 소통하기 위해 미디어 특권을 누리기도 한다. 정치의 영역에서 이들은 궁극적으로 성취한 셀러브리티들이다.

둘째, 민주주의 체제에서 선출된 지도자들은 자신을 뽑아준 사람들로부터 그들이 원하는 것을 실현해주리라는 기대를 받는다. 전통적으로 대통령과 총리는 포스트 군주 사회에서 중심적이고 상징적인 인물로, 사람들이 자신과 다른 사람들을 이해할 수 있게 해주는 존재다. 이들은 정치의 영역에서 성취한 셀러브리티들이기 때문에, 이 체제 아래에서는 어떤 평범한 사람도 가장 높은 자리에 오를 수 있다는 것을 스스로 보여준 주인공이기도 하다. 앞서가는 도시 산업화 사회에서 민주주의는 어쩔 수 없이 대량화 과정을 거칠 수밖에 없다. 데이터의 수집이나 정책 입안, 치안의 유지·관리에는 방대한 관료주의가 개입된다. 대통령과 총리는 임금 노동자가 인식하고 평가할 수 있는 공적인 얼굴을 만듦으로써 민주주의를 개인화한다. 이런 이유로 대통령이나 총리의 실패는 사람들의 정신적·감성적 삶 곳곳에 영향을 미치게 된다.

민주주의가 우월하다고 주장하는 근거는 무엇일까? 가치에 대한 탁월한 토대와 근거가 마련되지 않은 사회에서 민주주의는 권위를 세우기 위한 유일하고 그럴듯한 기반인 것처럼 보인다. 신과 군주제, 독재자가 죽는다면 국민이 선출한 대표자가 국민의 뜻을 이행하는 임무를 공개적으로 맡아 실행하는 민주주의가 가장 적합하고 유일한 정부 체제라고 할 수 있다. 실제로 민주주의 체제는 전체주의보다 낫다. 개인의 자율성과 다양한 선택의 가능성을 담보하는 체제이기 때문이다. 하지만 한편으로 민주주의는 문화적·정신적으로 많은 결함을 가진 시스템이기도 하다. 거의 분명하게 민주주의 이론은 실제 현실에서 실현되지 않는다. 사실 민주주의라는 것은 신용 사기처럼 만들어지고 번성한다. 이상적인 정치 체제를 내세워 사람들의 인기를 끌지만, 실제 그 이론이 제대로 실현된 민주주의 체제는 찾아볼 수 없다는 얘기다.

어니스트 겔너Ernest Gellner는 이를 뒷받침하는 두 가지 근거를 보여줬다.[1] 첫째, 민주주의는 인간 사회가 권위와 권력의 불평등한 분배를 초래하는 사회적 역할에 기반을 두고 이뤄진다는 사실을 무시한다는 점이다. 민주주의 선거에서는 뇌수술을 하는 외과 의사나 유리창을 닦는 청소부나 똑같이 한 표를 행

---

1) Ernest Gellner, *Conditions of Liberty: Civil Society and its Rivals* (London, 1994).

사한다. 하지만 문화 자본이나 부, 정치적 영향력을 비교해보면 외과 의사는 청소부보다 월등하다. 둘째, 민주주의는 전문직과 행정직, 서비스 종사자를 고용한 기관을 통해 운영된다. 이러한 정부 기관과 이 기관을 구성하는 급여 노동자들은 때때로 대중의 뜻과 충돌할 수 있는 자체적인 이익을 추구하는데, 이는 민주적인 의사 결정 실행에 걸림돌이 될 수 있다.

민주주의 이론에 포함되어 있는 보편적인 선택과 평등도 실제로는 실현되지 않는다. 이런 점을 고려하면 민주주의의 사회적·정신적 조건은 실행과 만족이 결여된 것이라고 할 수 있다. 민주주의가 내세우는 문화적·경제적 약속들은 사실 현실의 문화나 경제 상황을 반영하지 않은 공허한 것들이기 때문이다. 모든 사람이 평등하다는 법적인 장치에도 불구하고 상당히 많은 민주주의 국가에서 소수 인종이나 여성, 장애인에 대한 차별이 존재하고 있다. 평등할 권리가 현실에서는 실현되지 않는 것이다. 민주주의 시스템이 제대로 작동하는지에 대한 의구심과 이 시스템이 어딘가 공정하지 않다는 생각이 국민들 사이에서 일반적인 견해로 자리 잡은 지 오래다.

한편으로 민주주의 체제는 그 어떤 정치·경제 시스템보다 신분 상승의 가능성이 열려 있는 체제다. 민주주의는 또한 정치에서 투명성에 대한 기대감도 한껏 높였다. 다른 시스템보다 대중의 감시가 자유로우며 선출된 대표들은 군주제나 전체주의 시스템의 지도자들보다 더 책임감을 갖고 행동한다. 이런 점들은 다시 민주주의 사회 안에서 선출된 지도자들의 상징적인 중요성을 강조하는 핵심이 된다. 관료주의 사회의 공적인 얼굴로서, 유권자들에 대해 책임이 있는 민주주의 사회의 지도자들은 민주주의 체제의 상징이라고 할 수 있다.

셀러브리티 문화의 선험성

'과두정치의 철의 법칙' 이론으로 유명한 독일 사회학자 로베르트 미헬스Robert Michels는 민주주의 체제의 유권자들은 제 역할을 할 수 없으니 스스로 지도자가 되어야 한다며 통렬한 비판을 가했다.[2] 미헬스는 민주주의 체제의 대중에게서 숭배의 문화를 확인했다고 말하며, 이들을 지도자 앞에 무릎을 꿇고 절을 하는 숭배자에 비유했다. 미헬스는 독일 민주당의 무너진 리더십을 언급하면서 이들이 당원들로부터 당을 분리해놓고 자기들끼리 자화자찬하는 숨 막히는 문화를 만들었다고 비판했다. 미헬스의 비판은 독일 민주당에만 국한된 것이 아니었다. 그의 비판은 사실 전혀 의도하지 않은 결과로 이어진 현재의 민주주의 체제 전반에 대한 의구심을 나타낸 것이었다.

미헬스는 민주주의 지도자들의 공적인 얼굴도 날카롭게 관찰했다. 그는 현대 도시 산업 사회의 규모 때문에 직접민주주의가 불가능하다는 점은 받아들였다. 그래서 국민들을 위해 대신 결정을 내릴 지도자를 선출해 의사를 결정하는 대의민주주의가 민주주의의 이상으로 자리 잡은 것이다. 일반적으로 이렇게 선출된 지도자들은 대중보다 더 많은 교육을 받았고 설득에 능수능란한 사람들이다. 하지만 고학력과 달변이라는 특징만으로 그들이 권력을 잡을 수는 없다. 지도자의 또 다른 핵심적인 자산은 명성과 신망이다. 실제로 미헬스는 이 연구의 주제를 정할 때 대중이 가장 중요한 요소로 생각하는 것을 셀러브리티의 신망이라고 가정했다. 미헬스에게 유명세는 정치권력의 결과가 아니라 전제조건이다. 민주적인 권력은 셀러브리티 문화의 외부에 있거나 앞서기보다 종속된다는 것인데, 미헬스는 이를 근거로 민주주의 체제를 비판했다.

---

2)   Robert Michels, *Political Parties* (New York, 1915).

20세기 민주주의 체제에서 가장 존경받는 정치 지도자들을 생각하면 미헬스의 주장은 바로 입증된다. 루스벨트와 샤를 드골Charles De Gaulle, 처칠, 아이젠하워는 전쟁터에서 처음으로 신망을 얻은 군인 출신 정치가들이다. 케네디 대통령은 자신의 대통령 선거 캠페인에서 제2차 세계대전 당시 해군으로 복무하며 경험했던 자신의 영웅적인 역할을 대대적으로 홍보했다. 조지 부시와 에드워드 히스, 제임스 캘러헌은 참전 경험을 정치적으로 활용하는 데 비교적 소극적이었지만, 자신들을 군인 경험을 통해 정치적 리더십을 향상시킬 수 있는 후보로 대중에게 소개했다. 이후 군인 출신 정치 지도자들이 물러나고 전쟁이 첨단 기술을 중심으로 이뤄지면서 군인 출신 정치인의 증가세는 주춤하기 시작했다.

마거릿 대처와 토니 블레어, 빌 클린턴은 모두 법률 전문가라는 배경을 가지고 당선된 지도자들이다. 사실 정치적 유명인의 미덕은 군사적인 탁월성보다는 법적이고 합리적인 말솜씨와 행정력에서 나올 가능성이 더 크다. 이는 막스 베버가 『합리화 과정에 대한 분석Analysis of the Rationalization Process』에서 예측한 것과 같다. 하지만 로널드 레이건과 바츨라프 하벨Vaclav Havel은 영화와 연극을 통해 얻은 명성을 바탕으로 미국과 체코 공화국의 지도자가 되었다. 이는 21세기에는 예술가들이 전문 지식인이나 노동단체들과 민주주의 지도자 자리를 놓고 경쟁을 벌일 것임을 보여준다. 1960년대 후반 영국의 가수이자 영화배우인 믹 재거를 의회에 입성할 노동당 후보로 내세우려 했던 시도가 이를 입증하는 사례다. 미국 영화배우 클린트 이스트우드는 캘리포니아주 카멜의 시장을 지냈으며, 미국 영화배우이자 감독인 워렌 비티는 여러 차례 선출직에 도전했고, 1999년에는, 대통령 선거 출마에 관심을 표명했었다. 정치와 연예 분야의 셀러브리티 문화가 하나로 융합될 것이라고 예측하는 것은 성급할 수 있다. 한편으로는 정부 정책을 국민들에게 홍보하고 설명하는 정치 전문가인 스핀닥터나 할리우드 스타일의 파티 컨퍼런스를 여는 것에 대한 서구 사회의 비판이 커지면서, 대중의 감정을 조정하거나 그들에게 자기투영을 하는 문제와 관련해 정치인들은 영화배우들로부터 많은 것을 모방해 정치에 활용한 것으로 볼 수 있다.

이는 유명세가 정치권력을 얻는 전제조건이 된다면, 현대 사회에서 '셀러브리티 부류'를 곳곳에서 찾아볼 수 있다는 뜻이기도 하다. 사회학자 조슈아 겜슨Joshua Gamson은 정치에서 일어나는 '셀러브리티화 과정'을 언급했다. 겜슨이 말하는 셀러브리티화 과정이란 정치 지도자들이 할리우드에서 개발된 특성과 대화 방법, 발표 기술 등을 배우는 것을 말한다. 사실 제3장에서 언급한 것처럼 미국 정치계에서의 셀러브리티화 과정은 할리우드보다 훨씬 앞서 일어났다. 앤드루 잭슨, 에이브러햄 링컨, 율리시스 S. 그랜트Ulysses S. Grant는 모두 자기투영을 하거나 대중 여론을 다루는 데 능숙했다. 1877년에 그랜트가 뉴캐슬에 방문했을 때 8만 명이 넘는 사람들이 거리에 몰려나왔다고 한다.[3] 대중은 그랜트를 세계적인 유명 인사로 받아들였다. 노예를 해방시킨 영웅이자 노동자 계급의 친구로 그를 맞이했다. 사람들은 그랜트를 단순히 전직 대통령으로 환영한 것이 아니라 자유와 정의의 실현이라는 강력한 의미를 내포한 민주주의의 거장으로서 환영한 것이다. 그랜트에 대한 역사적 판단은 그 뒤에 다소 수정되었다. 많은 역사가들은 이제 그를 남부 연합을 분쇄할 때 지나치게 열광한 군사령관이었고, 대통령 재임 기간에는 약하고 우유부단했던 인물로 평가한다. 그런데도 그랜트는 노동자 계급에서 떠오른, 민주주의 사회에서 성취한 셀러브리티의 척도를 제시한 인물로 인정받았다.

그러나 겜슨은 그가 생각하는 셀러브리티화 과정이 무엇인지 자세히 설명

---

3) W. S. McFeely, *Grant: A Biography* (New York, 1982), p.184.

하지는 않았다. 오락 문화의 전통과 관행이 어떻게 정치 영역으로 들어왔는지에 대해서도 탐구하지 않았다.[4] 물론 정치 문화가 할리우드화되었다는 데는 의심의 여지가 없다. 정치 지도자들은 대중을 기쁘게 하는 대본과 몸동작에 갈수록 더 민감하게 반응한다. 전당 대회가 열리면 언론이 요구하는 멋진 장관을 만들어내려고 애쓴다. 2000년 8월 미국 로스앤젤레스에서 열린 민주당 전당대회에서 앨 고어가 한 대통령 후보 수락 연설에서 그가 자기를 비하하고 느끼한 말로 감사를 표명한 것은 철저하게 계산된 할리우드식 연출이었다. 빌 클린턴이 민주당 전당대회에서 대통령 임기를 마치는 고별 연설을 했을 때도 이런 방식을 따랐는데, 당시 클린턴은 대중에게 자신의 대통령 재임 기간인 1992~2000년 사이 미국 경제의 기적을 강조해 대중의 마음을 끌려고 했으며 자신의 성 추문에 대한 관심은 재빨리 피했다. 고어가 대통령 후보 수락 연설에서 "진실한 나 자신"을 언급한 것은 경제 호황을 이뤄낸 클린턴 행정부의 성과를 인정하면서도 한편으로는 자신이 성 추문에 휩싸인 클린턴보다 도덕적으로 우위에 있음을 강조하기 위한 것이었다. 이와 유사하게 조지 부시 미국 대통령이 2001년 1월 취임사에서 영사기를 사용하고 연출된 모습으로 감사의 뜻을 전하는 장면은 TV나 영화에서 익히 보아왔던 것이다. 영국의 경우 노동당과 보수당의 연례 회의에서 언론에 적합한 긍정적인 이미지를 만들어내기 위해 카메라와 스핀닥터를 동원하기도 한다.

---

4) J. Gamson, *Claims to Fame* (Berkeley, CA, 1994).

셀러브리티화 과정

겜슨의 '셀러브리티화'를 정치 문화의 할리우드화에 관한 문제로 국한하면 이 개념을 충분히 설명할 수 없다. 그래서 나는 '셀러브리티화 과정'이라는 개념을 언론에 적합한 필터라는 관점에서 설명하려고 한다. 언론은 추상적인 욕망을 구체화하고 때로는 이를 강화한다. '언론에 적합한'이라는 용어는 언론이 '셀러브리티화'의 요소와 방식을 자신에게 투영하거나 그것들과 상호작용 하거나, 세련되게 정제하기에 적합하다는 뜻이다. 나는 18세기 인쇄 문화가 국가적으로 발전한 시기부터 자아의식과 정체성의 투사가 언론과 추상적인 욕구의 강요에 의해 대중에게 중요한 이슈로 떠올랐다고 주장한다. 요약하자면 자본주의 사회는 소비자로 하여금 상품에 대한 추상적인 욕구를 발전시킬 것을 요구한다. 욕망(혹은 욕구)은 자본주의 사회에서 필연적으로 추상적인 강요의 형태로 나타나는데, 경제적으로 부를 축적하려면 소비자의 자본이 상품과 브랜드 혁신에 맞춰 옮겨가야 하기 때문이다. 이러한 추상적인 품질 변화는 소비자가 기존 제품을 새것으로 바꿀 것을 일상적으로 요구한다. 자본주의 사회에서의 추상적 욕망의 강요는 개인을 '욕망의 대상'에서 '욕망의 계산 대상'으로 바꿔놓는다. 소비자는 단순히 상품에 대한 욕구를 키우는 것이 아니라 추상화된 대중의 욕구를 좇아 자신의 겉모습을 완성한다. 패션과 미식 문화는 이러한 경향을 반영하고, 또 강화한다.

그래서 셀러브리티 문화는 부분적으로는 추상적인 욕망 주변에 만들어진 문화적 축의 한 표현이라고 할 수 있다. 이러한 셀러브리티 문화는 상업화의 가장 근본적인 도구다. 셀러브리티 문화가 욕구와 욕망을 구체화하기 때문이다. 셀러브리티 문화는 특히 소비자들에게 저항하기 어려운 경쟁의 표준을 제시한다. 한편으로는 셀러브리티와 팬 사이의 거리가, 또 한편으로는 셀러브리티 문화의 지속적인 혁신이 대중의 추상적인 욕구를 배가시킨다. 자본주의 체제의 소비자들은 원하는 것을 소유하더라도 욕구를 완전하게 충족하는 경험을 하지 못한다. 추상적인 욕구라는 것 자체가 특정한 상품을 소유한다고 해서 충족할 수 있는 것이 아니기 때문이다. 소비자들은 참으로 다양한 기준으로 나뉘는 존재들이다. 소비자들은 몇 개의 축을 기준으로 나뉘는데 셀러브리티 문화에서 가장 중요한 축은 '가진 것'과 '원하는 것' 사이의 쪼개짐이다. 현대 문화에서 셀러브리티에 대한 집착은 부분적으로 대중이 주관적인 통합을 이루려는 시도로 볼 수 있는데, 이는 개인의 동떨어진 부분을 자신 속으로 통합하는 게 아니라 동떨어진 개인을 셀러브리티라는 커다란 공적 얼굴에 통합시키려는 것이다.

이 논쟁은 사실 경제적·정치적·문화적 관점에서 복합적으로 더 자세하게 논의해야 할 부분들이다. 먼저 경제적 관점에서 보면 자본주의 체제는 노동 과정의 표준화라는 특성을 통해 노동자들이 생산한 잉여가치를 기업이나 정부 등의 고용자 계급이 몰수한다. 하지만 단지 가치에 대한 노동 이론에만 집중하면 자본주의 경제에 대한 우리의 이해가 왜곡될 수 있다. 몰수는 축적한 자본을 자급자족하며 사용하는 데 그 목표가 있는 게 아니다. 누군가는 몰수가 잠재적인 잉여 가치를 야기한다고 말할 수 있을 것이다. 이러한 가치를 실현하기 위해 자본주의는 시장에서 욕구와 욕망을 불러일으켜야만 한다.

욕망을 불러일으킨다는 것은 무슨 뜻인가? 고전적인 정신분석 이론에서는 욕망이 무의식 안에 들어 있다고 주장한다. 유전적인 영향 여부를 떠나서, 정신분석 이론에서는 욕망의 가장 원형적인 사회적 관계가 부모와 자식 간의 대화를 통한 유대감이라고 주장한다. 그리고 어린아이가 성년기에 성공적으로 접어들지는 대화를 통해 부모와 나눴던 유대감을 대체할 누군가를 찾아내느냐에 달려 있다. 일반적으로 그 대상은 낭만적인 연인의 형태로 등장한다. 따라서 만족스러운 유대 관계의 이동이 이뤄지려면 중심적인 대화 관계를 대체할 누군가가 있어야 한다. 즉, 아이와 부모 사이의 대화를 통한 유대 관계가 연인 사이의 유대 관계로 대체된다는 것이다.

이제 세계적으로 소비자들의 욕망을 불러일으키기 위해서는 혁신적이고 유연하면서도 양도할 수 있는 요소를 갖추어야 한다. 왜냐하면 상품의 축적은 시장 점유율을 극대화하기 위한 생산자 사이의 경쟁적 투쟁에 따라 달라지기 때문이다. 소비자는 상품이나 브랜드의 혁신 정도를 보고 자신이 쓰는 제품을 바꾼다. 이들의 소비 욕망을 불러일으키려면 상품이 혁신적이고 유연하면서도 양도할 수 있는 요소를 갖춰야 하는 것처럼 매스컴 체계도 믿을 만하고 다양하면서도 어디서나 접근할 수 있는, 다시 말해 유비쿼터스한 속성을 갖춰야 한다. 이러한 체계의 근간은 18세기에 시작되었다. 자본주의적 축적의 경제 논리를 감안할 때, 이러한 체계의 성장은 필연적으로 패션과 미각 문화의 확산, 대중문화에서의 신체 문화와 공적인 얼굴에 대한 가치 상승으로 이어졌다. 통일된 교통 체계와 세계 시장의 발달은 처음에는 한 나라의 대중을, 그리고 뒤에는 전 세계의 대중을 하나로 합치는 기반이 되었다.

자본주의의 필요성에 대한 전통적인 주장은 시장이 소비자의 욕구를 충족시키는 가장 효과적인 수단이라는 것이다. 하지만 사실은 반대다. 자본주의는 소비자의 욕구가 충족되는 것을 절대 허락하지 않는다. 그렇게 되면 경제성장이 멈추기 때문이다. 실제로 시장은 상품과 브랜드를 혁신해 끊임없이 소비자들의 욕구를 보충하고 발전시킨다. 시장은 소비자들이 상품에 대해 추상적인 욕구를 키워가기를 바란다. 추상적인 형태의 욕구가 시장을 확장하고 키우는 데 가장 적합하기 때문이다. 자본주의는 소비자들이 소비할 것을 요구하지만, 또 한편으로는 소비자들이 자신이 구매한 상품이 오래되고 낡았다는 것을 의식하도록 부추긴다. 모든 형태의 소비는 결국 일시적인 것일 뿐이며, 소비자들은 결국 '가진 것'과 '원하는 것' 사이에서 또다시 갈등할 수밖에 없다.

셀러브리티 문화는 추상적 욕구를 불러일으키는 가장 중요한 메커니즘 가운데 하나다. 셀러브리티 문화는 생명이 없는 상품에 생명력을 불어넣어 사람들의 욕망을 구체화한다. 소비자들에게는 상품과 자신을 동일시하는 것보다 셀러브리티와 자신을 동일시하는 것이 더 쉽다. 셀러브리티들은 소비자들의 욕구를 새롭게 재창출할 수 있다. 이 때문에 셀러브리티들은 대중의 추상적인 욕구를 불러일으키는 데 매우 효과적인 자원이다. 한마디로, 셀러브리티들은 욕구를 인간답게 만든다. 많은 경우에 그들의 노화 과정도 소비자의 욕구를 부추기는 데 유리하게 작용한다. 셀러브리티들이 나이가 들어감에 따라 이들은 팬들에게 추상적인 욕구의 대상일 뿐 아니라 향수의 대상으로도 자리 잡는다. 셀러브리티에 대한 향수는 시장에서 또 다른 상품화가 가능한 영역이다. 실제로 매릴린 먼로, 제임스 딘, 엘비스 프레슬리, 존 레넌, 프랭크 시나트라, 다이애나 황태자비의 사례는 셀러브리티의 죽음이 이들을 추가적으로 상품화하는 데 장애물이 되지 않는다는 것을 잘 보여준다. 셀러브리티의 공적인 얼굴이 한번 대중문화 속에 내재되고 내면화되면, 그것은 대중문화 안에서 불멸의 상품이 된다. 심지어 셀러브리티가 죽은 이후에도 새로운 상품으로 재활용될 수 있다.

정치적 차원에서 자본주의 사회 성장의 가장 중요한 발전 가운데 하나는 군주와 사회 간 권력 균형의 감소였다. 확립된 계층 구조의 신성한 웅장함보다 사회 형태의 다양성과 역동성이 서서히 정치와 문화의 초점이 되었다. 이론적으로 민주적인 형태는 모든 사람에게 신분 상승 기회를 제공한다. 이는 성취한 셀러브리티가 될 수 있는 기회도 똑같이 평등하게 커진다는 뜻이다. 민주주의 사회에서 소비자들의 욕구를 선동하는 일은 전문적인 마케팅과 홍보 담당자들의 노력으로, 소비할 수밖에 없도록 고안한 상징으로 상품을 치장하는 과정이다. 이러한 사회적 규제가 지배적인 소비 이데올로기 안에서 절대적인 효과를 발휘하는 결과로 이어지지는 않는다. 그 반대 주장도 불만족스럽기는 마찬가지다. 하지만 의심할 여지없이 이러한 중재는 셀러브리티 문화에서 구현된 욕구의 대상에 대해 집단적인 관심을 불러일으킴으로써 욕구를 사회적 주제로 떠오르게 한다. 그래서 결국에는 아주 소수의 사람들에게 이처럼 중재할 수 있는 힘이 모아지게 된다. 특히 기업이 소비자들의 욕구를 불러일으키는 중요한 문화적 주도자로 떠올랐다. 이러한 힘의 집중은 대중의 책임성 원칙에 따라 민주주의와 공존할 수 있다. 그럼에도 실제로 말하자면, 대중민주주의에서 매스컴의 행위는 문화적 주제를 주도하는 힘을 특별한 몇몇 전문가들에게 집중시킨다. 기업집단이나 언론 관계자들은 문화적 데이터를 취사선택하는 수문장 역할뿐 아니라 셀러브리티를 탄생시키고 이들의 공적인 얼굴을 만들어냄으로써 문화적 논쟁을 일으키기도 한다.

동시에 민주주의의 핵심적인 정치적 역설은 모든 사람에게 평등과 자유를 주려는 체제는 사회적 지위와 부의 구조적인 불평등을 탄생시키지 않고서는 생존할 수 없다는 것이다. 셀러브리티 문화에는 바로 이런 모순적인 면이 아주 명확히 반영되어 있다. 성취한 셀러브리티는 종종 가난한 환경을 떨치고 탄생하지만 그들의 성공은 성취한 셀러브리티와 대중 사이를 틀어지게 만든다. 그래서 팬들은 셀러브리티들의 성취를 축하하면서도 유명인의 화려한 삶과 자신을 둘러싼 보잘것없는 환경 사이의 격차를 날카롭게 의식한다. 그래서 민주주의 체제에서 성취한 셀러브리티는 양날의 칼과 같다. 그것은 유명인의 독특한 특성에 대한 대중의 인식과, 팬들의 기대에 따라 셀러브리티가 더 큰 부와 명예를 얻게 되는 '치명적인 상황'을 모두 포함한다. 다시 말하면 성취한 셀러브리티는 처음에는 팬들이 자신의 실제 삶에서 이루지 못했던 모든 것들을 인지하는 데서 시작해 나중에는 팬들을 저 뒤로 한 채 부와 명예, 인기를 모두 차지하는 높은 곳에 오르면서 절정기를 맞이하고 성숙해진다. 이 시점에서 소비자(셀러브리티의 팬들)에게는 가진 것과 원하는 것 사이의 분열이 다시금 강화된다. 많은 팬들이 셀러브리티와의 하룻밤을 갈망하는 것을 고려하면, 가진 것과 원하는 것 사이의 거리는 팬들에게 견딜 수 없는 결핍으로 작용할 수 있고, 이는 스토킹과 같은 정신병리학적 행동으로 이어질 수 있다. 이런 사례가 많지는 않지만, 연쇄살인이나 정의로운 학살과 마찬가지로 통계적상 유의미한 수준으로 꾸준히 늘어나고 있다. 이는 셀러브리티 문화와 추상적인 욕망의 선동 사이에 부정적인 문화적 결과가 발생했다는 것을 암시하는데, 이 장에서 나는 이 부분을 더 연구할 것이다. 그 전에 먼저, 이 시점에서 셀러브리티화에 대한 일반적인 논쟁의 정치적 차원에 대해 더 깊이 생각할 필요가 있다. 민주주의는 유연하고 적응력 있는 정치 시스템이다. 셀러브리티화는 단순히 셀러브리티 문화에서 발전된 것이 아니라 그 이전까지 사람들이 인식하지 못했거나 억압받고 있던 생활양식이나 신념에 대한 인정의 의미도 포함하고 있다.

생활 정치와 셀러브리티화

1980년대 후반 공산주의 붕괴 이후 서양의 정치 유형을 이해하기 위해 앤서니 기든스Anthony Giddens는 '생활 정치'의 중요성이 커져가고 있다고 주장했다.5)

생활 정치는 복잡한 개념이다. 그 중심에는 일반적이고 집단적인 변화와 보편적인 평등과 정의, 참여의 윤리에 초점을 맞추고 있는 고전적인 해방 정치가 전 지구적 상호 의존이라는 맥락에서 자기실현을 추구하는 새로운 정치로 대체되었다는 전제가 깔려 있다. 10년 전 크리스토퍼 래시Christopher Lasch는 같은 연구를 하면서 나르시시즘의 관점에서 이를 설명했다.[6] 하지만 기든스에게 생활 정치는 자기실현을 위한 나르시시즘적 프로그램이 아니다. 그에게 생활 정치는 자연에 대한 존중과 차이를 인정하는 관용, 무언가를 선택할 자유의 신성함에 대한, 보편적 실존 문제에 기초한 윤리의 집합체였기 때문이다.

흥미롭게도 기든스는 생활 정치의 핵심 원리는 구체화라고 말한다. 그는 현대성이 신체의 경계를 변화시켜 '반사적인 재구성'이라는 용어가 이제 일반적인 사회적 상호작용의 일상적인 특징이 되었다고 주장했다. 반사적인 재구성이란 사회에 노출되는 자신의 공적인 얼굴을 지속적으로 모니터링하면서 자신의 이미지를 제고하기 위해 필요한 공적인 영역의 요소를 활용해 사회생활 속에서 자신의 모습을 재구성하는 것을 말한다. 사회적 명성은 올바른 의견을 갖고 올바른 행동 양식을 가꾸는 데서 비롯된다. 생활 정치 시대에 개인은 공적인 얼굴과 그에 필요한 사회적 요소를 적절히 활용해야 한다. 이를 통해 자신과 사회가 조화를 잘 이루도록 만들어야 한다.

셀러브리티들은 항상 이를 위해 노력하며, 셀러브리티 문화 안에서 실제 자아와 공적인 얼굴 사이의 갈등은 항상 존재한다. 기든스가 명시적으로 강조하지는 않았지만, 신체가 더는 타고난 것이 아니라고 주장하는 관점에서 본다면 셀러브리티 문화는 대중의 반사적인 재구성(모방 심리)을 주요하게 활용하고

---

5)   A. Giddens, *Modernity and Self Identity* (Cambridge, 1991).
6)   C. Lasch, *The Culture of Narcissism* (London, 1980).

있다고 할 수 있다. 이는 셀러브리티들이 정치적 통일체(이를테면 국가) 안에서의 경쟁에서 뛰어난 확산력을 갖고 있기 때문이다. '카일리Kylie'와 '제이슨Jason'은 1980년대 영국에서 갑자기 인기 있는 이름이 되었는데, 이는 부모들이 당시 인기를 끌던 호주 TV 드라마에 나온 카일리 미노그Kylie Minogue와 제이슨 도너번Jason Donovan의 이름을 따서 아이들 이름을 지었기 때문이다. 영국 다이애나 황태자비가 더 성숙하고 독립적으로 보이기 위해 헤어스타일을 바꾸자 그녀의 헤어스타일은 전 세계적인 유행이 되었다. 이런 것들은 사소한 사례인 것처럼 보일 수도 있다. 하지만 이름과 외모는 사회생활에서 중요한 요소다. 생활 정치의 핵심에 있는 반사적인 재구성은 대중이 유명인들을 따라 하는 것이다. 이처럼 셀러브리티 문화는 언론에 적합한 요소들을 활용한, 적절하고 반사적인 재구성 전략을 제공하는 주요 자원이다.

하지만 이것이 생활 정치와 셀러브리티화 사이에 존재하는 관계의 전부는 아니다. 생활 정치는 민주주의의 부활을 의미하기도 한다. 왜냐하면 생활 정치는 모든 사람들이 똑같이 중요하다는 것을 강조하기 때문이다. 20세기, 민주주의를 표방하는 사회에서는 관료주의와 대규모 정당 조직을 앞세우면서 개인의 독특하고 특별한 자질을 무시하는 경향이 나타났다. 이는 고전적인 소유적 개인주의의 근본적인 부활과는 다르다. 자기실현 과정이 보편적인 도덕규범과 실존적인 질문에 얽매여 있다고 보기 때문이다. 생활 정치는 이 문제들을 생존과 존재의 영역, 개인과 공동체의 삶, 자기 정체성과 과학의 영역으로 간주한다. 게다가 생활 정치에서는 이런 문제들의 해결책은 협력을 통해서만 찾을 수 있다고 여긴다. 이런 의미에서 자기실현은 사회적·문화적 상호 의존의 인식 안에서 가능한 것이다.

또한 모든 사람들이 정치적 통일체에서 인정받고 유명해질 수 있는 특별한 특성을 지녔다고 주장함으로써 생활 정치는 현대 주류 정치의 배타적인 논리를 드러낸다. 사실 기든스가 강조한 내용은 문화와 경제의 세계화가 국가의 전통적 개념을 재구성해야 한다는 것이었다. 특히 다문화주의, 지식과 문화 및 국제 금융의 세계적인 흐름은 개별 국가의 이미지를 불안정하게 만든다. 기존의 국가는 문화와 안보, 국가적 이익이라는 밀폐된 벽으로 다른 세계와 가로막힌 집단이라고 할 수 있다. 세계화는 우리에게 지역과 국가, 세계라는 단위를 인식할 것을 요구하지만, 한편으로는 이러한 구분이 허점투성이라는 점을 말해주기도 한다.

그 결과 우리는 유럽 국가들에 의해 수립된 통치 체계, 그 체계와 관련된 계급제나 용어 체계의 형태를 재평가하게 되었다. 동양학자와 탈식민지 논쟁은 인종과 성에 대한 유럽 및 신유럽 국가들의 역사적인 폭력을 명확히 밝혀냈다. 지난 50년 동안 서구 정치에서 드러나는 주목할 만한 특징은 20세기 이전에 억압받거나 소외되었던 생활양식과 신념, 관습 등에 대한 대중적 인식의 과정이다. 현재 다문화주의는 여러 인종을 환영하고, 페미니즘은 여성의 힘을 인정하고 평가한다. 장애인들도 이제는 의미 없는 존재, 대중문화의 주변부에 떠밀려 있는 존재가 아니라 육체정치학의 온전한 구성원으로 인정받는다. 동성애자들도 이제 법적 지위를 인정받는다. 물론 인종이나 여성, 장애인이나 동성애자에 대해 편견을 가진 신념이나 관습이 여전히 존재하지만, 이제는 이러한 편견은 법적으로 도전받고 비난받는다. 이런 변화는 1950년대부터 시작되었는데, 당시 인종이나 여성, 장애인과 동성애자에 대한 차별을 가능하게 한 법적 시스템이 폐지되었다. 물론 나는 차별 폐지를 위한 법적 승인이 사회적 승인과 똑같다고 생각하지는 않는다. 인종이나 성, 장애에 대한 차별에 반대하는 사회운동은 여전히 사회에 존재하는 편견을 지속적으로 모니터링하고 찾아내고 있다.

하지만 지난 반세기 동안 사회적 지형에 지진과 같은 큰 변화가 일어났다. 국가 통치 체제의 배타적 논리는 폐기되었으며, 인종이나 성 또는 건강 상태 등을 이유로 누군가의 정치적 참여를 배제하는 것은 사회적으로 더는 용인되지 않는다.

이제 문화적 수준을 더 직접적으로 살펴보면 분리해야 할 두 가지 광범위한 이슈가 있다. 첫째, 생활 정치와 셀러브리티화의 관점에서 볼 때 차별을 인정하면서 그 문제점을 인식하고 차별을 폐지하는 방향으로 문제를 해결해나갔다는 주장이다. 아미타이 에치오니Amitai Etzioni와 토드 기틀린Todd Gitlin은 이론적인 전통과 반대로, 정치적 올바름은 어떤 면에서는 역효과를 낳는다고 주장했다. 두 비평가의 주장 가운데 기틀린의 주장이 더 세련되었다.[7] 에치오니는 투명하고 보편적인 가치를 가진 공동체의 부활을 주장하는데,[8] 그의 공동체주의는 구체적으로 어떻게 실행이 가능한지, 투명성이나 보편성을 어떻게 확보할 수 있는지에 대한 구체적인 설명이 없고, 그에 따른 사회적 변화도 설명할 수 없기 때문이다.

반대로 기틀린의 접근은 권력투쟁의 표현으로 변화를 분석하고 적절한 대안을 제시한다. 기틀린은 다양성에 대한 인식이 민족국가에서 시민권의 배타적 측면에 초점을 맞춰 일어난 논쟁에서 시작되었다고 주장한다. 하지만 소수자들의 권리에 대한 찬성은 차이점을 과장하고 공통의 관심사를 약화시킨 측면도 있다. 억압된 목소리와 배제된 역사를 옹호하면서 다양성은 소수의 권리를 강조했지만, 권력의 중심을 제대로 설명하지는 못했다. 기틀린에게서 모두를 위해 더 큰 미래를 건설하려는 좌익의 전통적인 목표는 기존의 중심 문화와

---

7) Todd Gitlin, *The Twilight of Common Dreams* (New York, 1995).
8) Amitai Etzioni, *The Spirit of Community* (New York, 1994).

의 경쟁이다. 이는 소수 문화에 대한 존중이 잘못되었다는 얘기가 아니다. 오히려 기틀린은 차이점에 대한 인식이 민주적 과정에서 장려되는 부분이라고 주장한다. 하지만 주류 문화의 차이를 자동적으로 인정하고 배제된 역사를 우선적으로 받아들이면 대중의 역할은 줄어든다. 기업자본주의는 정보기술 시대에 재창조되었지만, 반체제 문화는 계층과 문화적 권위에 대한 논쟁 때문에 어려움에 빠져들었다.

기틀린의 주장은 생활 정치의 관점에서 셀러브리티화를 다루고 있다는 점이 중요하다. 생활 정치를 설명할 때 이 부분을 제대로 설명하지 않고 건너뛰는 경우가 많은데, 부당하게 배제된 역사라는 관점에서 소수자에 대한 셀러브리티화는 가치 있고 좋은, 당연한 것이라고 평계를 댈 때가 많다. 기틀린은 이런 얄팍한 관점을 제대로 지적했다. 그는 또 억압에 맞서는 대중의 전략적 중요성을 적절하게 일깨워주기도 했다.

두 번째 이슈는 추상적인 욕구의 문화적 결과를 언급하는 것이다. 셀러브리티 문화와 연계해서 봤을 때 추상적인 욕구란 무엇을 뜻하는가? 첫째, 셀러브리티에 대한 깊은 관심과 매력을 느껴 자신의 생활을 셀러브리티에 맞춰 바꾸는 것을 뜻한다. 나는 '추상적'이라는 용어를 욕구의 잠재적 본성을 강조하는 단어로 사용한다. 팬들이 셀러브리티에게 느끼는 열정은 단순히 셀러브리티의 성취나 아름다운 공적 얼굴을 좋아하는 데 그치지 않는다. 팬들의 열정은 잠재의식 단계에서 솟구치는데, 이것이 팬이고 팬 문화다. 이것은 종교의 쇠퇴와 관련이 있는, 존재의 결핍이나 부재를 암시한다. 셀러브리티에 대한 욕구를 동원해 팬들은 그들 자신의 결핍과 그들을 둘러싼 문화의 결핍을 분명하게 말하고 있는 것이다.

그러나 셀러브리티 문화에서 셀러브리티에 대한 팬들의 집착에만 초점을 맞추는 것은 추상적인 욕구의 역동성의 단면만을 바라보는 것이다. 더불어 이러한 추상적 욕구는 확산된다는 특성에도 주목해야 한다. 추상적 욕구는 적어도 두 가지 측면으로 확산된다. 첫째, 팬들의 추상적 욕구는 셀러브리티의 기술적 성취나 아름다운 공적 얼굴에 국한되지 않고, 셀러브리티와의 정서적·성적·영적 교감과 실제적 만남으로까지 확대된다. 극단적인 경우에는 팬의 진실한 자아가 자발적으로 셀러브리티의 포로가 되기도 한다. 그 때문에 셀러브리티와의 상상의 관계가 미수에 그칠 때 좌절과 고통스러운 체념에 빠지거나, 반대로 셀러브리티에 대해 공격적인 분노의 감정을 품기도 한다. 하지만 추상적인 욕구의 가장 특별한 특징은 팬 자신의 일과 가족, 건강을 비롯해 삶의 모든 측면으로까지 확산될 수 있다는 것이다. 이는 사람들이 원하는 것은 쉽게 받아들인다는 것을 시사한다. 셀러브리티와 상품 문화에 대한 수용력을 강력히 구축하기 위해 자본주의와 민주주의는 외부의 유혹과 변덕에 취약한 개인들을 생산해낸다. 결국에는 셀러브리티에 대한 팬들의 애착은 독점적이지 않으며, 평생 지속된다. 시장의 경쟁 원칙은 셀러브리티 문화를 새롭게 하고, 새로운 셀러브리티에 대한 욕구의 전이를 이끌어낸다. 난잡한 성행위 역시 추상적인 욕구에서 만들어진다. 자본주의적 축적의 논리는 그것이 양도할 수 있는 것이어야 하며, 소비자가 가진 것과 원하는 것 사이에서 겪는 분열은 팬이 무의식적으로 셀러브리티에 대한 감정전이를 항상 갈망하고 있다는 것을 의미한다.

추상적 욕구의 두 번째 측면은 이 욕구가 우리의 일상생활 속으로 확산된다는 것이다. 추상적인 욕구는 개인에게 매력적인 배우자를 얻으려면 스스로 호감이 가는 사람이 되어야 한다고 요구한다. 이상적인 사랑은 한 명의 배우자와 사랑하도록 욕망을 억압하고 있지만, 현실은 우리가 다양한 매력을 갖도록 부추기고 있다. 우리는 추상화된 대중에게 매력을 발산할 필요가 있다. 욕구의 본성은 이전될 수 있고, 그래서 양도할 수 있는 것이기 때문이다. 우리가 자발적으로 낭만적인 관계를 선택했더라도 영원하지 못하고 결국에는 일시적인 것이 될 수도 있기 때문에, 다양한 매력을 갖추는 것은 혼자가 되지 않기 위해 꼭 필요하다. 낭만적인 관계에 실패하더라도 또 다른 관계를 맺을 수 있기 때문이다. 이혼율과 장기간 동거, 결혼 전에 경제적 권리에 대해 서로 합의하는 부부가 늘어나는 것은 모두 이런 주장을 뒷받침한다. 구체화된 모습은 호감을 주는 자아상과 인공적이고 계획된 공적인 얼굴로 나뉘어 있다. 그래서 셀러브리티화는 심리학적으로 자아를 두 가지 측면으로 나눈다. 첫째, 사람들은 호감을 주는 자아상과 진실한 자아로 분리된다. 둘째, 사람들은 사회화를 통해 만들어진, 인위적인 공적 얼굴로부터 괴리감을 느끼게 된다. 공적 얼굴은 임시적이기 때문에 쉽게 무너질 수 있다. 이런 괴리에서 오는 심리적 압박감은 셀러브리티 문화에서 매우 강렬한 형태로 표현된다. 셀러브리티들은 팬들이 인식하고 환호하는 공적인 얼굴을 유지해야만 부와 명예를 얻을 수 있기 때문이다.

셀러브리티화는 개인이 돈과 사회적 신분으로 차별화되는 보상 문화의 산물이다. 민주주의에는 형식적인 선거의 평등뿐 아니라 존경할 만한 문화적 수준도 필요하다.

민주주의는 다른 정치 체제보다 신분 상승의 기회가 더 많다고 주장하지만, 유익한 성공 사례만큼 비난받는 사례도 많이 등장했다. 새뮤얼 스마일즈가 언급한 것처럼 성취한 셀러브리티가 대중의 경쟁 표본으로 자리 잡은 것은 유익한 사례다. 하지만 민주주의 체제에서 우수함과 성취 사이에 별다른 연관성이 없다는 것은 비난받아 마땅한 일이다. 우수하고 재능이 있다고 해서 성공하고 유명해지는 게 아니라는 점이다. 셀러브리티 문화에는 훌륭한 작가와 과학자, 예술가, 배우, 음악가, 모델, 운동선수와 여성, 웅변가와 정치인뿐 아니라 셀러토이드도 포함된다. 셀러브리티 문화는 사회 형태의 다양한 변화가 문화의 핵심적인 요소로 등장하면서 공적 영역에서 발생한 중대한 변화의 결과다. 미디어 전쟁은 사회적 형태의 표현일 뿐 아니라 꾸며낸 사건의 확대와 각색 과정에서도 벌어진다. 이것이 셀러토이드가 현대 사회에 등장한 것에도 일정하게 영향을 미쳤다고 할 수 있다.

모두에게 평등과 자유를 준다는 전제 아래 도덕적 우월성을 주장했던 민주주의 체제가, 일반인들 위에 군림하며 신처럼 숭배받는 셀러브리티들을 만들어내지 않고는 앞으로 나아갈 수 없다는 것은 거대한 역설이다. 이런 상황을 보며 피에르 부르디외처럼 셀러브리티들에 대해 독설을 퍼붓는 것은 쉬운 일이다.9) 하지만 그렇게 하는 것은 경솔한 행동이다. 셀러브리티 문화는 사회 형태의 표현이다. 일부 셀러브리티들에 의해 나타나는 기괴하고 비대한 문화적 형상은 사회 형태의 발전 단계에서 나타날 수 있는 요소다. 민주주의와 자본주의가 계속되는 한 제우스가 아니라 셀러브리티가 사는 올림푸스 신전은 항상 존재할 것이다. 대중 속에서 떠올라 대중의 불안정하고 때로는 풍부한 면면을 모아 공적인 얼굴로 구현할 바로 그 셀러브리티 말이다.

---

9) P. Bourdieu, *On Television and Journalism* (London, 1996).

감사의 글

1999년 7월 어느 날, 영국 런던의 아이비 레스토랑에서 함께 점심을 먹던 리크턴 북스Reakton Books 피터 해밀턴Peter Hamilton 편집장이 내게 이 책을 쓰라고 설득했다. 그 후 그는 이 책의 초고를 읽고 나서, 비록 날카로움을 잃은 출판계이지만 학술적인 분야에서 경력을 쌓으려는 에디터는 결국 좋은 글을 알아본다는 것을 입증해줬다.

『셀러브리티』는 브라이언 터너Bryan Turner와 함께 쓴 책『사회와 문화: 결핍과 연대의 원칙 Society and Culture: Principles of Scarcity and Solidarity』의 연장선상에서 나온 책이다. 지난 몇 년 동안 브라이언과의 지적인 친교와 학문적 교류가 나에게 점점 더 중요해졌다. 브라이언의 우정과 그가 전해준, 이 책을 쓰는 데 많은 도움이 된 사례들에 감사한다. 학문 세계 역시 자체적으로 유명인 문화를 발전시켜나가는데, 팬의 입장으로 피터 베일하츠Peter Beilharz, 로저 브롬리Roger Bromley와 칼 브롬리Carl Bromley, 앨런 브라이어만Alan Bryman, 엘리스 캐시모어 Ellis Cashmore, 에릭 던닝Eric Dunning, 마이크 피더스턴Mike Featherstone, 데이비드 프리스비David Frisby, 더그 켈너Doug Kellner, 로런 랭먼Lauren Langman과 주디 랭먼 Judy Langman, 짐 맥기건Jim McGuigan, 존 오닐John O'Neill, 매기 오닐Maggie O'Neill, 조지 리처George Ritzer, 크리스 실링Chris Shilling, 배리 스마트Barry Smart, 키스 테 스터Keith Tester, 존 톰린슨John Tomlinson과 같은 저명한 학자들과 즐겁게 교류하 며 지적 영양분을 받아들일 수 있어서 행복했고, 운이 좋았다고 생각한다.

노팅엄 트렌트대학교의 스티븐 챈Stephen Chan, 데버라 챔버스Deborah Chambers, 샌드라 해리스Sandra Harris, 리처드 존슨Richard Johnson, 알리 모하마디Ali Mohamaddi, 패트릭 윌리엄스Patrick Williams에게서도 이 책을 쓰는 데 많은 도움과 지원을 받 았다. 나의 박사과정 제자인 케리 피더스톤Kerry Featherstone과 바네사 길브라운 Vanessa Gill-Brown이 앞으로 학계의 탁월한 셀러브리티가 될 것이라는 점은 의심 할 여지가 없다. 이들에게도 감사한다. 또 나의 학부 과목인 '여가와 대중문화' 수업을 들으며 지적 열정을 불태운 대학생들에게도 감사의 뜻을 전한다.

마지막으로, 내 삶에서 가장 중요한 네 명의 셀러브리티 게리Gerry, 샘Sam, 루크Luke와 로버트Robert에게 다시 한번 감사하다고 얘기하고 싶다.

참고문헌

Adorno, T. and M. Horkheimer. 1944. *Dialectic of Enlightenment*. London.

Anger, K. 1975. *Hollywood Babylon*. New York.

_____. 1984. *Hollywood Babylon 2*. London.

Biskind, P. 1998. *Easy Riders, Raging Bulls*. London.

Braudy, L. 1997. *The Frenzy of Renown*. New York.

Brewer, J. 1997. *The Pleasures of the Imagination*. London.

Bruce, S. 1990. *Pray TV*. London.

Cowen, T. 2000. *What Price Fame?* New York.

Debord, G. 1967. *The Society of the Spectacle*. London.

deCordova, R. 1990. *Picture Personalities*. Urbana, IL.

Dyer, R. 1986. *Heavenly Bodies*. London.

_____. 1998. *Stars*. London.

Eliade, M. 1958. *Patterns of Comparative Religion*. New York.

Elliott, A. 1999. *The Mourning of John Lennon*. Berkeley, CA.

Gabler, N. 1998. *Life: The Movie*. New York.

Giddens, A. 1991. *Modernity and Self Identity*. Cambridge.

Giles, D. 2000. *Illusions of Immortality*. London.

Goffman, E. 1963. *Behaviour in Public Places*. London.

_____. 1967. *Interaction Ritual*. New York.

Gottdiener, M. 1997. *The Theming of America*. Boulder, CO.

Klapp, O. *Heroes*. 1962. *Villains and Fools*. Englewood Cliffs, NJ.

Kracauer, S. 1960. *Theory of Film*. New York.

_____. 1995. *The Mass Ornament*. New York.

Lasch, C. 1980. *The Culture of Narcissism*. London.

Lewis, K. 1994. *The Assassination of Lincoln*. New York.

Lewis, R. 1994. *The Life and Death of Peter Sellers*. London.

Leyton, E. 1995. *Hunting Humans*. Toronto.

Lyon, D. 2000. *Jesus in Disneyland*. Cambridge.

Marcus, G. 1991. *Dead Elvis*. London.

Marcuse, H. 1964. *One Dimensional Man*. London.

Merton, R. 1968. *Social Theory and Social Structure*. New York.

Riesman, D. 1950. *The Lonely Crowd*. New York.

Rodman, G. 1996. *Elvis after Elvis*. London.

Rojek, C. 2000. *Leisure and Culture*. London.

Schickel, R. 1985. *Intimate Strangers*. New York.

Studlar, G. 1996. *The Mad Masquerade*. New York.

Tagg, J. 1988. *The Burden of Representation*. London.

Vermorel, F. and J. Vermorel. 1985. *Starlust*. London.

Weber, M. 1947. *The Theory of Social and Economic Organization*. New York.

Wills, G. 1997. *John Wayne's America*. New York.

Yablonsky, L. 1997. *Gangsters*. New York.

지은이

크리스 로젝(Chris Rojek)

BBC, ≪워싱턴포스트≫와 같은 각국 주요 언론에서도 셀러브리티 연구의 창립자이자 대가로 알려진 학자로, 현재 영국 시티대학교 사회학과 교수이다. 주요 저서로는 『페임 어택(Fame Attack)』, 『이벤트 파워(Event Power: How Global Events Manage and Manipulate)』, 『대중문화(Popular Culture)』 등이 있다. 맥도날드화 이론으로 저명한 미국 메릴랜드대학교 사회학과 석좌교수 조지 리처(George Ritzer)와 전 11권에 달하는 『블랙웰 사회학 백과사전(The Blackwell Encyclopedia of Sociology)』 2판을 공동 편집하고 있다.

옮긴이

문미리(Miri Moon)

영국 골드스미스 칼리지에서 미디어 커뮤니케이션으로 학사 학위를, 영국 웨스트민스터대학교에서 저널리즘으로 석사 학위를 받았으며, 영국 브루넬대학교에서 커뮤니케이션으로 박사 학위를 받았다. 고려대학교 미디어학부 강사를 거쳐 현재 숙명여자대학교 글로벌서비스학과 초빙교수로 있다.

이상록

고려대학교 신문방송학과를 졸업하고 고려대학교 미디어학부에서 언론학 석·박사(저널리즘) 학위를 취득했다. ≪서울신문≫, ≪한겨레≫, ≪동아일보≫ 기자를 거쳐 현재 tvN 인사이트콘텐츠 CP의 책임프로듀서로 있다.

한울아카데미 2124

셀러브리티
미디어, 셀럽 문화, 셀러브리티화에 대해

지은이 ｜ 크리스 로젝
옮긴이 ｜ 문미리·이상록
펴낸이 ｜ 김종수
펴낸곳 ｜ 한울엠플러스(주)
편집책임 ｜ 최진희
편　집 ｜ 김지하

초판 1쇄 인쇄 ｜ 2019년 3월 5일
초판 1쇄 발행 ｜ 2019년 3월 20일

주소 ｜ 10881 경기도 파주시 광인사길 153 한울시소빌딩 3층
전화 ｜ 031-955-0655
팩스 ｜ 031-955-0656
홈페이지 ｜ www.hanulmplus.kr
등록번호 ｜ 제406-2015-000143호

Printed in Korea.
ISBN 978-89-460-7124-7 93300(양장)
　　　978-89-460-6588-8 93300(학생판)

※ 책값은 겉표지에 표시되어 있습니다.